AF383842

DICTIONNAIRE
DE LA TAXE
DES FRAIS ET DÉPENS,

*Attribuée aux Juges de Paix, à leurs Greffiers ;
aux Avoués de Première Instance et d'Appel,
aux Notaires, aux Huissiers et autres Fonc-
-tionnaires publics,*

POUR TOUS LES ACTES DE LEUR MINISTÈRE.

Rédigé sur l'Edition Originale et seule Officielle des différens
Décrets y relatifs, donnés par l'Empereur et Roi, le 16 Février
1807 ;

Et terminé par les Décrets sur les Frais et Dépens, imprimés sur les
Éditions Officielles, dans la forme de leurs promulgations légales.

PAR A. G. DAUBANTON,

Licencié en Droit, Ex-Juge de Paix à Paris ; Auteur du *Formulaire*
général, des *Dictionnaires du Code Napoléon* et du *Code de Procédure*.

SECONDE ÉDITION,

REVUE ET CORRIGÉE PAR L'AUTEUR.

A PARIS,

Chez F. Buisson, Libraire, rue Gilles-Cœur, n°. 10,
ci-devant rue Hautefeuille, n°s 20, et 23.

1807.

Les Contrefacteurs et Débitans de Contrefaçons seront poursuivis. En conséquence, deux Exemplaires de cet Ouvrage ont été déposés, en vertu de la Loi, à la Bibliothèque Impériale.

Paris, ce 10 Novembre 1807.

Libraire, rue Gilles-Cœur, n.º 10.

DE L'IMPRIMERIE DE M.ᵐᵉ V.ᵉ JEUNEHOMME,
RUE DE SORBONNE, N.º 4.

On trouve à la même adresse les Ouvrages suivans :

CODE DE COMMERCE, précédé des Rapports faits au Corps Législatif par les Orateurs du Conseil d'Etat, MM. *Regnaud de Saint-Jean-d'Angély*, *Bégouen*, *Ségur*, *Treilhard*, *Maret* et *Corvetto*; Edition textuelle; collationnée sur l'exemplaire officiel déposé aux Archives du Corps Législatif. On y a joint une Table des Livres, Titres, etc., et une Table Alphabétique des Matières. Un vol. *in-8*, imprimé sur caractère de cicéro gros œil. *Prix*, 2 fr. 5o cent. broché, et 3 fr. 20 c.

LE MÊME CODE, avec les Motifs de M. *Regnaud de Saint-Jean-d'Angély*; 1 vol. *in-12*, sur caractère de cicéro. *Prix*, 1 fr. 5o cent., et 2 fr. par la poste, *franc de port.*

CODE NAPOLEON, décrété par le Corps Législatif, le 3 septembre 1807, sanctionné le 13 du même mois; édition textuelle, contenant tous les changemens, additions et suppressions faits au CODE CIVIL; avec les Motifs présentés par MM. *Bigot-Préameneu* et *Chabot* (de l'Allier). Cette Edition est collationnée sur celle officielle. On y a joint une Table des Titres et une Table Alphabétique des Matières. 1 vol. in-8 de 45o pages. *Prix*, 5 fr. 5o cent. pris à Paris, et 5 fr. *franc de port.*

INDICATION DES CHANGEMENS FAITS AU CODE CIVIL, dans la nouvelle Rédaction décrétée par le Corps Législatif, le 3 Septembre 1807, sous le titre de *Code Napoléon.* Précédé du Discours prononcé au Corps Législatif par M. *Chabot* (de l'Allier), Orateur de la Section de Législation du Tribunat, et rédigée par M. C. D. L. T. (Au moyen de cette Indication, chacun pourra faire aisément, sur son Exemplaire du *Code Civil*, les Changemens qui ont été décrétés). TROISIEME EDITION. Brochure *in-8* de 48 pages. *Prix*, 6o c. pris à Paris, et 75 c. *franche de port*, par la poste.

DICTIONNAIRE DU CODE DE COMMERCE, ou le *Code de Commerce* et tous les Articles des *Codes Napoléon* et de *Procédure* qui y sont relatifs ou concordans, rangés par ordre alphabétique et de Matières, d'après les Editions originales et seules Officielles. Ouvrage principalement destiné à l'usage journalier des Commerçans, Banquiers, Agens de Change, Courtiers de toutes espèces, Armateurs, Capitaines et Patrons de Navires Assureurs et autres. PAR A. G. DAUBANTON, Licencié en Droit, Ex-Juge de Paix à Paris. 1 fort vol. *in-8* sur caractères de petit romain, grande justification. *Prix*, 7 fr. francs broché.

Le MÊME OUVRAGE, en 2 vol. *in-12*. *Prix*, 5 fr. 5o c. brochés.

TRAITÉ-PRATIQUE de toutes Espèces de Conventions, Contrats, Obligations et Engagemens qu'il est permis de passer sous Seings privés; avec les Formules de chacun des Actes qui les constituent, des Instructions sur ceux qui ne peuvent être passés que par-devant Notaires, tels que les *Donations*, *Contrats de Mariage*; et des Notes qui expliquent les Termes de Lois peu usités. Terminé par deux Tables, l'une des Matières, l'autre Alphabétique raisonnée. Ouvrage utile à toutes les Personnes qui veulent gérer ou conduire elles-mêmes leurs propres Affaires. Par *A. G. Daubanton*, Licencié en Droit, etc. 2 vol. *in-12*. *Prix*, 5 fr. broché, pris à Paris, et 6 fr. 20 cent., *franc de port*, par la poste.

TRAITE DES SAISIES ET CONTRAINTES, contenant ce qui concerne, 1° les différentes Saisies mobilières et la Distribution par Contribution du prix des Immeubles; 2° la Saisie immobilière; 3° la Saisie personnelle ou la Contrainte par corps. Ouvrage où les principes du Code Napoléon et les Formalités prescrites par le Code de Procédure sont rendus sensibles par les Formules d'Actes. Par *M. P. Lepage.* 2 vol. in-8. *Prix*, 7 fr., et 9 fr. *par la Poste*, *franc de port.*

NOUVEAU MANUEL-PRATIQUE des Juges de Paix, de leurs Greffiers et Huissiers, contenant les Actes ordinaires de cette juridiction ou d'attribution consentie par les Parties, et autres de leur Ministère, pour Tutelle et Avis de Parens, Emancipations, Adoptions, etc. ; le tout exactement conforme aux nouveaux Codes. Terminé, par le Tarif des Frais et Dépens dans les Justices de Paix, décrété le 16 février 1807. Par A. G. *Daubanton*, ex-Juge, Suppléant de Juge de Paix à Paris, Auteur des *Dictionnaires du Code Civil* et du *Code de Procédure*, du *Formulaire Général*, etc. ; 1 vol. *in-12*. Prix, 2 f. 50 c., et 3 fr. pour recevoir ce volume *par la poste, franc de port*, dans tout l'Empire français.

NOUVEAU MANUEL *ou* Style des Huissiers, exactement conforme aux Textes des Codes Civil et de Procédure, pour tous les Actes de leur Ministère; Ouvrage dans lequel on trouve aussi toutes les Formules Nouvelles propres à chaque espèce d'Actes. On y a joint le Tarif des Frais et Dépens, (arrêté par le Conseil d'État, et décrété le 16 Février 1807), pour ce qui concerne les Huissiers. Par A. G. *Daubanton*, ex-Juge, etc. SECONDE EDITION. (Cet Ouvrage est revêtu de l'Approbation de la Chambre de MM. les Huissiers de Paris.) 1 vol. *in-12*. Prix, 2 fr. 50 c. broché, pris à Paris; et 3 f. pour recevoir ce volume, *franc de port*.

DICTIONNAIRE Textuel, analytique et raisonné du Code de la Procédure Civile, et des Articles du Code Civil qui y sont relatifs, dans lequel le Code de Procédure, et tous les Articles du Code Civil y relatifs, sont rangés par ordre alphabétique et de Matières, pour en rendre l'usage journalier plus facile à tous les Fonctionnaires Publics qui doivent s'y conformer. —On y a joint une Table indicative des Livres, Chapitres, Sections ou Paragraphes auxquels appartient chaque Article de ces Codes, sous les Lettres auxquelles on aura à recourir pour les consulter. Par le même Auteur ; 2 vol. *in-8º*. Prix, 7 f. br., et 9 f. *franc de port*.

FORMULAIRE général des Actes Ministériels, *extrajudiciaires et de Procédure*, impérieusement commandés par les Codes Civil et de Procédure, aux Juges de Paix, Arbitres, Avoués, Huissiers, etc., etc., pour l'instruction et la suite des Actions à intenter en Justice, ou pour l'exécution des Jugemens des Tribunaux, et des Actes de Juridiction volontaire susceptibles d'exécution sans intervention de Juge : le tout absolument conforme aux diverses Dispositions de ces Codes ; pour tous les cas distincts et séparés où ces Actes doivent avoir lieu. Suivi d'une Table alphabétique des Matières. Par M. *A. G. Daubanton*. un fort vol. *in-8* de 670 pages, très-grande justification. *Prix*, 8 fr. broché, pris à Paris ; et 10 fr. pour recevoir le volume, *franc de port*.

DICTIONNAIRE de la Taxe des Frais et Dépens; par le même Auteur. SECONDE ÉDITION. 1 vol. *in-8º*. Il coûte 3 fr. broché, pris à Paris; et 5 fr. 75 cent., *franc de port*, par la poste.

QUESTIONS sur le Code de Procédure Civile, dans lesquelles toutes les difficultés relatives à la pratique de cette Loi sont expliquées ; Ouvrage servant de suite indispensable à celui intitulé : *Nouveau Style de la Procédure Civile* ; dédié à S. E. le Grand-Juge Ministre de la Justice. Par *P. Lepage*, ancien Avocat au Parlement de Paris, auteur du Nouveau Style de la Procédure Civile, et l'un des Auteurs du *Nouveau Denisart*. 1 vol. *in-4º*. *Prix*, 15 fr., pris à Paris, et 19 fr. par la poste, *franc de port*.

L'ESPRIT DES INSTITUTES DE L'EMPEREUR JUSTINIEN, conféré avec les Principes du Code Napoléon ; enrichi de Notes explicatives, et raisonnées, puisées dans les Lois du Digeste, du Code et dans les Novelles. Suivi d'une Table des Titres et d'une Table générale des Matières, par ordre alphabétique. Dédié à son Altesse le Prince *Cambacérès*, Archichancelier de l'Empire, etc. Par M. *Desquiron*, Jurisconsulte, Membre de l'Académie de Législation. 2 vol. *in-4º*. *Prix*, 21 fr.; et *franc de port*, 26 fr.

AVIS DE L'AUTEUR.

La **Première** *Édition de cet Ouvrage a été promptement écoulée : la Seconde est devenue nécessaire, ce qui prouve sa grande utilité.*

Ce travail n'a été entrepris qu'à la sollicitation de plusieurs Avoués, et autres Officiers Publics, qui m'ont persuadé qu'il leur seroit aussi agréable qu'il pouvoit et devoit être généralement utile à toutes les classes de la société.

Les difficultés réelles, et je puis dire rebutantes, que présentoit son exécution, n'ont fait que m'exciter à apporter plus de soin à sa rédaction, qui est la même que celle des Dictionnaires du Code Civil (aujourd'hui Napoléon) et du Code de Procédure.

Chaque **Taxe** *particulière aux différens Actes du Ministère des Juges de Paix et de leurs Greffiers, des Avoués, Notaires, Huissiers et autres Officiers Publics, s'y trouve détachée, sous la lettre alphabétique, des Taxes en masse du Tarif, dans lesquelles elle a pu être confondue par le Législateur.*

La recherche de chacune de ces Taxes y est rendue aussi facile qu'elle puisse l'être ; et l'on peut compter sur l'exactitude des Calculs : elle y a été portée jusqu'au scrupule.

Ce Dictionnaire épargnera à tous Officiers

Publics, et surtout à leurs Jeunes Gens, laperte d'un temps considérable qu'ils seroient obligés de sacrifier à tout moment pour trouver à l'instant et pour énoncer (ainsi qu'ils y sont obligés dans beaucoup de cas) le coût de certains Actes sur les Originaux et sur leurs Copies, et pour établir leurs Mémoires de Frais, jusqu'à ce que, accoutumés par l'usage, ils soient en état de connaître exactement le Tarif.

Peut-être même cet Ouvrage pourra-t-il hâter l'habitude de la Taxe que chaque Officier Public peut desirer d'acquérir dans cette partie essentielle de l'exercice de ses Fonctions, et pour lui, et pour le Public.

Pour donner à cet Ouvrage tout le degré d'utilité dont il est susceptible, on y a, comme dans le Dictionnaire du Code de Procédure, employé un alphabet intermédiaire, qui porte en vue l'objet de toute recherche particulière qu'on peut être forcé de faire dans une multitude d'Articles, qui se trouvent tous commencer par un même mot, qui en est l'indicatif.

On a spécialement gardé, comme le Législateur, pour base de toutes les Taxes attribuées aux différens Tribunaux par les Décrets supplémentaires du Tarif, celles de Paris et celles générales de Ressort.

On y a seulement ajouté (et toutes faites) les Taxes proportionnelles de moitié, du quart ou du tiers, pour les Copies qui ne se trouvent pas dans la Loi.

A l'égard de la Taxe des Frais d'appel dans toute autre Cour que celles de Paris, Lyon, Bordeaux, Rouen et Bruxelles, qui est la même pour toutes ces Villes, pour ne pas surcharger, ou plutôt pour ne pas embrouiller la recherche de cette Taxe, on a joint un Tableau, n° I, qui sort en dehors du Livre tout ouvert, et donne pour chaque Taxe des autres Cours, autres que celles ci-dessus, la proportion d'augmentation dont elle est susceptible.

On a fait un pareil Tableau n° II, pour la Taxe proportionnelle des Frais et Dépens de tous les Tribunaux de Première Instance et des Justices de Paix de l'Empire, autres que ceux établis à Paris même.

Enfin, un semblable Tableau existe pour la réduction d'un dixième de toutes les Taxes des Cours d'Appel autres que de Paris, Lyon, Bordeaux, Rouen et Bruxelles; et pour la réduction d'un dixième de toutes les Taxes des Tribunaux de Première Instance et des Justices de Paix, établis dans les Villes où siége une Cour d'Appel, autre que celle de Paris, ou dans les Villes dont la population excède trente mille ames. Ces Tableaux sont à la fin de ce Volume.

Au moyen de ces Tableaux, on a réduit le

Volume de cet Ouvrage à celui qui lui était strictement nécessaire, sans aucune confusion, et sans avoir non plus rien retranché de ce nécessaire pour l'expédition des affaires de Taxe et pour la satisfaction de ceux auxquels on l'a destiné.

Il ne s'agira, pour faire une des Taxes auxquelles se rapportent en particulier chacun de ces Tableaux, que de les déployer hors du Livre à vue, et d'opérer en augmentation ou réduction de Taxe sur celle de Paris, relativement à celle qu'on aura à faire, et dont l'indication est portée, soit pour l'un ou pour l'autre cas, en tête de chaque Tableau.

DICTIONNAIRE

DICTIONNAIRE
DE LA TAXE
DES FRAIS ET DÉPENS.

ACT

APPEL.

ACTE d'appel de jugemens des tribunaux de première instance et de commerce, contenant assignation et constitution d'*avoué*. Il sera taxé à *huissier* ordinaire pour l'original :

  A Paris...................... 2 f. 00 c.
  Partout ailleurs............... 1   50

Art. 29 du Tarif, relatif à l'art. 456 du Code de Procéd.

Pour la copie il sera taxé le quart.

  A Paris...................... 0 f. 50 c.
  Partout ailleurs.............. 0   37

Art. *idem* du Tarif.

CAUTION.

ACTE de présentation de caution, avec sommation à jour et heure fixes, de se présenter au greffe pour prendre communication des titres de la caution, et assignation à l'audience, en cas de contestation, pour y être statué. Il sera taxé à l'*huissier*, pour l'original :

  A Paris...................... 2 f. 00 c.
  Partout ailleurs............... 1   50

Art. *idem* du Tarif, relatif aux art. 440 et 441 du Code de Procéd. Civ.

Pour la copie il sera taxé le quart :

  A Paris...................... 0 f. 50 c.
  Partout ailleurs.............. 0   37

Art. *idem* du Tarif.

ACTE de présentation de caution. Il sera taxé à l'*avoué* de première instance, pour l'original :

  A Paris...................... 5 f. 00 c.
  Dans le ressort............... 3   75

Pour la copie, le quart, non compris les copies de pièces :

A Paris.................... 1 f. 25 c.
Dans le ressort.............. o 87

Art. 71 du Tarif, relatif à l'art. 518 du Code de Procéd.

ACTE de déclaration d'acceptation de caution. Il sera taxé à l'*avoué* de première instance., pour l'original :

A Paris.................... 5 f. oo c.
Dans le ressort............. 3 75

Pour la copie, le quart :

A Paris.................... 1 25
Dans le ressort.............. o 87

Art. 71 du Tarif, relatif à l'art. 519 du Code de Procéd.

ACTE de contestation de la caution offerte. Il sera taxé à l'*avoué* de première instance, pour l'original :

A Paris.................... 5 f. oo c.
Dans le ressort............. 3 75.

Pour la copie, le quart :

A Paris.................... 1 25
Dans le ressort............... o 87

Art. 71 du Tarif, relatif à l'art. 520 du Code de Procéd.

CONSTITUTION *d'avoué.*

ACTE de constitution d'*avoué* de première instance. Il sera taxé pour l'original :

A Paris.................... 1 f. oo c.
Dans le ressort 75

Pour la copie, indépendamment des copies de pièces (nécessaires), le quart :

A Paris.................... o f. 25 c.
Dans le ressort.............. o 18

Art. 70 du Tarif, relatif à l'art. 75 du Code de Procéd.

DÉFAUTS.

ACTE d'*avoué* à avoué pour suivre l'audience, sans qu'il puisse en être passé plus d'un seul pour chaque jugement par défaut, interlocutoire ou contradictoire. Il sera taxé (en première instance), pour l'original :

A Paris.................... 1 f. oo c.
Dans le ressort.............. o 75

Pour la copie, le quart :

A Paris.................... o 25
Dans le ressort.............. o 18

Art. 70 du Tarif, relatif aux art. 79, 82, et *passim* du Code de Procéd.

DÉSISTEMENT.

ACTE de désistement et d'acceptation de désistement. Il sera alloué à l'*avoué* de première instance, pour l'original :

     A Paris..................... 5 f. 00 c.

     Dans le ressort................ 3   75

Pour la copie, le quart :

     A Paris..................... 1   25

     Dans le ressort................ o   87

Art. 71 du Tarif, relatif à l'art. 402 du Code de Procéd.

Acceptation de désistement. Voyez *Acte de désistement.*

DISTRIBUTION *par contribution.*

ACTE de production au procès-verbal de distribution par contribution. Voyez *Production.*

DOMMAGES-INTÉRÊTS.

ACTE d'offres (d'avoué à avoué), sur la déclaration des dommages-intérêts. Il sera taxé à l'*avoué* de première instance, pour l'original :

     A Paris..................... 5 f. 00 c.

     Dans le ressort................ 3   75

Pour la copie, le quart :

     A Paris..................... 1   25

     Dans le ressort................ o   87

Art. 71 du Tarif, relatif à l'art. 524 du Code de Procéd.

EMPRISONNEMENT.

ACTE de recommandation d'un *débiteur* emprisonné sans assistance de recors, sera taxé :

     A Paris .... 4 f. 00 c.

     Dans les villes où il y a un tribunal

        de première instance......... 3   00

     Dans les autres villes et cant. rur. 3   00

Pour chaque copie à donner au débiteur et au geolier, le quart :

     A Paris...................... 1 f. 00 c.

     Partout ailleurs.................   75

Art. 57 du Tarif, relatif aux art. 792 et 793 du Code de Proc.

ENQUÊTE.

ACTE contenant offre de prouver les reproches contre les témoins, ou justifier par écrit, et désignation des témoins à entendre sur les reproches; et acte en réponse.

Il sera taxé, à *l'avoué* de première instance , pour
l'original :

    A Paris .... 5 f. oo c.
    Dans le ressort 3   75
Pour la copie, le quart :
    A Paris......................... 1   25
    Dans le ressort................. o   87
Art. 71 du Tarif, relatif à l'art. 289 du Code de Procéd.

ACTE contenant la justification des reproches (à témoins) par écrit, et acte en réponse.

Il sera taxé à *l'avoué* de première instance , pour
l'original de chacun de ces actes :
    A Paris .... 5 f. oo c.
    Dans le ressort................. 3   5o
Pour la copie, le quart :
    A Paris......................... 1   25
    Dans le ressort................. o   87
Art. 71 du Tarif, relatif à l'art. 282 du Code de Procéd.

GREFFIERS *de juges de paix.*
ACTES de notoriété par sept témoins, et autres actes
de cette espèce. Taxe de l'assistance du *greffier* du
juge de paix à ces actes. Pour les actes à sept témoins,
il sera alloué au *greffier* les deux tiers de la vacation
du juge de paix :
    A Paris......................... 3 f. 33 c.
    Dans les villes où il y a tribunal
      de première instance......... 2   5o
    Dans les autres villes et cant. rur. 1   17
Art. 16 du Tarif, relatif aux art. 70 et 71 du Code de Proc.

INCIDENS.
ACTE servant de réponse aux moyens de demandes
incidentes. Il sera taxé à *l'avoué* de première instance ,
pour l'original :
    A Paris......................... 5 f. oo c.
    Dans le ressort................. 3   75
Pour la copie, indépendamment des copies de pièces :
    A Paris......................... 1 f. 25 c.
    Dans le ressort................. o   87
Art. 71. du Tarif, relatif à l'art. 337 du Cod. de Procéd.

ACTE contenant les moyens et conclusions de demandes incidentes. Il sera taxé à l'*avoué* de première
instance, pour l'original :

   A Paris....................... 5 f. oo c.
   Dans le ressort................. 3   75

Pour la copie, le quart, indépendamment de copie de
pièces :

   A Paris....................... 1 f. 25 c.
   Dans le ressort................. o   87

Art. 71 du Tarif, relatif à l'art. 337 du Code de Procéd.

   INTERROGATOIRE *sur faits et articles.*

ACTE contenant articulation succincte des faits dont
une partie demandera à faire preuve. Acte contenant
réponse au précédent, et dénégation ou reconnoissance
des faits. Il sera taxé à l'*avoué* de première instance,
pour l'original de chacun de ces actes :

   A Paris....................... 5 f. oo c.
   Dans le ressort................. 3   75

Pour la copie, le quart:

   A Paris....................... 1   25
   Dans le ressort............... o   87

Act. 71 du Tarif, relatif à l'art. 252 du Code de Procéd.

   INSTRUCTION *par écrit.*

ACTE de production nouvelle en instruction par écrit,
contenant l'état des pièces. Il sera taxé, à l'*avoué* de
première instance, pour l'original :

   A Paris....................... 5 f. oo o.
   Dans le ressort................. 3   75

Pour la copie, le quart :

   A Paris....................... 1   25
   Dans le ressort................. o   87

Art. 71 du Tarif, relatif à l'art. 102 du Code de Procéd.

ACTE de déclaration de production faite par le demandeur en instruction par écrit, contenant le nombre
des rôles dont la requête est composée. Il sera taxé à
l'*avoué* de première instance, pour l'original de cet acte :

   A Paris....................... 1 f. oo c.
   Dans le ressort................. o   75

Pour la copie, le quart, indépendamment des copies de
pièces :

   A Paris....................... o f. 25 c.
   Dans le ressort................. o   18

Art. 70 du Tarif, relatif aux art. 96, 104 du Code de
Procédure.

Idem. De la part du défendeur, art. *id.* du Tarif, relatif
à l'art. 97 du Code de Procéd.

JUGE *de paix.*

ACTE de notoriété (passé devant juge de paix) sur déclaration de sept témoins, pour constater autant que possible l'époque de la naissance d'un individu de l'un ou de
l'autre sexe, qui se propose de contracter mariage, et les
causes qui empêchent de représenter son acte de naissance.
Combien est dû au *juge de paix* pour cet acte :

  A Paris.......................... 5 f. 00 c.
  Dans les villes où il y a tribunal
   de première instance.......... 3   75
  Dans les autres villes et cantons
   ruraux........................ 2   50

Art. 5 du Tarif, relatif aux art. 70 et 71 du Code Civ.

ACTE de notoriété de toute autre espèce que celui
donné par sept témoins, pour constater l'époque de la
naissance d'un individu. Il n'est dû au *juge de paix*, pour
la délivrance de cet acte, que :

  A Paris.......................... 1 f. 00 c.
  Dans les villes où il y a tribunal de
   première instance............ 0   75
  Dans les autres villes et cantons
   ruraux....................... 0   50

Art. 5 du Tarif.

LICITATION.

ACTE de signification du cahier des charges en licitation aux *avoués* colicitans. Il sera taxé pour l'original :

  A Paris.......................... 1 f. 00 c.
  Dans le ressort.................. 0   75

Pour la copie, le quart, indépendamment des copies de
pièces.

  A Paris.......................... 1 f. 25 c.
  Dans le ressort................. 0   18

Art. 70 du Tarif, relatif à l'art. 972 du Code de Procéd.

OPPOSITION *et saisie-arrêt.*

ACTE (d'*avoué* à avoué) contenant dénonciation
d'opposition formée sur le débiteur, entre les mains d'un
tiers saisi, sera taxé pour l'original :

A Paris........................ 1 f. 00 c.
Dans le ressort................ 0, 75
Pour copie, le quart, indépendamment des copies de
pièces.
A Paris....................... 0 f. 25 c.
Dans le ressort............... 0　18
Art. 70 du Tarif, relatif à l'art. 575 du Code de Procéd.

ORDRE.
ACTE de production de titres en ordre. Voyez *Production.*

NOTAIRES.
ACTES (tous autres) du ministère des notaires (1),
notamment les partages et vente volontaire qui auront lieu
devant eux, seront taxés par le président du tribunal de
première instance de leur arrondissement, suivant leur
nature et les difficultés que leur rédaction aura présentées,
et sur les renseignemens qui lui seront fournis par les notaires et les parties.
Art. 173 du Tarif.

ACTES (tous) respectueux et formel pour demander le
conseil du père et de la mère ou celui des aïeuls ou aïeules,
à l'effet de contracter mariage.
Il sera taxé aux *notaires,* pour chaque vacation de trois
heures :
A Paris....................... 9 f. 00 c.
Dans les villes où il y a tribunal
de première instance........ 6　00
Partout ailleurs.............. 4　00
Art. 168 du Tarif, relatif aux art. 151, 152, 153 et 154 du
Cod. Civ.

PARTAGE.
ACTE de sommation aux *avoués* des copartageans de se
trouver, soit devant le juge-commissaire, soit devant le
notaire, pour procéder aux opérations du partage. Il sera
taxé pour l'original :

---

(1) Cette disposition du Tarif fait exception aux compulsoires,
actes respectueux, inventaires pour divorce de consentement mutuel ou après décès, référé sur inventaire, formation de compte
de partage, vente d'immeubles qui leur ont été renvoyés, qui sont
les seuls taxés par le Tarif.

A Paris...................... 1 f. oo c.
Dans le ressort................. o 75
Pour la copie, le quart :
A Paris..................... o 25
Dans le ressort............... o 18
Art. 70 du Tarif, relatif au titre des partages, Code de Proc.

RÉCUSATION *de juge de paix.*

ACTE de récusation de juge de paix qui en contiendra les motifs, et qui sera signé par la partie ou son fondé de pouvoir spécial, ainsi que la copie. Il sera taxé, pour l'original :   A Paris..................... 3 f. oo c.
Dans les villes où il y a tribunal de
    première instance............ 2 25
Dans les autres villes et cantons
    ruraux..................... 2 25
Et pour la copie, le quart :
A Paris..................... o 75
Dans les autres endroits........ o 56
Art. 3o du Tarif, relatif à l'art. 45 du Code de Procéd.

RÉCUSATION *d'experts.*

ACTE contenant les moyens de récusation contre les experts. Il sera taxé à l'*avoué* de première instance, pour l'original :
A Paris..................... 5 f. oo c.
Dans le ressort................ 3 75
Pour la copie, le quart :
A Paris..................... 1 25
Dans le ressort................ o 87
Art. 71 du Tarif, relatif à l'art. 3o9 du Code de Procéd.

ACTE contenant réponse aux moyens de récusation (contre les experts). Il sera taxé à l'*avoué* de première instance, pour l'original :
A Paris..................... 5 f. oo c.
Dans le ressort................ 3 75
Pour copie, le quart.
A Paris..................... 1 25
Dans le ressort................ o 87
Art. 71 du Tarif, relatif à l'art. 311 du Code de Procéd.

RECTIFICATION *d'actes de l'état civil.*

ACTE contenant demande en rectification d'un acte de l'état civil. Il sera taxé à l'*avoué* de première instance, pour l'original :

A Paris..................... 7 f. 50 c.
Dans le ressort............ ... 3   75
Pour la copie, le quart :
    A Paris.................... 1   25
    Dans le ressort......... .... o   87
Art. 71 du Tarif, relatif à l'art. 856 du Code de Procéd.

REPRISE *d'instance.*
ACTE de reprise d'instance. Il sera taxé à *l'avoué* de première instance, pour l'original :
    A Paris..................... 5 f. oo c.
    Dans le ressort 3   75
Pour la copie, le quart :
    A Paris.................... 1   25
    Dans le ressort............... o   87
Art. 71 du Tarif, relatif à l'art. 102 du Code de Procéd.

SAISIE-*brandon.*
ACTE de suite de saisie-brandon.
Le surplus des actes qui sont la suite d'une saisie-brandon seront taxés comme en saisie-exécution.
Art. 43 du Tarif.

SAISIE *de rente.*
ACTE de poursuite de vente sur saisie de rente constituée sur particuliers, sera taxé comme en saisie-immobilière.
Art. 46 du Tarif.

SURENCHÈRE.
ACTE contenant réquisition d'un créancier inscrit à fin de mises aux enchères et adjudications publiques de l'immeuble aliéné par son débiteur, sera taxé :
    A Paris..................... 5 f. oo c.
    Dans les villes où il y a tribunal
        de première instance......... 4   oo
    Dans les autres villes et cantons
        ruraux.................... 4   oo
Et pour la copie, le quart:
    A Paris..................... 1   25
    Partout ailleurs............... 1   oo
L'original et la copie de cette réquisition seront signés par le requérant ou par son fondé de procuration spéciale.
Il contiendra la soumission de porter ou faire porter le prix en sus de celui qui aura été stipulé dans le contrat,

et l'offre d'une caution avec assignation devant le tribunal pour la réception de la caution.

Art. 63 du Tarif, relatif à l'art. 822 du Code de Procéd.

ACTE de dénonciation de surenchère. Voyez *Dénonciation.*

ACTE de surenchère au greffe. Voyez *Surenchère du quart.*

AFFICHES de vente d'effets saisis - exécutés. Voyez *Placards. Exploit qui constatera.*

SÉPARATION *de biens.*

AFFICHES de jugement de séparation de biens, en l'auditoire du tribunal dans les études des notaires, etc. Voy. *Insertion.*

ADJUDICATAIRE d'immeuble saisi et vendu en justice doit les frais de la vacation de son avoué et sa déclaration de command. Voyez *Avoués enchérisseurs.*

ADJUDICATION définitive d'immeuble saisi.

Il sera taxé à l'*avoué* de première instance pour sa vacation :

    A Paris...................... 15 f. oo c.
    Dans le ressort............... 12   oo

Art. 113 du Tarif, relatif à l'art. 706 du Code de Procéd.

Voy. *Avoué poursuivant.*

ADJUDICATIONS préparatoires de bien immeuble saisi.

Il sera taxé à l'*avoué* de première instance, pour sa vacation à chaque adjudication :

    A Paris...................... 6 f. oo c.
    Dans le ressort............... 4   5o

Art. 112 du Tarif, relatif à l'art. 702 du Code de Procéd.

AFFIRMATION de voyage par parties.

Lorsque les parties feront un voyage, et qu'elles se seront présentées au greffe, assistées de leur avoué, pour y affirmer que le voyage a été fait dans la seule vue du procès, il leur sera alloué, quels que soient leur état et leur profession, pour frais de voyage, séjour et retour, par chaque myriamètre de distance entre leur domicile et le tribunal où le procès sera pendant................. 3 f. oo c.

Et à l'*avoué* pour vacation au greffe :

A Paris......................... 1 f. 5o c.
Dans le ressort................. 1   15

Il ne sera passé en taxe qu'un seul voyage en première instance, et un seul en cause d'appel ; la taxe pour la partie sera la même en l'un et l'autre cas.

Cependant, si la comparution d'une partie avait été ordonnée par jugement, et qu'en définitif les dépens lui fussent adjugés, il lui sera alloué pour cet objet une taxe égale à celle d'un témoin.

Art. 146 du Tarif.

Voyez *Témoin.*

AJOURNEMENT pour demander la réformation d'un avis du conseil de famille qui n'a pas été unanime. Il sera taxé à l'*huissier*, pour l'original. (Voyez *Exploits.*)

A Paris....................... 2 f. oo c.
Partout ailleurs................ 1   5o

Art. 29 du Tarif, relatif à l'art. 883 du Code de Procéd.

Pour la copie, il sera taxé le quart :

A Paris....................... o f. 5o c.
Partout ailleurs.................. o   37

Indépendamment des copies de pièces.
Art. *idem* du Tarif.

ANNONCE de vente d'effets saisis par insertion dans un journal. Voyez *Exploit qui constatera.*

APPEL de jugement de justice de paix, taxe de l'exploit. Voyez *Original.*

APPEL des jugemens des tribunaux de première instance et de commerce. Voyez *Acte.*

APPEL de cause sur rôle (par les *huissiers-audienciers* des tribunaux de première instance), et lors des jugemens par défaut, interlocutoires et définitifs.

Il leur sera taxé, sans qu'il leur soit alloué aucun droit pour les jugemens préparatoires et de simples remises :

A Paris....................... o f. 3o c.
Dans les tribunaux de ressort.... o   25

Art. 152 du Tarif.

APPEL des causes sur le rôle, par les *huissiers-audienciers* de la cour d'appel de Paris, ou lors des arrêts, par défaut, interlocutoires et définitifs.

Il leur sera taxé, à la charge d'envoyer des bulletins aux avoués pour toutes les remises de causes qui seront ordonnées. . . . . 1 f. 25 c.

Il ne sera passé aucun autre droit d'appel pour les simples remises de causes, et les jugemens préparatoires.
Art. 157 du Tarif.

APPEL de jugement qui aura statué sur opposition à exécutoire de dépens, ou au chef du jugement qui, les ayant adjugés, en contiendrait la liquidation, ne pourra être interjeté que lorsqu'il y aura appel de quelques dispositions sur le fond.
Art. 6 du décret particulier à la liquidation des dépens.

APPEL du jugement qui aura rejeté la récusation d'un juge, fait au greffe, par acte qui en contiendra les moyens, et dépôt des pièces au soutien.

Il sera taxé à l'*avoué* de première instance, pour sa vacation :

       A Paris. . . . . 6 f. oo c.
       Dans le ressort. 4   5o
Art. 92 du Tarif, relatif à l'art. 384 du Code de Procéd.

APPOSITION, reconnaissance et levée de scellés, taxe de vacations au juge de paix.

Pour chaque vacation à reconnaissance et levée de scellés, qui sera de trois heures au moins, il sera accordé au *juge de paix :*

       A Paris. . . . . 5 f. oo c.
       Dans les villes où il y a tribunal
          de première instance. 3   75
       Dans les autres villes et cantons
          ruraux. 2   5o

Dans la première vacation seront compris les temps du transport et du retour des juges de paix ; s'il n'y a qu'une vacation, elle sera payée comme complète, encore qu'elle n'ait pas été de trois heures.

Si le nombre des vacations de reconnaissance et levée de scellés paraît excessif, le président du tribunal de première instance, en procédant à la taxe, pourra la réduire.

Art. 1 du Tarif, relatif aux art. 909 et 932 du Code de Procéd. Civ. Voy. *Référés.*

APPOSITION de placards en saisie immobilière. Voy. *Placards.*

APOSTILLE de *l'avoué* défendeur à déclaration de dommages-intérêts.

Il sera taxé pour chacune :

A Paris......................	o f. 6o c.
Dans le ressort................	o 45

Art. 142 du Tarif, argument de l'art. 524 du Code de Procéd.

ARCHITECTE expert ; sa taxe. Voy. *Experts.*

ARRESTATION d'un débiteur condamné par corps, dans le domicile où il se trouve. Combien est dû au *juge de paix* pour sa présence à cette arrestation. Voy. *Transport.*

ARTICULATION de faits dont on demande à faire preuve. Voy. *Acte contenant articulation.*

ARTISTE expert ; sa taxe. Voy. *Experts.*

ARTISAN expert ; sa taxe. Voy. *Experts.*

ASSIGNATION au tribunal de commerce. Voy. *Demande.*

DÉCLARATION *affirmative.*

ASSIGNATION au tiers saisi pour faire sa déclaration affirmative. Il sera taxé à *l'huissier*, pour l'original :

A Paris........................	2 f. oo c.
Partout ailleurs................	1 5o

Art. 29 du Tarif, relatif à l'art. 570 du Code de Procéd.

Pour la copie, il sera taxé, le quart :

A Paris........................	o f. 5o c.
Partout ailleurs	o 37

Art. *idem* du Tarif.

ENQUÊTE.

ASSIGNATION à témoin dans les enquêtes. Il sera taxé à *huissier* ordinaire, pour l'original :

A Paris........................	2 fr. oo c.
Partout ailleurs...............	1 5o

Art. 29 du Tarif, relatif à l'art. 223 du Code de Procéd.

Pour la copie, il sera taxé le quart.

A Paris........................	o f. 5o c.
Partout ailleurs................	o 37

Art. *idem* du Tarif.
Voyez *Copie des pièces.*

ASSIGNATION à partie contre laquelle se fait une enquête. Il sera taxé à l'*huissier* ordinaire, pour l'original :

  A Paris...................... 2 f. 00 c.
  Partout ailleurs.............. 1   50

Art. 29 du Tarif, relatif aux art. 260 et 261 du Code de Procéd. Civ.
Pour la copie; il sera taxé le quart.

  A Paris...................... 0 f. 50 c.
  Partout ailleurs. 0   37

Art. *idem* du Tarif.

RÉFÉRÉ.

ASSIGNATION en référé à la requête de gardien (à saisie-exécution) qui demande sa décharge. Il sera taxé à l'*huissier*, pour l'original :

  A Paris .... 2 f. 00 c.
  Partout ailleurs.............. 1   50

Art. 29 du Tarif, relatif à l'art. 606 du Code de Procéd·
Pour la copie, il sera taxé le quart :

  A Paris................ ...... 0 f. 50 c.
  Partout ailleurs.............. 0   37

Art. *Idem* du Tarif.

ASSIGNATION en référé dans les cas d'urgence, ou lorsqu'il s'agit de statuer sur les difficultés relatives à l'exécution d'un titre exécutoire ou d'un jugement. Il sera taxé à l'*huissier*, pour l'original :

  A Paris. .... 2 f. 00 c.
  Partout ailleurs 1   50

Art. *idem* du Tarif, relatif à l'art. 807 du Code de Procéd.
Pour la copie, il sera taxé le quart :

  A Paris...................... 0 f. 50 c.
  Partout ailleurs.............. 0   37

Art. *Idem* du Tarif.

RÉQUISITION *d'expédition d'acte passé devant notaire.*

ASSIGNATION à un notaire et aux parties intéressées, s'il y a lieu, pour avoir expédition d'un acte parfait.

Ou d'un acte non-enregistré, ou d'un acte resté imparfait, ou d'une seconde grosse :

Il sera taxé à l'*huissier*, pour l'original :

A Paris.................... 2 f. 00 c.
Partout ailleurs........... 1   5o
Art. 29 du Tarif, relatif aux art. 829, 841 et 844 du
  Code de Procéd.
Pour la copie, il sera taxé le quart :
A Paris..................... o f. 5o c.
Partout ailleurs............ o   37
Indépendamment des copies de pièces.
Art. *Idem* du Tarif.

GREFFIERS *de juges de paix.*

ASSISTANCE du *greffier* de juge de paix aux con-
seils de famille. Il lui sera alloué les deux tiers des vaca-
tions du juge de paix.
A Paris..................... 3 f. 33 c.
Dans les villes où il y a tribu-
  nal de première instance.. 2   5o
Dans les autres villes et cant. rur. 1   17.
Art. 16 du Tarif, relatif, ainsi que l'art. 4 du même
  Tarif, à l'art. 4o6 du Code de Procéd. Civ.

Nota. Le juge (ni conséquemment le greffier) ne pourra
jamais prendre plus de deux vacations.
Art. 4 du Tarif.

ASSISTANCE du *greffier* du juge de paix à apposition
de scellés.
Il lui est alloué les deux tiers des vacations du juge
de paix (chaque vacation étant de trois heures au moins).
Il est encore alloué au *greffier* les deux tiers des frais
de transport, dans le cas où il en est alloué au juge de paix.
Voyez pour taxe de transport, les mots *Assistance* ou
Reconnaissance et Levée de Scellés.
A Paris, pour chaque vacation 3 f. 33 c.
Dans les villes où il y a tri-
  bunal de première instance. 2   5o
Dans les autres villes et cant. rur. 1   17
Art. 16 du Tarif, relatif à l'art. 9o9 du Code de Procéd.
  Civ., ainsi que l'art. 1 dudit Tarif.
Dans la première vacation seront compris les temps
du transport et du retour du juge de paix (de même
pour le greffier), s'il n'y a qu'une seule vacation ; elle
sera payée comme complète, encore qu'elle n'ait pas été
de trois heures.
Si le nombre des vacations d'apposition de scellés paraît

excessif, le président du tribunal de première instance, en procédant à la taxe, pourra le réduire.

Art. 1 du Tarif, qui se rapporte à l'art. 16, en ce qui concerne le greffier.

ASSISTANCE du *greffier* de juge de paix à référé, s'il y a lieu, lors de l'apposition des scellés.

Ou dans le cours de leur levée, ou pour présenter un testament, ou autre papier cacheté, au président du tribunal de première instance.

Il lui sera alloué les deux tiers de ses vacations, comme pour apposition, reconnaissance et levée.

En cas de transport pour référé devant le président de première instance, il lui est accordé pour chaque myriamètre .... 1 f. 33 c.

Autant pour le retour, et par journée de cinq myriamètres........................ 6 68

Il n'est accordé qu'une seule journée, quand la distance n'est pas de plus de deux myriamètres et demi, y compris sa vacation devant le président du tribunal.

1.° Si la distance est de plus de deux myriamètres et demi, il lui sera payé deux journées pour l'aller et le retour, et sa vacation devant le président du tribunal.

Art. 2 et 3 du Tarif.

ASSISTANCE du *greffier* de juge de paix à reconnaissance et levée de scellés. Il lui sera alloué les deux tiers des vacations du juge de paix.

Il est alloué au *greffier* les deux tiers des frais de transport de ceux alloués au juge de paix.

A Paris, pour chaque vacation 3 f. 33 c.
Dans les villes où il y a tribunal
de première instance 2 50
Dans les autres villes et cantons
ruraux.................. 1 17

Art. 16 du Tarif, relatif, comme l'art. 1 dudit Tarif, à l'art. 932 du Code de Procéd. Civ.

Voyez au surplus, quant au transport et retour, *Assistance à Apposition de Scellés*.

En cas de référé devant le président du tribunal de première instance, les vacations du *greffier* lui sont allouées comme celles de reconnaissance.

Art. 1 du Tarif.

S'il y a lieu à transport pour référé, il lui sera accordé par chaque myriamètre.................. 1 f. 16 c.

Autant pour le retour. Et par journée de
cinq myriamètres......................... 6 f. 33 c.

Il n'est accordé qu'une seule journée, quand la distance
n'est pas de plus de deux myriamètres et demi, y compris
sa vacation devant le président du tribunal.

Si la distance est de plus de deux myriamètres et demi, il
lui sera payé deux journées pour l'aller et le retour, et sa vacation devant le président du tribunal.

Art. 2 et 3 du Tarif.

ASSISTANCE du *greffier* de juge de paix à visite des
lieux contentieux par le juge ou pour audition de témoins ; dans ce cas, il lui sera alloué les deux tiers des
vacations du juge de paix.

Voyez *Greffier qui aura assisté.* La taxe proportionnelle
y est indiquée.

ASSISTANCE du greffier de juge de paix à une opération d'experts pour écrire leur procès verbal, dans le cas
où aucun d'eux ne sauroit écrire, il sera alloué pour ce au
greffier les deux tiers des vacations allouées à un expert.

Art. 15 du Tarif, relatif à l'art. 317 du Code de Procéd.
Civ. Voyez *Greffier, Expert.*

JUGE *de paix.*

ASSISTANCE de juge de paix à conseil de famille ; taxe
pour l'assistance du *juge de paix* à tout conseil de famille.
Il sera accordé :

A Paris...................... 5 f. 00 c.
Dans les villes où il y a tribunal
de première instance...... 3 75
Dans les autres villes et cantons
ruraux.................... 2 50

Art. 4 du Tarif, relatif à l'art. 406 du Code de Procéd. Civ.

AVOUÉS.

ASSISTANCE à la délibération du conseil de famille
qui suit la demande en interdiction et avant l'interrogatoire.

Il sera taxé à l'*avoué* de première instance, pour sa vacation :   A Paris.................... 6 f. 00 c.
Dans le ressort.............. 4 50

Art. 92 du Tarif, relatif à l'art. 892 du Code de Procéd.

ASSISTANCE d'*avoué* de première instance à l'audience, à l'effet de demander acte de sa constitution, en cas
d'abréviation de délais.

Il lui sera taxé :

>A Paris........................ 1 f. 5o c.
>Dans le ressort............. 1 oo

Art. 81 du Tarif, relatif à l'art. 76 et suiv. du Code de Procéd.

ASSISTANCE et plaidoirie *d'avoués* de première instance aux jugemens par défaut.

Il lui sera taxé :

>A Paris..................... 3 f. oo c.
>Dans le ressort. 2 45

Art. 82 du Tarif, relatif à l'art. 149 du Code de Procéd.

Quand le jugement par défaut aura été pris par un avocat, le droit de l'assistance de l'avoué ne sera :

>A Paris, que de............. 1 f. oo c.
>Dans le ressort.............. o 75

Même art. du Tarif.

ASSISTANCE des *avoués* à chaque journée de plaidoirie qui précède les jugemens interlocutoires, définitifs et contradictoires, quand les causes sont plaidées par les parties elles-mêmes ou par les avocats.

Il sera taxé :

>A Paris..................... 3 f. oo c;
>Dans le ressort............. 2 25

Et quand les avoués plaideront eux-mêmes :

>A Paris..................... 10 oo
>Dans le ressort............. 6 oo

Art. 86 du Tarif, relatif à l'art. 116 du Code de Procéd.

ASSISTANCE de chaque *avoué* de première instance à tout jugement de remise de cause ou indication de jour, sans que les jugemens puissent être levés, ni qu'il soit signifié des qualités ou donné d'avenir.

Il sera taxé :

>A Paris..................... 5 f. oo c.
>Dans le ressort............. 2 25

Art. 83 du Tarif, relatif à l'art. 87 du Code de Procéd.

ASSISTANCE aux jugemens sur délibéré ou instruction par écrit, y compris les notes qu'ils pourront fournir.

Il sera taxé aux *avoués* de première instance :

>A Paris..................... 5 f. oo c.
>Dans le ressort............. 4 oo

Art. 85 du Tarif, relatif à l'art. 115 du Code de Procéd.

ASSISTANCE et observations des *avoués* aux juge-
mens qui ordonneront une instruction par écrit.
Il sera taxé pour chacun :
A Paris...................... 5 f. oo c.
Dans le ressort. 4   oo
Art. 84 du Tarif, relatif aux art. 93 et 95 du Code de Procéd.

ASSISTANCE devant le juge-commissaire à inscription
de faux pour convenir de pièces de comparaison, pour
vérification d'écriture déniée.
Il sera taxé à l'*avoué* de première instance, pour sa vacation :   A Paris................... 6 f. oo ç.
Dans le ressort............... 4   5o
Art. 92 du Tarif, relatif à l'art. 199 du Code de Procéd.

ASSISTANCE à procès verbal de l'état de pièces ar-
guées de faux :
Il sera taxé à l'*avoué* de première instance, pour sa va-
cation :
A Paris.................... 6 f oo c.
Dans le ressort............. 4   5o
Art. 92 du Tarif, relatif à l'art. 226 du Code de Procéd.

ASSISTANCE à procès verbal dressé par le greffier de
l'état de pièces arguées de faux déposées au greffe, vacations d'*avoués*. Voyez *Dépôt*, *Prise en communication*.

ASSISTANCE et plaidoirie d'*avoué* à la chambre du
conseil, sur opposition à exécutoire de dépens, ou au chef
de jugement, portant leur liquidation en matière ordinaire.
Il lui sera taxé :
A Paris..................... 7 f. 5o c.
Dans le ressort, les trois quarts. 4   61
Tarif des frais de taxe, à la suite du décret relatif à la
liquidation des dépens.

ASSISTANCE à huis clos des époux dans le cas de
demande en divorce, pour représenter les pièces, faire
les observations et indiquer les témoins.
Il sera alloué à l'*avoué* de première instance, pour sa
vacation :   A Paris .... 6 f. oo c.
Dans le ressort 4   5o
Art. 92 du Tarif, relatif aux art. 242 et 243 du Code de
Procéd.

ASSISTANCE à compulsoire et dire au procès verbal par chaque vacation.

Il sera taxé à l'*avoué* de première instance :

   A Paris. . . . . 6 f. oo c.
   Dans le ressort. 4 5o

Art. 92 du Tarif, relatif à l'art. 85o du Code de Procéd.

ASSISTANCE d'*avoué* à adjudication préparatoire de bien immeuble saisi.

Il lui sera taxé pour sa vacation :

   A Paris. . . . . 6 f. oo c.
   Dans le ressort. 4 5o

Art. 112 du Tarif, relatif à l'art. 772 du Code de Procéd.

ASSISTANCE à apposition de scellés, par trois heures.

Il sera taxé à l'*avoué* de première instance, pour chaque vacation :

   A Paris. . . . . 6 f. oo c.
   Dans le ressort. 4 5o

Art. 94 du Tarif, relatif à l'art. 911 du Code de Procéd.

ASSISTANCE à partage devant le juge-commissaire, où devant le notaire commis par la loi.

Il sera taxé à l'*avoué* de première instance , par trois heures , pour vacations :

   A Paris . . . . 6 f. oo c.
   Dans le ressort. 4 5o

Art. 92 du Tarif, relatif aux art. 976 , 977 et 982 du Code de Procéd.

Les vacations devant le notaire n'entreront point en frais de partage ; elles ne pourront être répétées que contre la partie qui aura requis l'assistance de l'avoué.

Art. *idem* du Tarif, relatif à l'art. 977 ci-dessus.

ASSISTANCE au greffe, de la femme qui renonce à la communauté après décès, ou de l'héritier qui renonce à la succession, ou qui ne l'accepte que sous bénéfice d'inventaire.

Il sera taxé à l'*avoué* de première instance , pour sa vacation : A Paris. 3 f. oo c.
   Dans le ressort. 2 25

Art. 91 du Tarif, relatif aux art. 997. Code de Procéd., 793 et 794 Code Civ.

ASSISTANCE au greffe, de la femme qui fait sa renonciation à la communauté, en cas de séparation de biens.

Il sera taxé à l'*avoué* de première instance pour sa vacation :

A Paris................... 3 f. oo c.
Dans le ressort............. 2 25

Art. 91 du Tarif, relatif à l'art. 874 du Code de Procéd.

AVOCATS , il ne leur est point alloué d'honoraires en matière sommaire.
Art. 67 du Tarif.

AVOUÉ sera tenu de se présenter au jour indiqué par les jugemens préparatoires ou de remise , sans qu'il soit besoin d'aucune sommation.
Art. 70 du Tarif.

CONCILIATION.
AVOUÉ qui comparaît au bureau de conciliation pour sa partie, il ne lui est dû aucun émolument.
Art. 69 du Tarif.

COPIES *des pièces.*
AVOUÉ qui aura fait les copies de pièces à signifier avec ajournement aura droit à la taxe fixée pour ces copies : quelle est cette taxe. Voy. *Copies de pièces.*

REGISTRE *de recette.*
AVOUÉS (tous les) seront tenus d'avoir un registre qui sera coté et paraphé par le président du tribunal auquel ils seront attachés , ou par un des juges du siége , qui sera par lui commis, sur lequel ils inscriront eux-mêmes, par ordre de date et sans aucun blanc, toutes les sommes qu'ils recevront de leurs parties.

Ils représenteront ce registre toutes les fois qu'ils en seront requis , et qu'ils formeront des demandes en con-damnation de frais; et faute de représentation ou de tenue régulière , ils seront déclarés non-recevables dans leurs demandes.
Art. 151 du Tarif.

RÉQUISITION *de taxe.*
AVOUÉ qui requerra la taxe , remettra au greffier l'état des dépens adjugés, avec les pièces justificatives.

Le juge chargé de liquider taxera chaque article en marge de l'état , sommera le total au bas , le signera , mettra la taxe sur chaque pièce justificative, et paraphera; l'état demeurera annexé aux qualités.

Le montant de la taxe sera porté au bas de l'état des dépens adjugés ; il sera signé du juge qui y aura procédé et du greffier. Lorsque ce montant n'aura pas été compris dans l'expédition de l'arrêt ou du jugement, il en sera délivré exécutoire par le greffier.

Art. 3, 4 et 5 du décret particulier à la liquidation des dépens.

Pour chaque article (de l'état de dépens ci-dessus) entrant en taxe des dépens en matière ordinaire, il sera alloue à l'*avoué* qui aura formé cet état ...... o f. 10 c.

Au moyen de cette taxe, il ne sera alloué à cet *avoué* aucune vacation, à l'effet de remettre et retirer les pièces justificatives.

Tarif des frais de taxe ensuite du décret ci-dessus.

Nota. Il ne pourra être fait qu'un article pour chaque pièce de la procédure, tant pour l'avoir dressé, que pour l'original, copie et signification pour tous les droits qui en résultent.

Chaque article sera divisé en deux parties : la première comprendra les déboursés, y compris le salaire des *huissiers*, et la seconde de l'émolument de *l'avoué* : en conséquence, les états seront formés sur deux colonnes, l'une des déboursés, l'autre de l'émolument à *l'avoué*.

Idem. Tarif des frais de taxe.

RÉVOCATION.

AVOUÉ révoqué en matière sommaire.

Il lui sera alloué, savoir :

S'il y a eu constitution d'*avoué* avant l'obtention d'un jugement par défaut, il lui sera alloué moitié du droit accordé pour faire rendre un jugement par défaut:

A Paris, si la demande n'ex-
cède pas 1000 f. .... 3 f. 75 c.
Dans le ressort 2 81
Quand elle excédera 1000 f. jusqu'à 5000 f.
A Paris 5 00
Dans le ressort............. 3 75
Quand elle excédera 5000 fr.
A Paris. 7 50
Dans le ressort............. 5 62

Et s'il a été obtenu un premier jugement par défaut, ou un jugement interlocutoire, indépendamment de l'émolument pour ces jugemens, moitié du droit accordé pour obtenir un jugement contradictoire :

> A Paris , quand la demande
> n'excédera pas 1000 fr......   7 f. 5o c.
> Dans le ressort..............   5   75

Quand la demande excédera 1000 fr. jusqu'à 5ooo fr.

> A Paris...................   10   oo
> Dans le ressort   7   75

Quand elle excédera 5ooo fr.

> A Paris.   15   oo
> Dans lé ressort.............   11   25

Mais ces droits en seront acquittés, et ils ne pourront
être exigés que lorsqu'il y aura eu constitution d'avoué
dans le premier cas (c'est - à - dire avant l'obtention
d'un jugement par défaut), ou qu'il aura été formé opposition au premier jugement par défaut, et que l'avoué
qui aura obtenu le premier jugement, aura suivi l'audience sur le débouté d'opposition.

Art. 67 du Tarif.

AVOUÉ poursuivant ordre , aura droit à une demi-
vacation par chaque production faite pour en prendre
communication et contredire :

> A Paris.....................   5 f. oo c.
> Dans le ressort   3   75

Art. 135 du Tarif.

Voyez *Prise en communication.*

AVOUÉ poursuivant la vente d'immeuble saisi.

Indépendamment de ses autres émolumens, il lui sera
alloué, à Paris, pour vacation à l'adjudication définitive,
sur le prix des biens dont l'adjudication sera faite au-
dessus de 2000 f., un pour cent.

Sur la somme excédant 10,000 f., demi pour cent.

Sur la somme excédant 5o,ooo f., jusqu'à 100,000 f.
un quart pour cent.

Et sur l'excédant de 100,000 f. indéfiniment , un
huitième de un pour cent.

En cas d'adjudication par lots , de biens compris dans
la même poursuite, en l'état où elle se trouvera lors des
adjudications, la totalité des prix des lots sera réunie
pour fixer le montant de la remise.

Il ne sera passé que trois quarts de la remise aux
avoués des tribunaux de département.

Art. 113 du Tarif , relatif à l'art. 706 du Code de
Procédure.

Remise proportionnelle sur le prix de l'adjudication en licitation, ainsi qu'il suit :

Moitié appartiendra à l'*avoué* poursuivant.

La seconde moitié sera partagée par égales portions entre tous les *avoués* qui ont occupé dans la licitation, y compris l'avoué poursuivant, qui aura sa part comme les autres dans cette seconde moitié.

Art. 129 du Tarif.

AVOUÉ enchérisseur sur publications de bien immeuble saisi :

Il lui sera taxé pour vacation :

A Paris	7 f.	00 c.
Dans le ressort	5	63

Pour enchérir et se rendre adjudicataire :
Il lui sera taxé, pour *idem* :

A Paris	15	00
Dans le ressort	11	25

Pour faire la déclaration de command.

A Paris	6	00
Dans le ressort	4	50

Nota. Les vacations pour enchérir ou pour la déclaration de commandement, sont à la charge de l'enchérisseur ou de l'adjudicataire.

Art. 114 du Tarif, relatif à l'art. 707 (1) du Code de Procédure.

AVOUÉ du poursuivant distribution par contribution aura autant de demi-droit de vacation pour prendre communication de l'état de contribution et contredires, qu'il y aura eu de créanciers produisant au procès verbal du juge commissaire :

A Paris	2 f.	50 c.
Dans le ressort	1	87

Art. 100 du Tarif, relatif à l'art. 663 du Code de Procéd.

VACATIONS.

AVOUÉS n'auront droit qu'à deux vacations par matinée, et à une l'après-midi, lorsqu'ils opéreront dans le lieu de leur résidence.

Art. 151 du Tarif.

---

(1) Le Tarif porte 107, mais c'est une erreur d'impression qui a été vérifiée, et qu'on peut vérifier.

B.

BIENS immeubles des mineurs à vendre. Emolumens d'*avoués* pour les poursuites de vente seront taxés comme une saisie immobilière. Voyez *Emolumens d'avoués*.

BIENS dotaux à vendre dans le régime dotal, les émolumens de poursuites de vente de ces biens seront taxés aux *avoués* comme une saisie immobilière. Voyez *Emolumens*.

BORDEAUX, cour d'appel ; le tarif des frais et dépens, en cette cour, est le même que pour la cour d'appel de Paris.

Décret particulier à cet objet, ensuite du Tarif des frais de taxe, art. 1.

Le Tarif des frais et dépens, décrété pour le tribunal de première instance et les justices de paix établis à Paris, est commun au tribunal de première instance et aux justices de paix de Bordeaux.

Idem, art. 2.

BRUXELLES, cour d'appel ; le Tarif des frais et dépens en cette cour est le même que pour la cour d'appel de Paris.

Décret particulier à cet objet, ensuite du Tarif des frais de taxe, art. 1.

Le tarif des frais et dépens décrété pour le tribunal de première instance et les justices de paix établis à Paris, est commun au tribunal de première instance et aux justices de paix de Bruxelles.

Idem, art. 2.

C.

CAHIER des charges de vente d'immeuble saisi ; il n'en est signifié aucune copie. Voyez *Grosse*.

CAHIER des charges de vente de bien immeuble saisi.

Il n'en sera fait qu'une seule grosse ; il n'en sera point remis à l'huissier-audiencier pour les publications : l'huissier publiera sur note qui lui sera remise par le greffier, et le greffier constatera les publications, qui seront d'ailleurs signées par le juge.

Art. 110 du Tarif.

CAHIER des charges de vente. d'immeubles ne peut stipuler d'autres et plus grands droits au profit des *avoués*, que ceux énoncés au Tarif; s'il y en est inséré quelque clause pour les exhausser, elle sera réputée non-écrite.
Art. 129 du Tarif.

CANTONS (dans les) ruraux et autres lieux où il n'y a pas de tribunal de première instance, combien est dû au *juge de paix* pour son assistance à tout conseil de famille....................................... 2 f. 5o c.
Il ne pourra jamais prendre plus de deux vacations. Art. 4 du Tarif, relatif à l'art. 406 du Code Civ.

CANTONS ruraux. Il sera taxé au *juge de paix*, pour reconnaissance et levée de scellés, dans ces cantons et autres lieux où il n'existe pas de tribunal de première instance, pour chaque vacation de trois heures au moins.. 2 f. 5o c.
Dans la première vacation seront compris les temps du transport et du retour du juge de paix : s'il n'y a qu'une vacation, elle sera payée comme complète, encore qu'elle n'ait pas été de trois heures.
Si le nombre des vacations de reconnaissance et levée de scellés paraît excessif, le président du tribunal de première instance, en procédant à la taxe, pourra le réduire.
Art. 1 du Tarif, relatif aux art. 909 et 932. du Code de Procéd. Civ.

CÉDULES à délivrer par *juge de paix*; il ne lui est rien alloué par le Tarif des frais et dépens, pour la cédule qui commet un autre huissier que le sien pour signification de citation, en cas d'empêchement légal de celui-ci pour la donner, aux termes de l'art. 4 du Code de Procéd. Civ.
Ni pour la cédule à fin de citation à bref délai, en cas d'urgence. Art. 6 du même Code.
Ni pour cédule à fin d'appel des experts, dans les cas où le juge de paix aura ordonné une opération quelconque par des gens de l'art; aux termes de l'art. 29 dudit Code.
Art. 7 du Tarif.

CERTIFICAT donné par avoué, contenant la date de la signification au domicile de la partie condamnée, du jugement qui prononce une main-levée, la radiation d'inscription hypothécaire, un paiement ou autre chose à faire par un tiers ou contre lui.

Il sera taxé à *l'avoué* de première instance, pour sa vacation :

. A Paris............................ 1 f. 50 c.
Dans le ressort............... 1   15

Art. 90 du Tarif, relatif à l'art. 548 du Code de Procéd.

. CERTIFICAT du greffier constatant que l'adjudicataire de biens-immeubles saisis et vendus en justice n'a point satisfait aux charges de son adjudication. Vacation d'avoué. Voyez *Réquisition*.

CLAUSE insérée dans le cahier des charges de vente d'immeuble saisi, tendant à exhausser les droits attribués aux avoués pour les poursuites, sera réputée non-écrite. Art. 129 du Tarif.

CONSEIL *de famille*.

CITATION aux membres qui doivent composer le tribunal de famille. Il sera taxé à *l'huissier*, pour l'original :

A Paris...................... 1 f. 50 c.
Dans les villes où il y a tribunal
   de première instance..... 1   25
Dans les autres villes et cantons
   ruraux...................... 1   25

Et pour chaque copie, le quart.
Art. 21 du Tarif.
Voyez *Copie de pièces*.

CONCILIATION.

CITATION en conciliation. Il sera taxé à *l'huissier* du juge de paix, pour l'original :

A Paris...................... 1 f. 50 c.
Dans les villes où il y a tribunal de première instance.. 1   25
Dans les autres villes et cantons
   ruraux...................... 1   25 c.

Et pour la copie, le quart.
Art. 21 du Tarif.

ENQUÊTE *et expertise*.

CITATION à témoins ou à gens de l'art et experts. Il sera taxé à *l'huissier* de juge de paix, pour son original :

A Paris...................... 1 f. 50 c.
Dans les villes où il y a tribunal de première instance. 1   25

Dans les autres villes et cantons
ruraux . . . . 1 f. 25 c.
Et pour la copie, le quart.
Art. 21 du Tarif.

JUSTICE *de paix.*
CITATION devant juge de paix. Taxe de cet acte.
Voyez *Original.*

PRÉALABLE *à saisie-exécution.*
COMMANDEMENT pour parvenir à une saisie-exé-
cution. Il sera taxé à l'*huissier,* pour l'original :
A Paris . . . . 2 f. 00 c.
Partout ailleurs 1 50
Art. 29 du Tarif, relatif aux art. 583 et 584 du Code de Proc.
Pour la copie, il sera taxé le quart :
A Paris . . . . 0 f. 50 c.
Partout ailleurs 0 37
Art. *id.* du Tarif.

PRÉALABLE *à saisie-brandon.*
COMMANDEMENT qui doit précéder la saisie-bran-
don. Il sera taxé à l'*huissier,* pour l'original :
A Paris . . . . 2 f. 00 c.
Partout ailleurs 1 50
Art. 29 du Tarif, relatif à l'art. 626 du Code de Procéd.
Pour la copie, il sera taxé le quart :
A Paris . . . . 0 f. 50 c.
Partout ailleurs . . . . 0 37 .
Art. *id.* du Tarif.

PRÉALABLE *à saisie de rentes.*
COMMANDEMENT qui doit précéder la saisie de
rentes constituées sur particuliers. Il sera taxé à l'*huissier,*
pour l'original :
A Paris . . . . 2 f. 00 c.
Partout ailleurs 1 50
Art. 29 du Tarif, relatif à l'art. 636 du Code de Procéd.
Pour la copie, il sera taxé le quart :
A Paris . . . . 0 f. 50 c.
Partout ailleurs 0 37
Art. *id.* du Tarif.

PRÉALABLE *à saisie immobilière.*
COMMANDEMENT tendant à saisie immobilière. Il
sera taxé à l'*huissier,* pour l'original :
A Paris . . . . 2 f. 00 c.
Partout ailleurs 1 50

Art. 29 du Tarif, relatif à l'art. 673 du Code de Procéd.

Pour la copie, il sera taxé le quart:

    A Paris................ o f. 50 c.

    Partout ailleurs........... o 37

Art. *id.* du Tarif.

PRÉALABLE *à saisie-gagerie.*

COMMANDEMENT à la requête des propriétaires et principaux locataires de maisons et biens ruraux, à leurs locataires, sous-locataires et fermiers, pour paiement de loyers ou fermages échus. Il sera taxé à *l'huissier*, pour l'original :

    A Paris.................. 2 f. oo c.

    Partout ailleurs............ 1 50

Art. 29 du Tarif, relatif à l'art. 819 du Code de Procéd.

Pour la copie, il sera taxé le quart :

    A Paris.................. o f. 50 c.

    Partout ailleurs............ o 37

Indépendamment des copies de pièces.

Art. *id.* du Tarif.

CAUSES *d'audiences.*

COMMUNICATION prise ou donnée à l'amiable sur récépissé, ou par la voie du greffe, des pièces de la cause, et rétablissement entre les mains de l'avoué ou retrait du greffe, le tout ensemble.

Il sera taxé à *l'avoué* de première instance, pour sa vacation :

    A Paris.................. 1 f. 5o c.

    Dans le ressort............ 1 15

Art. 90 du Tarif, relatif aux art. 77 et 189 du Code de Procéd.

CAUTIONNEMENT.

COMMUNICATION prise au greffe des titres de solvabilité de la caution.

Il sera taxé à *l'avoué* de première instance, pour sa vacation :

    A Paris.................. 1 f. 5o e.

    Dans le ressort............ 1 15

Art. 91 du Tarif, relatif à l'art. 519 du Code de Procéd.

DÉCLARATION *de dommages-intérêts.*

COMMUNICATION prise à l'amiable sur récépissé, ou au greffe, des pièces justificatives de déclaration de dommages et intérêts et rétablissement, le tout ensemble.

Il sera taxé à l'*avoué* de première instance, pour sa vacation :

A Paris. 1 f. 5o c.

Dans le ressort 1   15

Art. 91 du Tarif, relatif à l'art. 523 du Code de Procéd.

COMMUNICATION donnée sur récépissé à l'amiable de pièces justificatives de dommages-intérêts et rétablissement, le tout ensemble.

Il sera taxé à l'*avoué* de première instance, pour sa vacation :

A Paris. 1 f. 5o c.

Dans le ressort. 1   15

Art. 91 du Tarif, relatif à l'art. 523 du Code de Procéd.

INTERDICTION *par écrit.*

COMMUNICATION prise au greffe de la production du demandeur en instruction par écrit, et rétablissement de cette production, le tout ensemble.

Il sera taxé à l'*avoué* de première instance pour sa vacation :

A Paris. 3 f. oo c.

Dans le ressort. 2   25

Art. 91 du Tarif, relatif à l'art. 97 du Code de Procéd.

MINISTÈRE *public.*

COMMUNICATION des pièces d'une cause au ministère et retrait, le tout ensemble.

Il sera taxé à l'*avoué* de première instance, pour sa vacation :

A Paris. 1 f. 5o c.

Dans le ressort. 1   15

Art. 90 du Tarif, relatif à l'art. 83 du Code de Procéd.

COMPARUTION d'avoué au bureau de conciliation pour sa partie. Voy. *Avoué qui comparaît.*

COMPULSOIRES (pour) faits par les *notaires* en leurs études.

Il leur sera taxé, par chaque vacation de trois heures :

A Paris. 9 f. oo c.

Dans les villes où il y a tribunal de première instance. 6   oo

Partout ailleurs. 4   oo

Devant le juge , en cas que le
transport devant lui ait été
requis .... 4 f. oo c.
Art. 168 du Tarif, relatif aux art. 849 et 852 du Code de
Procéd.

Il ne leur sera rien passé pour leur minute de leur
procès verbal.
Art. 169 du Tarif.

CONCILIATION. Voy. *Expédit. Procès verbal. Rôle.*

CONCLUSIONS de demandes incidentes. Voy. *Acte
contenant les moyens.*

CONCILIATION n'a pas lieu avant demande en paiement de frais de la part des avoués et autres officiers ministériels, contre les parties pour lesquelles elles auront
occupé ou instrumenté.
Art. 9 du décret particulier à la liquidation des dépens.

CONSIGNATION de la chose ou de la somme offerte.
Voyez *Procès verbal.*

CONSIGNATION de deniers provenans de vente de
meubles et effets saisis. Voyez *Vacation.*

CONSIGNATION d'amende en requête civile, ou sur
appel dans toutes les causes, à l'exception des matières
sommaires.
Il sera taxé à l'*avoué* de première instance, pour sa va-
cation :
A Paris.................... 1 f. 5o c.
Dans le ressort............. 1   15
Art. 90 du Tarif relatif aux art. 471 et 494 du Code de
Procéd.
Autant pour la retirer.
Art. *idem* du Tarif relatif à l'art. 5o1 du Code de Procéd.

CONSEIL de famille. Taxe du *juge de paix* et de son
greffier pour vacation à ce conseil. Voyez *plus bas , et
Assistance.*

CONSEIL de famille. Taxe d'assistance du *juge de
paix* et pour vacation :
A Paris.................... 5 f. oo c.
Dans les villes où il y a tri-
bunal de première instance. 3   5o
Dans les villes et cantons rur.. 2   5o

Nota. Le juge de paix ne pourra jamais prendre plus de deux vacations pour son assistance à tout conseil de famille.

Art. 4 du Tarif, relatif à l'art. 406 du Code de Procéd.

CONSTITUTION d'avoué (de première instance) Voyez *Acte.*

CONSULTATION de trois *avocats* exerçant depuis dix ans, qui doit précéder la requête civile principale ou incidente. Il sera taxé :

   A Paris . . . . 72 f. 00 c.
   Dans le ressort. 72 00

Art. 140 du Tarif, relatif à l'art. 495 du Code de Procéd.

CONTESTATION de caution. Voyez *Acte.*

CONTESTATION sur procès verbal de distribution par contribution; comment se taxent les dépens de ces contestations. Voyez *Réquisition de délivrance.*

  INTERROGATION *sur faits et articles.*
COPIE (pour) de procès verbal d'interrogation sur faits et articles en matière sommaire.

Il sera alloué à l'*avoué*, par chaque rôle d'expédition :

   A Paris. . . . . o f. 15 c.
   Dans le ressort, les trois-quarts. o 11

Art. 67 du Tarif.

  ENQUÊTE.   (3
COPIE (pour) des procès-verbaux d'enquête et expertise en matière sommaire. Il sera alloué à l'*avoué*, par chaque rôle :

   A Paris. . . . . o f. 15 c.
   Dans le ressort, les trois-quarts. o 11

S'il y a plus de deux parties en cause, et si elles ont des intérêts contraires, il sera alloué à l'*avoué* qui aura suivi contre toutes les parties, par copie, un quart en sus :

   A Paris, outre les 15 centimes
    par rôle. . . . . o f. 4 c.
   Dans le ressort. . . . . o 3

Art. 67 du Tarif.

  SAISIE-*brandon.*
COPIES de procès verbal de saisie-brandon à délivrer à la partie saisie, au maire de la commune et au garde

champêtre; leur taxe pour chacun. Voyez *Procès verbal de saisie-brandon.*

SAISIE *immobilière.*

COPIES de saisie immobilière qui doivent être laissées au greffier de juge de paix et autres; leur taxe. Voyez *Procès verbal de saisie immobilière.*

QUALITÉS.

COPIES de qualités du jugement. Voyez *Original. Signification.*

PIÈCES *à signifier avec ajournement.*

COPIES (pour les) de pièces qui doivent être données avec l'exploit d'ajournement et autres actes. Il sera taxé aux *huissiers* ordinaires, lorsqu'ils auront fait lesdites copies par rôle contenant vingt lignes à la page et dix syllabes à la ligne, ou évalué sur ce pied :

A Paris....................	o f.	25 c.
Partout ailleurs..............	o	20

Le droit de copie de toute espèce de pièces et de jugemens appartiendra à *l'avoué*, quand les copies de pièces seront faites par lui; l'avoué, dans ce cas, sera tenu de signer ces copies de pièces et de jugement, et sera garant de leur exactitude.

Les copies seront correctes et lisibles, à peine de rejet de la taxe.

Art. 28 du Tarif, relatif à l'art. 65 du Code de Procéd. Civile.

PIÈCES *à signifier.*

COPIES (pour les) de pièces qui pourront être données avec les actes. Il sera taxé à *l'huissier* du juge de paix, par chaque rôle d'expédition de vingt lignes à la page et de dix syllabes à la ligne :

A Paris.....................	o f.	25 c.
Dans les villes où il y a tribunal de première instance......	o	20
Dans les autres villes et cant. rur.	o	20

Art. 22 du Tarif.

COPIES de pièces qui seront données avec les défenses, ou qui pourront être signifiées dans les causes, seront taxées à *avoué* de première instance, à raison du rôle de vingt-cinq lignes à la page et de douze syllabes à la ligne, ou évaluées sur ce pied :

A Paris...................... o f. 3o c.
Dans le ressort............... o 25

Les copies de tous actes ou jugemens qui seront signifiées avec les exploits des huissiers appartiendront à
l'avoué; si elles ont été faites par lui, à la charge de les
certifier véritables et de les signer.

Art. 72 du Tarif, relatif à l'art. 77 du Code de Procéd.

D.

DÉBATS de compte sur le procès verbal du juge-
commissaire.

Par chaque vacation de trois heures, dont le nombre sera
fixé et arbitré par le juge-commissaire.

Il sera taxé à l'*avoué* de première instance :

   A Paris........................ 6 f. oo c.
   Dans le ressort............... 4 5o

Art. 92 du Tarif, relatif à l'art. 538 du Code de Procéd.

DÉBOURSÉS des avoués leur seront payés en outre
de leur émolument, qui leur seront fixés par le Tarif.
Voyez *Tarif*.

     APPOSITION *de scellés.*

DÉCLARATION (pour) apposition de scellés qui doit
être faite sur les registres du greffe du tribunal de première instance; il sera taxé au *greffier* du juge de paix,
pour cette déclaration, dans les villes où elle est prescrite,
les deux tiers d'une vacation du juge de paix :

   A Paris........................ 3 f. 33 c.
   Dans les autres villes où il y a tri-
    bunal de première instance.. 2 5o

Art. 17 du Tarif, relatif à l'art. 925 du Code de Procéd. Civ.

     CAUTIONNEMENT.

DÉCLARATION d'acceptation de caution. Voy. *Acte.*

     COMMANDEMENT.

DÉCLARATION de command faite par avoué enchérisseur, et resté adjudicataire de bien immeuble vendu
en justice. Voyez *Avoué enchérisseur.*

     DEMANDE *de jugement à juge de paix.*

DÉCLARATION de parties qui demandent à être
jugées par le juge de paix. Il n'est rien dû au greffier qui
l'aura reçue.

Art. 11 du Tarif, relatif à l'art. 54 du Code de Procéd. Civile.

DÉCLARATION de parties qui demandent à être jugées par le juge de paix sera insérée au jugement. Il n'est rien dû au greffier qui l'a reçue.

Art. 11 du Tarif, relatif à l'art. 54 du Code de Procéd. Civile.

DOMMAGES-*intérêts*.

DECLARATION de dommages-intérêts.

Il sera taxé par article :

A Paris...........................	o f. 6o c.
Dans le ressort..................	o 45

Pour la copie signifiée, par chaque article :

A Paris...........................	o 15
Dans le ressort..................	o 12

Art. 141 du Tarif, relatif à l'art. 523 du Code de Procéd.

ÉCRITURE *déniée*.

DÉCLARATION (d'avoué à avoué) de la partie sommée (de déclarer si elle entend ou non se servir de pièces par elle produites), signée d'elle ou du fondé de pouvoir, sa provocation spéciale et authentique, dont il sera donné copie, qu'elle entend ou non se servir de la pièce arguée de faux. Il sera taxé, en première instance, pour l'original :

A Paris...........................	5 f. oo c.
Dans le ressort..................	3 75

Pour la copie, le quart, indépendamment de copie de pièces :

A Paris...........................	1 25
Dans le ressort..................	o 87

Art. 71 du Tarif, relatif à l'art. 216 du Code de Procéd.

EXPERTS.

DÉCLARATION au greffe, des experts convenus.

Il sera taxé à l'*avoué* de première instance, pour sa vacation :

A Paris...........................	3 f. oo c.
Dans le ressort..................	2 25

Art. 91 du Tarif, relatif à l'art. 3o5 du Code de Procéd.

GARANTIE.

DÉCLARATION au demandeur originaire de la part du défendeur, qu'il a formé une demande en garantie. Il sera taxé à l'*avoué* de première instance, pour l'original :

A Paris...................	1 f.	00 c.
Dans le ressort.............	0	75
Pour la copie, le quart :		
A Paris...................	0	25
Dans le ressort............	0	18

Art. 70 du Tarif, relatif à l'art. 179 du Code de Procéd.

SAISIE-*arrêt.*

DÉCLARATION affirmative faite au greffe sur saisie-arrêt, contenant les causes et le montant de la dette, les paiemens à compte, si aucuns ont été faits, l'acte ou les causes de libération, et les saisies-arrêts formées entre les mains du tiers saisi, et le dépôt au greffe des pièces justificatives, le tout ensemble.

Il sera taxé à l'*avoué* de première instance, pour sa vacation :

A Paris...................	6 f.	00 c.
Dans le ressort............	4	50

Art. 92 du Tarif, relatif aux art. 573 et 574 du Code de Procéd.

DÉLIVRANCES de cédule par juge de paix à fin de citations; il n'est rien dû au juge de paix pour les cédules. Voyez *Cédules.*

DÉLIVRANCE d'expédition des procès verbaux d'apposition ou de reconnaissance et levée de scellés ou d'extraits de ces procès verbaux ; quand délivrés. Voyez *Greffiers.*

DÉLIVRANCE du procès verbal de distribution par contribution. Voyez *Réquisition de délivrance.*

DÉFENSE *à exécation de jugement.*

DEMANDES à fin de défenses contre les jugemens de première instance.

Ou à fin de leur exécution provisoire, pour les cas où ces demandes peuvent être formées dans les cours d'appel. Voyez *Frais.*

DISTRACTION *en saisie immobilière.*

DEMANDE en distraction d'objets saisis immobilièrement contre la partie saisie qui n'a pas d'avoué en cause.

Il sera taxé à l'*huissier,* pour l'original :

A Paris...................	2 f.	00 c.
Partout ailleurs............	1	50

Art. 29 du Tarif, relatif à l'art. 727 du Code de Procéd.
  Pour la copie, il sera taxé le quart :
    A Paris...................... o f. 5o d.
    Partout ailleurs............. o 37
Art. *idem* du Tarif.

DIVORCE.

DEMANDE en divorce pour cause déterminée. Il sera
taxé à l'*huissier* pour l'*original* :
    A Paris .... 2 f. oo c.
    Partout ailleurs. ..:....... 1 5o
Art. 29 du Tarif, relatif à l'art. 241 du Code Civ.
  Pour la copie, il sera taxé le quart.
    A Paris .... o f. 5o c.
    Partout ailleurs......... o 37
  Indépendamment des copies de pièces.
Art. *id.* du Tarif.

GARANTIE *en justice de paix.*

DEMANDE (exploit de) en garantie formée en jus-
tice de paix. Il sera taxé à l'*huissier* pour son original :
    A Paris.................. 1 f. 5o c.
    Dans les villes où il y a tribu-
      nal de première instance... 1 25
    Dans les autres villes et cantons
      ruraux.................. 1 25
  Et pour la copie, le quart.
Art. 21 du Tarif. Voyez *Copie de pièces.*

INCIDENS.

DEMANDES incidentes. Voyez *Acte contenant les
moyens.*

ORDONNANCE *d'exequatur sur jugement d'arbitres.*

DEMANDE de l'ordonnance d'*exequatur* d'une décision arbitrale.
  Il sera taxé à l'*avoué* de première instance, pour sa vacation : A Paris. .... 3 f. oo c.
    Dans le ressort. 2 25
Art. 91 du Tarif, relatif à l'art. 1020 du Code de Procéd.

PAIEMENT *de frais à avoué.*

DEMANDES des avoués et autres officiers ministériels,
en paiement de frais contre les parties pour lesquelles ils
auront occupé ou instrumenté, seront portées à l'audience,

sans qu'il soit besoin de citer en conciliation ; il sera donné, en tête des assignations, copie du mémoire des frais réclamés.

Art. 9 du décret particulier, relatif à la liquidation des dépens.

RECTIFICATION *d'acte de l'état civil.*

DEMANDE à domicile à fin de rectification d'un acte de l'état civil.

Il sera taxé à l'*huissier*, pour l'original :

    A Paris. : . . . . 2 f. 00 c.

    Partout ailleurs 1   5o

Art. 29 du Tarif, relatif à l'art. 856 du Code de Procéd.

Pour la copie, il sera taxé le quart :

    A Paris. . . . . o f. 5o c.

    Partout ailleurs. . . . . o   37

Indépendamment des copies de pièces.

Art. *id.* du Tarif.

RENVOI *d'un tribunal.*

DEMANDE à fin de renvoi d'un tribunal à un autre, pour parenté et alliance, formée par acte au greffe.

Il sera taxé à l'*avoué* de première instance, pour sa vacation :

    A Paris. . . . . 6 f. 00 c.

    Dans le ressort 4   5o

Art. 92 du Tarif, relatif à l'art. 370 du Code de Procéd.

SÉPARATION *de corps.*

DEMANDE en séparation de corps. Il sera taxé à l'*huissier*, pour l'original :

    A Paris. . . . . 2 f. 00 c.

    Partout ailleurs. 1   5o

Art. 29 du Tarif, relatif à l'art. 876 du Code de Procéd.

Pour la copie, il sera taxé le quart :

    A Paris. . . . . o f. 5o c.

    Partout ailleurs. . . . . o   37

Art. *id.* du Tarif.

SUBROGATION.

DEMANDE de subrogation à poursuite de saisie immobilière. Voyez *Subrogation.*

TRIBUNAL *de commerce.*

DEMANDE (pour) formée au tribunal de commerce, il sera taxé à *huissier* ordinaire, pour l'original :

A Paris...................... 2 f. oo c.
Partout ailleurs............... 1   5o
Art. 29 du Tarif, relatif à l'art. 415 du Code de Procéd.
Pour la copie, il sera taxé le quart.
A Paris...................... o f. 5o c.
Partout ailleurs............... o   37
Art. 3o du Tarif.

DÉNÉGATION de faits articulés dont on demande à faire preuve. Voyez. *Acte contenant articulation.*

DISTRACTION *de saisie-exécution.*

DÉNONCIATION d'opposition (faite entre les mains du gardien) à vente de meubles saisis exécutés par celui qui s'en prétendra propriétaire, au saisissant et au saisi, avec assignation libellée et l'énonciation des preuves de propriété. Il sera taxé à l'*huissier*, pour l'original :
A Paris...................... 2 f. oo c.
Partout ailleurs............... 1   5o
Art. 29 du Tarif, relatif à l'art. 608 du Code de Procéd.
Pour la copie, il sera taxé le quart :
A Paris...................... o f. 5o c.
Partout ailleurs............... o   37
Art. *idem* du Tarif.
Nota. Le gardien ne sera pas assigné.

DISTRIBUTION *par contribution.*

DÉNONCIATION aux avoués des créanciers produisant en procès verbal de distribution par contribution, et de la partie saisie, si elle en a constitué un, de la clôture de ce procès verbal, avec sommation d'en prendre communication et de contredire dans quinzaine.
Il sera taxé à l'*avoué* de première instance :
A Paris...................... 1 f. oo c.
Dans le ressort............... o f. 75 c.
Art. 99 du Tarif, relatif à l'art. 663 du Code de Procéd.
Et pour chaque copie, le quart :
A Paris...................... o f. 25 c.
Dans le ressort............... o   18
Art. *idem* du Tarif.

DÉNONCIATION à la partie saisie (dans ses meubles et qui ont été vendus) qui n'a point d'avoué constitué, de la clôture du procès-verbal du juge-commissaire à contribution, avec sommation d'en prendre communica-

tion, et de contredire sur le procès verbal dans la quinzaine. Il sera taxé à l'*huissier*, pour l'original :

    A Paris...................... 2 f. 00 c.
    Partout ailleurs 1   50

Art. 29 du Tarif, relatif à l'art. 663 du Code de Procéd.

  Pour la copie, il sera taxé le quart :

    A Paris.. ..'................... 0 f. 50 c.
    Partout ailleurs.............. 0   37

Art. *idem* du Tarif.

GARANTIE.

DÉNONCIATION au demandeur originaire de la
demande en garantie. Il sera taxé en première instance,
pour l'original :

    A Paris...................... 1 f. 00 c.
    Dans le ressort................ 0   75-
  Pour la copie, le quart :
    A Paris...................... 0   25
    Dans le ressort............... 0   18

Art. 70 du Tarif, relatif à l'art. 179 du Code de Procéd.

OFFRES *réelles*.

DÉNONCIATION du procès verbal de dépôt de la
chose, ou de la somme (offerte), consignable, au créancier
qui n'était pas présent à la consignation. Il sera taxé à
l'*huissier*, pour l'original :

    A Paris...................... 2 f. 00 c.
    Partout ailleurs.............. 1   50

Art. 29 du Tarif, relatif à l'art. 1259 du Code Civ.

  Pour la copie, le quart :
    A Paris...................... 0 f. 50 c.
    Partout ailleurs.............. 0   37

Art. *idem* du Tarif.

OPPOSITION.

DÉNONCIATION d'opposition sur débiteur. Voyez
Acte.

ORDRE.

DÉNONCIATION par acte d'avoué à avoué aux créanciers produisans et à la partie saisie de la confection de
l'état de collocation en ordre, avec sommation de prendre
en communication et de contredire s'il y échet, sur le
procès verbal du commissaire, dans le délai d'un mois ;
le procès verbal ne sera ni levé, ni signifié, et il ne sera
enregistré que lors de la délivrance des mandemens.

Il sera taxé à l'*avoué* :

<table>
<tr><td>A Paris.</td><td>3 f. 00 c.</td></tr>
<tr><td>Dans le ressort.</td><td>2   25</td></tr>
</table>

Et pour chaque copie, le quart :

<table>
<tr><td>A Paris.</td><td>o   75</td></tr>
<tr><td>Dans le ressort.</td><td>o   56</td></tr>
</table>

Art. 134 du Tarif, relatif à l'art. 755 du Code de Procéd.

DÉNONCIATION aux créanciers inscrits et à la partie saisie, des productions faites en ordre, après les délais fixés pour ces sortes de productions, et sommation d'en prendre communication et de contredire.

Il sera taxé à l'*avoué* :

<table>
<tr><td>A Paris.</td><td>3 f. 00 c.</td></tr>
<tr><td>Dans le ressort.</td><td>2   25</td></tr>
</table>

Pour chaque copie, le quart :

<table>
<tr><td>A Paris.</td><td>o   75</td></tr>
<tr><td>Dans le ressort</td><td>o   56</td></tr>
</table>

Art. 136 du Tarif, relatif à l'art. 757 du Code de Procéd.

PLACARDS *de vente d'immeubles saisis.*

DÉNONCIATION des placards pour vente de rente sur particulier, saisie et autres actes, seront taxés comme en saisie immobilière.

Art. 46 du Tarif.

SAISIE-*brandon.*

DÉNONCIATION de la saisie-brandon au garde champêtre, gardien de droit à ladite saisie, et qui ne sera pas présent au procès verbal. Il sera taxé à l'*huissier*, pour l'original :

<table>
<tr><td>A Paris.</td><td>2 f. 00 c.</td></tr>
<tr><td>Partout ailleurs.</td><td>1   5o</td></tr>
</table>

Art. 29 du Tarif, relatif à l'art. 628 du Code de Procéd.

Pour la copie, le quart de l'original :

<table>
<tr><td>A Paris.</td><td>o. f. 5o c.</td></tr>
<tr><td>Partout ailleurs.</td><td>o   37</td></tr>
</table>

Art. *idem* du Tarif.

SAISIE *de rente.*

DÉNONCIATION à partie saisie de rente constituée sur particulier. Il sera taxé à l'*huissier*, pour l'original :

<table>
<tr><td>A Paris.</td><td>2 f. 00 c.</td></tr>
<tr><td>Partout ailleurs.</td><td>1   5o</td></tr>
</table>

Art. 29 du Tarif, relatif à l'art. 641 du Code de Procéd.
Pour la copie, il sera taxé le quart :
A Paris . . . . o f. 5o c.
Partout ailleurs . . . . o 37
Art. *idem* du Tarif.

SAISIE *immobilière.*

DÉNONCIATION faite du procès verbal de saisie immobilière à la partie saisie ; vacation d'avoué pour son enregistrement. Voy. *Enregistrement.*

DÉNONCIATION à partie saisie de copie de saisie
immobilière, et des enregistremens.
Pour l'original de cette dénonciation, il sera taxé :
A Paris. . . . . 2 f. 5o c.
Dans les villes où il y a tribunal
de première instance. . . . . 2 oo
Dans les autres villes et cant. rur. 2 oo
Pour la copie de ladite dénonciation, le quart :
A Paris . . . . o 62
Dans les autres endroits. . . . o 5o
Art. 49 du Tarif, relatif à l'art. 681 du Code de Procéd.

DÉNONCIATION de plus ample saisie immobilière
au premier saisissant, à la requête du plus ample saisis-
sant, avec sommation de se mettre en état.
Il sera taxé à l'*avoué :*
A Paris. . . . . 3 f. oo c.
Dans le ressort. 2 25
Pour la copie, le quart :
A Paris. . . . . o 75
Dans le ressort. . . . . o 56
Art. 118 du Tarif, relatif à l'art. 720 du Code de Procéd.

SAISIE-*arrêt.*

DÉNONCIATION au saisi de la saisie-arrêt ou oppo-
sition, avec assignation en validité.
Il sera taxé à l'*huissier*, pour l'original :
A Paris. . . . . 2 f. oo c.
Partout ailleurs. 1 5o
Art. 29 du Tarif, relatif à l'art. 563 du Code de Procéd.
Pour la copie, il sera taxé le quart :
A Paris. . . . . o f. 5o c.
Partout ailleurs. . . . . o 37
Art. *idem* du Tarif.

DÉNONCIATION au tiers saisi de la demande en validité (de saisie-arrêt ou opposition) formée contre le débiteur saisi. Il sera alloué à *l'huissier* , pour l'original:

A Paris .... 2 f. oo c.
Partout ailleurs................... 1 50

Art. 29 du Tarif, relatif à l'art. 564 du Code de Procéd.

Pour la copie , il sera taxé le quart:

A Paris.......................... o f. 5o c.
Partout ailleurs................... o 37

Art. *idem* du Tarif.

SURENCHÈRE *sur adjudication de biens en justice.*

DÉNONCIATION de surenchère aux avoués de l'adjudicataire, du poursuivant et de la partie saisie, si elle en a constitué , contenant avenir à la prochaine audience.

Il sera taxé à *l'avoué :*

A Paris.......................... 1 f. oo c.
Dans le ressort.................... o 75

Pour chaque copie , le quart :

A Paris.......................... o 25
Dans le ressort.................... o 18

Art. 116 du Tarif, relatif à l'art. 711 du Code de Procéd.

DISTRIBUTION *par contribution.*

DÉPENS de contestations, en procès verbal de distribution sur contribution, seront taxés comme dans les autres matières, suivant leur nature sommaire ou ordinaire.

Art. 101 du Tarif.

MATIÈRES *sommaires.*

DÉPENS alloués aux *avoués* de première instance en matière sommaire. Voyez *Obtention de jugement par défaut contre partie ou avoué.*

MATIÈRES *ordinaires.*

DÉPENS dans les matières ordinaires seront liquidés par un des juges qui aura assisté au jugement; mais le jugement pourra être expédié et délivré avant que la liquidation soit faite.

Art. 2 du décret particulier sur la liquidation des dépens.

Voyez *Avoué qui requerra la taxe.*

DÉPOSITAIRES qui devront représenter des pièces de comparaison pour vérification d'écritures déniées, ou arguées de faux en inscription de faux, indépendamment leurs frais de voyage.

Il leur sera alloué par chaque vacation de trois heures devant le juge-commissaire ou le greffier, savoir :

1.º Aux *greffiers*.
- 1.º Des cours d'appel.... 12 f. 00 c.
- 2.º De justice criminelle.. 12　00
- 3.º Des tribunaux de première instance...... 10　00

2.º Aux *notaires*.
- 1.º De Paris............ 9　00
- 2.º Des départemens..... 6　75

3.º Aux *avoués*..
- 1.º Des cours d'appel.... 8　00
- 2.º Des tribunaux de première instance....... 6　00

4.º Aux *huissiers*.
- 1.º De Paris........... 5　00
- 2.º Des départemens..... 4　00

5.º Aux autres *fonctionnaires publics* ou autres particuliers, s'ils le requièrent........... 6　00

Art. 166 du Tarif, relatif aux art. 201, 204, 205, 221 et 225 du Code de Procéd.

CAHIER *des charges.*

DEPOT au greffe du cahier des charges de vente d'un immeuble saisi.

Il sera taxé à l'*avoué* de première instance, pour sa vacation :

A Paris.................... 3 f. 00 c.
Dans le ressort............ 2　45

Art. 110 du Tarif.

CAUTIONNEMENT.

DÉPOT au greffe des titres de solvabilité de la caution présentée.

Il sera taxé à l'*avoué* de première instance, pour sa vacation :

A Paris.................... 3 f. 00 c.
Dans le ressort............ 2　25

Art. 91 du Tarif, relatif à l'art. 518 du Code de Procéd.

CESSION *de biens.*

DÉPOT au greffe du bilan, des livres et des titres actifs, s'il y en a, du débiteur qui demande à être admis au bénéfice de cession.

Il sera taxé à l'*avoué* de première instance, pour sa vacation :

A Paris........................ 6 f. oo c.
Dans le ressort................ 4   5o
Art. 92 du Tarif, relatif à l'art. 898 du Code de Procéd.

DISTRACTION *de saisie immobilière.*

DÉPOT au greffe des titres justificatifs d'une demande en distraction d'objets immobiliers saisis.

Il sera taxé à l'*avoué*, pour vacation :

A Paris........................ 3 f. oo c.
Dans le ressort................ 2   45
Art. 121 du Tarif, relatif à l'art. 728 du Code de Procéd.

DOMMAGES-*intérêts.*

DÉPOT au greffe des pièces justificatives, de déclaration de dommages-intérêts et retrait, le tout ensemble.

Il sera taxé à l'*avoué* de première instance, pour sa vacation :

A Paris........................ 3 f. oo c.
Dans le ressort................ 2   25
Art. 91 du Tarif, relatif à l'art. 523 du Code de Procéd.

FAUX.

DÉPOT au greffe des pièces arguées de faux.

Il sera taxé à l'*avoué* de première instance, pour sa vacation :

A Paris........................ 3 f. oo c.
Dans le ressort................ 2   25
Art. 91 du Tarif, relatif aux art. 219 et 220 du Code de Procéd.

ÉCRITURE *déniee.*

DÉPOT au greffe, d'une pièce dont l'écriture est déniée, et assistance au procès verbal dressé par le greffier, de l'état de ladite pièce.

Il sera taxé à l'*avoué* de première instance, pour sa vacation :

A Paris........................ 6 f. oo c.
Dans le ressort................ 4   5o
Art. 92 du Tarif, relatif à l'art. 196 du Code de Procéd.

PARTAGE.

DÉPOT au greffe de la minute du procès verbal des difficultés élevées dans les partages (dont les opérations préliminaires leur auront été confiées par un tribunal où ils seroient pendans), contenant les dires des parties.

Il sera alloué au *notaire* commis :

> A Paris................... 9 f. oo c.
> Dans les villes où il y a tribu-
> nal de première instance.... 6   oo
> Partout ailleurs.............. 4   oo

Art. 168 du Tarif, relatif à l'art. 977 du Code de Procéd.

DÉSAVEU formé au greffe, contenant les moyens, conclusions et constitutions d'avoué.

Il sera taxé à l'*avoué* de première instance, pour sa vacation :

> A Paris....................... 6 f. oo c.
> Dans le ressort............... 4   5o

Art. 92 du Tarif, relatif à l'art. 353 du Code de Procéd.

DÉSISTEMENT. Voyez *Acte de désistement.*

DOMMAGES, intérêts, (déclaration de). Voyez *Déclaration.*

DRESSÉ de qualités de jugement contradictoire rendu en matière sommaire. Voyez *Levée de jugement.*

DROIT de consultation dû à l'*avoué* sur toute demande principale en matière ordinaire, d'intervention, tierce opposition et requête civile, tant en demandant qu'en défendant, sans qu'il puisse être passé plus d'un droit par chaque avoué et par cause, et sans que l'intervention d'un appelé en garantie puisse y donner lieu, lequel droit ne pourra être exigé qu'autant qu'il aura été obtenu un jugement par défaut contre partie, ou qu'il y aura eu constitution d'avoué, et y compris la procuration sous signature privée; ou par-devant notaire, indépendamment des déboursés.:

> A Paris.................. 10 f. oo c.
> Dans le ressort............. 7   5o

Art. 68 du Tarif, relatif aux art. 59, 61, 75, etc. du Code de Procéd.

DROITS des huissiers commis, pour tous actes de leur ministère, les seuls qu'ils puissent exiger, à peine de restitution et d'interdiction, sont ceux qui leur sont alloués par le Tarif des frais et dépens.

Voyez *Huissiers qui seront commis.*

E.

cahier des charges.

ÉMOLUMENS des avoués pour dresser le cahier des charges, en faire le dépôt au greffe et pour les publications, les extraits à placarder et à insérer dans les journaux, les adjudications préparatoires et définitives, seront taxés comme en saisie immobilière, lorsqu'il s'agira :

De saisie de rentes constituées sur particuliers. Art. 626 du Code de Procéd.

De surenchère sur aliénation volontaire. Art. 832 du Cod. de Procéd.

De vente d'immeuble de mineurs et de biens dotaux , dans le régime dotal. Art. 954 du Code de Procéd.

De vente sur licitation. Art. 972 du Code de Procéd.

Et de vente d'immeubles dépendans d'une succession bénéficiaire ou vacante, ou provenant d'un débiteur failli ou qui a fait cession. Art. 988 et 1001 du Code de Procéd.

Art. 128 du Tarif.

cour d'appel.

ÉMOLUMENS des *avoués* de la cour d'appel de Paris seront taxés au même prix et dans la même forme que ceux des avoués du tribunal de première instance de la même ville, avec une augmentation sur chaque espèce de droit.

Savoir, dans les matières sommaires, du double ;

Et dans les matières ordinaires, du double pour le droit de consultation, ainsi que pour le port des pièces, lorsque les parties seront domiciliées hors de l'arrondissement du tribunal de première instance de Paris.

Et, pour les autres droits, d'une moitié seulement de ceux attribués aux avoués de première instance.

Néanmoins, dans les demandes de condamnation de frais d'un avoué à sa partie, il ne sera alloué que moitié du droit ci-dessus fixé pour les matières sommaires.

Art. 147 du Tarif.

ENCHÈRES d'immeubles saisis et vendus en justice, faites par les avoués. Voyez *Avoués enchérisseurs.*

ENCHÉRISSEUR, d'immeubles saisis et vendus sur publications, doit les vacations d'enchères de son avoué. Voyez *Avoués enchérisseurs.*

SAISIE *immobilière*.

ENREGISTREMENT au bureau des hypothèques et au greffe de procès verbal de saisie immobilière, vacation d'avoué. Voyez *Transcription*.

ENREGISTREMENT de la dénonciation de procès verbal de saisie immobilière faite au saisi, au bureau de la conservation des hypothèques (en marge de celui de la saisie).

Il sera taxé à l'*avoué* de première instance, pour sa vacation :

> A Paris..................... 6 f. oo c.
> Dans le ressort............. 4   5o

Art. 103 du Tarif, relatif à l'art. 681 du Code de Procéd.

ENREGISTREMENT à la conservation des hypothèques de la notification du placard (pour vente de biens-immeubles saisis) fait aux créanciers inscrits.

Il sera taxé à l'*avoué* de première instance, pour sa vacation :

> A Paris .... 6 f. oó c.
> Dans le ressort 4   5o

Art. 108 du Tarif, relatif à l'art. 696 du Code de Procéd.

PROCÈS *verbal d'ordre*.

ENREGISTREMENT de procès verbal de confection de l'état de collocation en ordre ne sera fait que lors de la délivrance des mandemens. Voyez *Dénonciation de la confection de l'état de l'ordre*.

ENVOI au procureur impérial de l'acte de récusation d'un juge de paix, et de sa réponse par son greffier. Voyez *Transmission*.

ÉTAT de dépens à liquider en matière ordinaire ; à qui doit être remis ce qu'il doit contenir ; comment il doit être rédigé. Voyez *Avoué qui requerra la taxe*.

EXÉCUTOIRE de dépens en matière ordinaire ; dans quel cas sera délivré, et par qui. Voyez *Avoué qui requerra la taxe*.

EXÉCUTOIRE de dépens délivré à part du jugement qui les aura adjugés sera susceptible d'opposition.

Art. 6 du décret particulier à la liquidation des dépens.

EXPÉDITIONS délivrées par les greffiers des juges de paix doivent contenir vingt lignes à la page et dix syllabes à la ligne.

Art. 9 du Tarif pour la taxe de ces expéditions. Voyez *Rôle.*

ACTES *de notaires.*

EXPÉDITIONS de tous actes reçus par les *notaires*, y compris celles des inventaires et de tous procès verbaux, contiendront vingt-cinq lignes à la page et quinze syllabes à la ligne.

Elles leur seront payées, par chaque rôle :

A Paris . . . . 3 f. 00 c.

Dans les villes où il y a tribunal de première instance. . . . 2   00

Partout ailleurs 1   50

Art. 174 du tarif.

CONCILIATION.

EXPÉDITION de procès verbal qui constatera que les parties n'ont pu être conciliées, et qui ne doit contenir qu'une mention sommaire qu'elles n'ont pu s'accorder, il sera alloué aux *greffiers* :

A Paris . . . . 1 f. 00 c.

Dans les autres villes et can-
tons ruraux 0   80

Art. 10 du Tarif, relatif à l'art. 54 du Code de Procéd.

SCELLÉS.

EXPÉDITIONS des procès verbaux d'apposition, de reconnaissance et levée de scellés; quand délivrées. Voyez *Greffier de juge de paix.*

VENTE *de meubles saisis.*

EXPÉDITION de procès verbal de vente (d'effets saisis), si elle est requise par l'une des parties, il sera alloué à l'*huissier* ou autre officier qui aura procédé à la vente, par chaque rôle d'expédition, contenant vingt-cinq lignes à la page et dix à douze syllabes à la ligne :

A Paris . . . . 1 f. 00 c.

Dans les villes où il y a tribunal de première instance .. 0   50

Dans les autres villes et can-
tons ruraux 0.   40

Art. 41 du Tarif.

JUSTICE de paix.

EXPERTS en justice de paix seront taxés de la même manière que les témoins ; il ne leur sera alloué des frais de voyage que dans les mêmes cas où il en est alloué aux témoins.

Art. 25 du Tarif, relatif aux art. 29 et 42 du Code de Procéd. Civ.

Voyez *Témoin. Frais de voyage.*

TRIBUNAUX de première instance.

EXPERTS (en matière ordinaire) nommés pour une opération quelconque leur taxe.

Il sera taxé aux *experts*, par chaque vacation de trois heures, quand ils opéreront dans les lieux où ils sont domiciliés, ou dans la distance de deux myriamètres, (quatre lieues);

Savoir, dans le département de la Seine :

Pour les artisans ou laboureurs....................	4 f. 00 c.
Pour les architectes et autres artistes...................	8 00
Dans les autres départemens, aux artisans et laboureurs...	3 00
Aux architectes et autres artistes.....................	6 00

Art. 159 du Tarif.

S'il y a lieu à transport d'un *laboureur* au - delà de deux myriamètres, il lui sera alloué par myriamètre, pour aller, 3 f., et autant pour le retour, sans néanmoins qu'il puisse rien être alloué au-delà de cinq myriamètres.

Art. 160 du Tarif.

Au-delà de deux myriamètres, il sera alloué par chaque myriamètre, pour frais de voyage et nourriture, aux *architectes* et autres *artistes* :

A ceux de Paris..............	6 f. 00 c.
A ceux des départemens.....	4 00

Art 160 *idem.*

Il leur sera alloué, pendant leur séjour, à la charge de faire quatre vacations par jour ; savoir :

A ceux de Paris...............	32 f. 00 c.
A ceux des départemens......	24 00

Nota. La taxe sera réduite dans le cas où le nombre de quatre vacations n'aurait pas été employé.

Art. 161 du Tarif.

Il sera alloué aux *experts* deux vacations, l'une pour leur prestation de serment, l'autre pour le dépôt de leur rapport, indépendamment de leur frais de transport, s'ils sont domiciliés à plus de deux myriamètres de distance du lieu où siége le tribunal ; il leur sera accordé, par myriamètre, dans ce cas, le cinquième de leur journée de campagne.

Au moyen de cette taxe, les experts ne pourront rien réclamer ni pour frais de voyage et de nourriture, ni pour s'être fait aider par des écrivains ou par des toiseurs et porte-chaînes, ni sous quelque autre prétexte que ce soit ; ces frais, s'ils ont eu lieu, restant à leur charge.

Art 162 du Tarif ; le président ne procédant à la taxe de leurs vacations.

EXPERTS en vérification d'écriture et en cas d'inscription de faux ; leur taxe,

Il sera taxé aux *experts* en vérification d'écritures, et en cas d'inscription de faux incident, par chaque vacation de trois heures, indépendamment de leurs frais de voyage, s'il y a lieu :

        A Paris. . . . . 8 f. oo c.
        Dans les tribunaux du ressort . . 6   oo

Art. 163 du Tarif.

Il ne leur sera rien alloué pour prestation de serment, ni pour dépôt de leur procès verbal, attendu qu'ils doivent opérer en présence du juge ou du greffier, et que le tout est compris dans leurs vacations.

Art. 164 du Tarif, relatif aux art. 208 et 252 du Code de Procéd.

Il leur sera alloué pour frais de voyage, à raison de cinq myriamètres par journée, s'ils sont domiciliés à plus de deux myriamètres du lieu où se fait la vérification :

        A Paris. . . . . 32 f. oo c.
        Dans les tribunaux du ressort. 24   oo

Au moyen de cette taxe, ils ne pourront rien réclamer pour frais de transport et de nourriture.

Art. 165 du Tarif.

EXPERTS n'auront droit qu'à deux vacations par matinée, et à une l'après-dîner, lorsqu'ils opéreront dans le lieu de leur résidence.

Art. 151 du Tarif.

AJOURNEMENT.

EXPLOIT d'ajournement. Il sera taxé à *l'huissier* ordinaire, même en cas de domicile inconnu en France, et d'affiches à la porte de l'auditoire :

        A Paris . . . . 2 f. oo c.
        Partout ailleurs. 1   5o

Art. 27 du Tarif, relatif aux art. 59, 61 et 69 du Code de Procéd. Civ.

    Pour la copie, il sera taxé le quart :
        A Paris. . . . . o f. 5o c.
        Partout ailleurs. . . . . o   37

Art. 3o du Tarif.

Voyez *Copies de pièces.*

OPPOSITION *et sommation.*

EXPLOIT (tout) contenant sommation de faire une chose, ou opposition à ce qu'une chose soit faite, protestation de nullité, et généralement tous actes simples du ministère *d'huissier,* seront taxés, pour l'original :

        A Paris . . . . 2 f. oo c.
        Partout ailleurs 1   5o
    Pour la copie, il sera taxé le quart :
        A Paris . . . . o   5o
        Partout ailleurs. . . . . o   37

Indépendamment des copies de pièces.

Art. 29 du Tarif.

EXPLOIT de saisie-arrêt ou opposition contenant énonciation de la somme pour laquelle elle est faite, et des titres ou de l'ordre du juge. Il sera taxé à *l'huissier,* pour l'original :

        A Paris . . . . 2 f. oo c.
        Partout ailleurs 1   5o

Art. 29 du Tarif, relatif aux art. 557, 558 et 559 du Code de Procéd.

    Pour la copie, il sera taxé le quart :
        A Paris. . . . . o f. 5o c.
        Partout ailleurs. . . . . o   37

Art. 29 du Tarif.

SAISIE *immobilière.*

EXPLOIT d'intimation sur appel de jugement en vertu duquel on aurait procédé à saisie immobilière ; *visa* de cet exploit, vacation *d'avoué.* Voyez *Prise de visa.*

EXPLOIT qui constatera l'apposition des placards (pour
vente d'effets saisis), *dont il ne sera point donné copie*. Il
sera taxé :

> A Paris.................... 3 f. 00 c.
> Dans les villes où il y a tribu-
> nal de première instance... 2 25
> Dans les autres villes et cant. rur. 2 25

Il sera passé en outre la somme qui aura été payée pour
l'insertion de l'annonce de la vente dans un journal , si la
vente est faite dans une ville où il s'en imprime.
Art. 39 du Tarif.

SAISIE *de rente.*

EXPLOIT de saisie d'un fonds de rente constituée sur
particulier, contenant assignation au tiers-saisi en déclaration affirmative devant le tribunal.

Il sera taxé pour l'original :

> A Paris................... 4 f. 00 c.
> Dans les villes où il y a tribunal
> de première instance...... 3 00
> Dans les autres villes et cantons
> ruraux.................... 3 00

Pour la copie, le quart :

> A Paris................... 1 f. 00 c.
> Dans les autres endroits...... 0 75

Art. 46 du Tarif, relatif à l'art. 637 du Code de Procéd.

EXPLOIT d'appel de jugement de justice de paix ; sa
taxe. Voyez *Original.*

EXPOSITION pour vente de vaisselle d'argent, bagues
et joyaux de la valeur de 300 fr. (saisis).

Dans le cas d'exposition de la vaisselle d'argent, bagues
et joyaux, ordonnée par l'art. 621 du Code de Procéd., il
sera alloué à l'*huissier*, pour chacune des deux premières
expositions :

> A Paris.................... 6 f. 00 c.
> Dans les villes où il y a tribunal
> de première instance 4 00
> Dans les autres villes et cant. rur. 3 00

La troisième exposition est comprise dans la vacation
de vente.

A Paris, et dans les villes où il s'imprime des journaux,
les vacations pour exposition ne pourront être allouées aux

huissiers, attendu qu'il doit être suppléé par l'insertion dans un journal.

Art. 41 du Tarif, relatif à l'art. 621 du Code de Procéd.

DÉNONCIATION *à nouveau propriétaire.*

EXTRAIT de l'acte de vente, ou donation, qui doit être dénoncé aux créanciers inscrits, par l'acquéreur ou donataire, propriétaire nouveau de bien hypothéqué avant l'acquisition ou donation:

Il sera taxé à *l'avoué*, pour la composition de cet extrait :

A Paris. . . . . : 15 f. 00 c.

Dans le ressort. 11   75

Et en outre, par chaque inscription extraite :

A Paris..   1   00

Dans le ressort..   0   75

Les copies de cet extrait et des inscriptions seront taxées comme les copies de pièces.

Art. 143 du Tarif, relatif à l'art. 2183 du Code Civ.

SAISIE *immobilière.*

EXTRAIT de la saisie immobilière qui doit être imprimé et placardé, *qui servira d'original d'affiches, et ne pourra être grossoyé.*

Il sera taxé à *l'avoué* de première instance, pour cet extrait :

A Paris. . . . .   6 f. 00 c.

Dans le ressort. . . . .   4 . 50

Il ne sera passé qu'un droit à *l'avoué*, attendu qu'aux termes de l'art. 703 du Code de Procéd., il ne doit entrer en taxe qu'une seule impression de placards, et que les additions, lors des appositions subséquentes, doivent être manuscrites.

Art. 106 du Tarif, relatif aux art. 684 et 686 du Code de Procéd.

EXTRAIT de la saisie immobilière, qui doit être inséré dans un tableau placé à cet effet dans l'auditoire.

Il sera taxé à *l'avoué* de première instance, pour cet extrait :

A Paris.   6 f. 00 c.

Dans le ressort.   4   50

Art. 104 du Tarif, relatif à l'art. 682 du Code de Procéd.

EXTRAIT de saisie immobilière qui doit être inséré dans un journal, aux termes de l'art. 682 du Code de Procéd.

Il sera passé autant de droits à l'*avoué* qu'il y aura eu d'insertions prescrites par le Code :

A Paris..................... 2 f. oo c.
Dans le ressort............. 1   5o

Et pour faire légaliser la signature de l'imprimeur par le maire, s'il y a lieu :

A Paris..................... 2 f. oo c.
Dans le ressort............. 1   5o

Art. 1o5 du Code de Procéd. relatif à l'art. 683 du Code de Procéd.

SCELLÉS.

EXTRAITS de procès verbaux d'apposition, de reconnaissance et levée de scellés ; quand délivrés par les greffiers des juges de paix. Voyez *Greffiers.*

SÉPARATION *de biens.*

EXTRAIT de jugement de séparation de biens, de l'interdiction ou nomination de conseil et de cession de biens. Voyez *Façon.*

OPPOSITIONS *à scellés.*

EXTRAITS des oppositions à scellés à délivrer par le *greffier* du juge de paix. Il lui est alloué, pour chaque extrait desdites oppositions, à raison par chaque opposition :

A Paris..................... o f. 5o c.
Dans les villes où il y a tribunal
de première instance:........ o   4o
Dans les autres villes et cantons
ruraux...................... o   4o

Art. 20 du Tarif, relatif à l'art. 926 du Code de Procéd.Civ.

F.

FAÇON et remise de l'extrait de la demande en séparation de biens, qui doit être insérée dans les tableaux de l'auditoire du tribunal où se poursuit la séparation , et du tribunal de commerce, des chambres des avoués de première instance et des notaires, et le faire insérer dans un journal, le tout ensemble.

Il sera taxé à l'*avoué* de première instance , pour vacat.

A Paris..................... 6 f. oo c.
Dans le ressort............. 4   5o

Art. 92 du Tarif, relatif aux art. 866, 867 et 868 du Code
de Procéd.

Et pour faire insérer l'extrait du jugement qui aura
prononcé la séparation de biens dans les mêmes tableaux
et dans un journal, le tout ensemble.

Le même droit.

Art. *idem*, du Tarif relatif à l'art. 872 du Code de
Procéd.

FAÇON d'extrait du jugement qui admet à la cession
de biens, et insertion au tableau du tribunal de commerce,
ou du tribunal de première instance qui en fait les fonctions, dans le tiers des séances de la maison commune et
dans un journal, le tout ensemble.

Il sera taxé à l'*avoué* de première instance, pour vacat.

A Paris...................... 6 f. oo c.
Dans le ressort.............. 4   5o

Art. 92 du Tarif, relatif à l'art. 9o3 du Code de Procéd.

FAÇON d'extrait du jugement qui prononcera une
interdiction ou une nomination de conseil, insertion de ce
jugement dans le tableau de l'auditoire et des études des
notaires de l'arrondissement, et dans un journal, le tout
ensemble.

Il sera taxé à l'*avoué* de première instance, pour
vacation :

A Paris...................... 6 f. oo c.
Dans le ressort.............. 4   5o

Art. 92 du Tarif, relatif à l'art. 5o1 du Code de Procéd.
Voyez *Jugement d'interdiction.*

FORMATION des comptes de partage par notaire.

Il sera passé aux *notaires* pour la formation des comptes
que les copartageans peuvent se devoir de la masse générale de la succession, des lots et des fournissemens à faire
à chacun des copartageans, une somme correspondante
au nombre des vacations que le juge arbitrera avoir été
employées à la confection de l'opération.

Art. 171 du Tarif.

Pour chaque vacation, il sera taxé:

A Paris..................... 9 f. oo c.
Dans les villes où il y a tribu-
    nal de première instance... 6   oo
Partout ailleurs............. 4   oo

Aux termes de l'art. 168 du Tarif, qui est le seul qui taxe les vacations des notaires.

APPEL *d'ordonnance de référé.*

FRAIS faits sur les appels d'ordonnance de référés seront liquidés, comme ceux de matière sommaire.

Art. 149 du Tarif.

FRAIS de voyage d'huissier. Voyez *Transport.*

FRAIS de voyage des experts. Voyez *Experts.*

PROCÈS-VERBAL *d'experts.*

FRAIS d'écrivain, de toiseurs ou porte-chaînes pris pour aides par des *experts;* restent à leur charge, au moyen de la taxe qui leur est allouée selon les cas et les distances où ils doivent opérer.

Art. 162 du Tarif. Voyez *Experts.*

TRANSPORT *d'huissier.*

FRAIS de transport des *huissiers* de la cour d'appel, commis par elle, seront, dans ce cas, alloués suivant la taxe, quelle que soit la distance.

Art. 156 du Tarif.

COURS *d'appels.*

FRAIS et dépens; leur taxe pour les cours d'appel de Lyon, Bordeaux, Rouen et Bruxelles, est la même que pour la cour d'appel de Paris.

Décret particulier à cet objet, ensuite du Tarif des frais de taxe, art. 1.

Leur taxe pour le tribunal de première instance et les justices de paix établis dans ces villes, est la même que celle pour le tribunal de première instance et les justices de paix de Paris.

Idem, art. 2.

Leur taxe pour tous les tribunaux de première instance et pour les justices de paix établis dans les villes où siége une cour d'appel, ou dans les villes dont la population excède trente mille ames, les sommes portées au Tarif décrété pour le tribunal de première instance de Paris seront réduites d'un dixième.

Idem, art. 2.

Dans tous les autres tribunaux de première instance et justices de paix de l'empire, le Tarif des frais et dépens sera le même que celui décrété pour les tribunaux de première instance et les justices de paix du ressort de la cour d'appel de Paris, autres que ceux établis dans cette capitale.

Idem, art. 3.

EXÉCUTION *provisoire des jugemens.*

FRAIS de demandes à fin d'exécution provisoire des jugemens non qualifiés, ou mal à propos qualifiés en premier ressort, et de ceux qui n'auraient pas prononcé l'exécution provisoire, dans les cas où elle devrait l'être, seront liquidés, pour les *avoués* de la cour d'appel de Paris, comme en matière sommaire.

Art. 148 du Tarif.

DÉFENSES *d'exécution de jugement.*

FRAIS des demandes à fin de défenses contre les jugemens mal à propos qualifiés en dernier ressort, ou dont l'exécution provisoire a été mal à propos ordonnée, hors les cas prévus par la loi, seront liquidés, pour les *avoués* de la cour d'appel de Paris; comme en matière sommaire.

Art. 148 du Tarif.

PORT *de pièces à avoués, et correspondance.*

FRAIS de port de pièces et de correspondance pour chaque jugement définitif, dus aux avoués, lorsque leurs parties seront domiciliées hors de l'arrondissement de leur tribunal :

A Paris.	10 f.	00 c.
Dans le ressort.	7	50
Et par chaque interlocutoire		
A Paris.	5	00
Dans le ressort.	3	75

Art. 145 du Tarif.

GARDE *saisie-brandon.*

FRAIS de garde (de saisie-brandon).

Il sera alloué pour frais de garde, soit au garde champêtre, soit à tout autre gardien qui pourrait être établi aux termes de l'art. 628 du Code de Procéd., par chaque jour, savoir :

Au garde champêtre :

A Paris.	0 f.	75 c.
Dans les villes où il y a tribunal de première instance.	0	75

Dans les autres villes et cantons
ruraux...................... o f. 75. c.
Et à tout autre que le garde champêtre :
A Paris................... 1   25
Dans les villes où il y a tribu-
nal de première instance... 1   25
Dans les autres villes et can-
tons ruraux................ 1   25

Art. 45 du Tarif, relatif à l'art. 628 du Code de Procéd.

GARDE *saisie-exécution.*

FRAIS de garde (de meubles et effets saisis-exécutés),
seront taxés par chaque jour, pendant les douze premiers
jours de la saisie :
A Paris................... 2 f. 50 c.
Dans les villes où il y a tribu-
nal de première instance... 2   60
Dans les autres villes et cantons
ruraux................... 1   50
Ensuite, seulement à raison de :
A Paris................... 1   00
Dans les villes où il y a tribu-
nal de première instance... o   80
Dans les autres villes et can-
tons ruraux............... o   60

Art. 34 du Tarif, relatif à l'art. 596 du Code de Procéd.

GARDES-*scellés.*

FRAIS de garde (des scellés) seront taxés par chaque
jour, pendant les douze premiers jours :
A Paris................... 2 f. 50 c.
Dans les villes où il y a tribu-
nal de première instance... 2   00
Dans les autres villes et can-
tons ruraux............... 1   00
Ensuite, seulement à raison de :
A Paris................... 1   00
Dans les villes où il y a tri-
bunal de première instance.. o   80
Dans les autres villes et cantons
ruraux................... o   60

Art. 34 *idem.*

VOYAGE *de témoin.*

FRAIS de voyage de *témoin*, entendu par juge de paix.

Il ne lui sera point taxé de frais de voyage, s'il est domicilié dans le canton où il est entendu.

S'il est domicilié hors du canton et à une distance de plus de deux myriamètres et demi du lieu où il fera sa déposition, il lui sera alloué autant de fois une somme double de journée de travail, ou une somme de 4 francs, qu'il y aura de fois cinq myriamètres de distance entre son domicile et le lieu où il aura déposé.

Art. 24 du Tarif, relatif aux art. 29 et 34 du Code de Procéd. Civ.

G.

GARDIEN à scellés ; sa taxe. Voy. *Frais de garde.*

JUSTICE *de paix.*

GREFFIERS de juges de paix ne doivent délivrer que des expéditions contenant vingt lignes à la page et dix syllabes à la ligne.

Art. 9 du Tarif, pour la taxe de ces expéditions. Voy. *Rôle.*

GREFFIER de juge de paix qui aura reçu la déclaration des parties qui demandent à être jugées par ce juge, et qui sera insérée dans le jugement, et il ne sera rien taxé au *greffier* pour l'avoir reçue, non plus que tout autre acte du greffe.

Art. 11 du Tarif, relatif à l'art. 7 du Code de Procéd.

GREFFIER (du juge de paix) qui l'aura assisté pour visite des lieux, ou audition de témoins dans ce cas.

Il lui sera alloué les deux tiers de la vacation du juge, pour cette assistance :

A Paris..................... 3 f. 33 c.
Dans les villes où il y a tribunal
de première instance........ 2 50
Dans les autres villes et cantons
ruraux..................... 1 f. 17

Art. 16 du Tarif, relatif, ainsi que l'art. 8, à l'art. 38 du Code de Procéd. Civ.

Nota. Pour que cette taxe ait lieu, dans le cas où la visite n'aura pas été ordonnée d'office, il faudra que la

procès verbal du juge fasse mention de la réquisition de cette visite faite par la partie ; autrement, il n'y aura pas lieu à taxe pour le *juge*, ni par conséquent pour le *greffier*.
Art. 8 du Tarif.

GREFFIER de juge de paix qui aura assisté aux opérations des experts, et qui aura écrit la minute de leur rapport, dans le cas où tous, ou l'un d'entre eux ne sauraient écrire, il lui sera taxé pour cela (audit *greffier*) les deux tiers des vacations allouées à ces experts.
Art. 15 du Tarif, relatif à l'art. 317 du Code de Procéd. Civile.

GREFFIER de juge de paix ; taxe de son assistance à apposition de reconnaissance et levée de scellés. Voyez *Assistance du greffier*.

GREFFIERS des juges de paix ne pourront délivrer des expéditions entières des procès verbaux d'apposition, reconnaissance et levée de scellés, qu'autant qu'ils en seront expressément requis par écrit.
Ils seront tenus de délivrer les extraits qui leur seront demandés, quoique l'expédition entière ne leur ait été ni demandée ni délivrée.
Art. 16 du Tarif.

GROSSES de requêtes. Voyez *Requêtes*.

GROSSE d'un compte dont le préambule ne pourra excéder six rôles.
Et il n'en sera fait qu'une seule grosse.
Il sera taxé à l'*avoué* de première instance, par rôle :
A Paris....................... 2 f. 00 c.
Dans le ressort.................. 1   50
Pour chaque copie, le quart, par rôle :
A Paris........................ 0   50 c.
Dans le ressort................. 0   37
Art. 75 du Tarif, relatif à l'art. 531 du Code de Procéd.

GROSSE de la requête du tiers saisi qui demandera son renvoi devant son juge, en cas que sa déclaration affirmative soit contestée, laquelle ne pourra excéder deux rôles.
Et réponse, *idem*.
Il sera taxé à l'*avoué* de première instance, par rôle :
A Paris........................ 2 f. 00 c.
Dans le ressort................... 1   50

Pour la copie, le quart :

    A Paris....................,.......... o f. 5o c.

    Dans le ressort................. o   37

Art. 75 du Tarif, relatif à l'art. 570 du Code de Procéd.

GROSSE du cahier des charges de vente d'imm. saisi.

Il sera taxé à l'*avoué* de première instance, par chaque rôle contenant vingt-cinq lignes à la page et douze syllabes à la ligne :

    A Paris...................... a f. oo c.

    Dans le ressort.................. 1   5o

Il ne sera signifié de copie ni à la partie saisie ni aux créanciers inscrits, attendu que cette grosse doit être déposée au greffe quinzaine avant la première publication, et que toute partie intéressée a la faculté d'en prendre communication.

Art. 109 du Tarif, relatif à l'art. 697 du Code de Procéd.

H.

HONORAIRES des *avocats* en matière sommaire ; il ne leur en sera point alloué.

Art. 67 du Tarif.

HONORAIRES de l'*avocat* qui aura pris le jugement par défaut :

    A Paris........................... 5 f. oo c.

    Dans le ressort................... 4   oo

Art. 82 du Tarif.

Voyez *Assistance*.

HONORAIRES de l'*avocat* qui aura plaidé une cause contradictoirement en première instance :

    A Paris........................... 15 f. oo c.

    Dans le ressort................... 1o   oo

Art. 80 du Tarif.

HONORAIRES d'*avoués*. Au moyen de la fixation de ceux qui leur sont alloués (en matière sommaire, par le Tarif) il ne leur en sera passé aucun autre, pour aucun acte et sous aucun prétexte, et il ne leur sera alloué en outre que les simples déboursés.

Art. 67 du Tarif.

HUISSIERS qui auront omis de mettre au bas de l'original, et de chaque copie des actes de leur ministère, la
mention du coût d'icelui, pourront, indépendamment de
l'amende portée par l'art. 67 du Code de Procédure, être
interdits de leurs fonctions, sur la réquisition d'office des
procureurs-généraux et impériaux.

Art. 66 du Tarif.

HUISSIERS des juges de paix n'ont droit à aucune taxe
pour *visa* par le greffier de la justice de paix ou par les
maires et adjoints des communes du canton, dans les différens cas prévus par le Code de Procéd.

Art. 23 du Tarif.

HUISSIERS qui seront commis pour donner des ajournemens, faire des significations de jugemens et tous autres
actes, ou pour procéder à des opérations, ne pourront
prendre de plus forts droits que ceux énoncés au Tarif de
frais et dépens, à peine de restitution et d'interdiction,
quels que soient les cours ou les tribunaux auxquels ils sont
attachés.

Art. 66 du Tarif.

HUISSIER qui se transportera. Voyez *Transport.*

HUISSIERS-audienciers, quoiqu'ils soient commis pour
faire des significations ou autres opérations, ne pourront
exiger autres et plus forts droits que les huissiers ordinaires;
et ils seront obligés de se conformer à toutes les dispositions
du Code, comme tous les autres huissiers.

Art. 156 du Tarif.
Voyez *Frais de transport.*

I.

IMPRESSION de requêtes et défenses; il ne sera passé
(en taxe) aucun frais pour cet objet.

Art. 75 du Tarif.

INSCRIPTION de faux incident formée au greffe.
Il sera taxé à l'*avoué* de première instance, pour sa vacation :

    A Paris...................... 6 f. oo c.
    Dans le ressort.............. 4   5o

Art. 92 du Tarif, relatif à l'art 218 du Code de Procéd.

INSERTION d'annonce de vente d'effets saisis dans un journal. Voyez *Exploit qui constatera*.

INSERTION d'extrait du jugement qui aura prononcé la séparation de biens dans les tableaux des auditoires des autres tribunaux (voyez *Façon*), et dans un journal, le tout ensemble.

Il sera taxé à l'*avoué* de première instance, pour sa vacation :

> A Paris.................... 6 f. oo c.
> Dans le ressort............. 4   5o

Art. 92 du Tarif, relatif à l'art. 872 et 880 du Code de Proc.

INSTRUCTION par écrit. Voyez *Requêtes et Copies*.

INTERVENTION à protêt, il sera taxé pour l'original et copie compris :

> A Paris.................... 2 f. oo c.
> Dans les villes où il y a tribunal
>   de première instance........ 1   5o
> Dans les autres villes et cantons
>   ruraux..................... 1   5o

Art. 65 du Tarif.

INVENTAIRE après décès.

Il sera taxé aux *notaires*, par chaque vacation de trois heures :

> A Paris.................... 9 f. oo c.
> Dans les villes où il y a tribunal
>   de première instance...... 6   oo
> Partout ailleurs............. 4   oo

Art. 168 du Tarif, relatif à l'art. 941 et suiv. du Code de Procéd.

Il ne leur sera rien passé pour les minutes de ces procès verbaux.

Art. 169 du Tarif.

INVENTAIRES contenant estimation des biens, meubles et immeubles des époux qui veulent demander le divorce par consentement mutuel.

Il sera taxé aux *notaires*, pour chaque vacation de trois heures :

> A Paris.................... 9 f. oo c.
> Dans les villes où il y a tribunal
>   de première instance...... 6   oo
> Partout ailleurs............. 4   oo

Art. 168 du Tarif, relatif à l'art. 279 du Code Civ.
Il ne leur sera rien passé pour la minute de leur procès
verbal.
Art. 169 du Tarif.

J.

JOURNÉE de campagne des *avoués*, leur vacation.
Voyez *Vacation de journée.*

JUGES de paix n'ont droit qu'à deux vacations, et à
une seule l'après-dîner, quand ils opéreront dans le lieu
de leur résidence.
Art. 151 du Tarif.

JUGE chargé de liquider des dépens en matière ordinaire. Voyez *Avoué qui requiert la taxe.*

JUGEMENT par défaut, en matière sommaire, qualités et signification d'avoué compris; quelle est la taxe.
Voyez *Obtention de jugement.*

JUGEMENT qui contiendra une liquidation de dépens sera susceptible d'opposition, quant à ce chef de son
dispositif.
Art. 6 du décret particulier à la liquidation des dépens.

JUGEMENT d'interdiction, ou de nomination de
conseil, ne sera point signifié aux notaires de l'arrondissement; l'extrait en sera remis au secrétaire de leur
chambre, qui en donnera récépissé, et qui le communiquera à ses collègues, qui seront tenus d'en prendre note,
et de l'afficher dans leur étendue.
Art. 92 du Tarif, relatif à l'art. 501 du Code de Procéd.

JUGES de paix, pour ses vacations et apposition,
reconnaissance et levée de scellés; combien est-il dû par
chaque vacation? Voyez *Apposition.*

JUGE de paix, pour assistance à tout conseil de famille.
Il lui est dû :

A Paris.......................	5 f.	00 c.
Dans les villes où il y a tribu- nal de première instance...	3	75
Dans toutes les autres villes et cantons ruraux.............	2	50

Nota. Le juge de paix ne pourra jamais prendre plus de deux vacations.

Art. 4 du Tarif, relatif à l'art. 406 du Code de Procéd.

JUGE de paix; combien lui est dû pour acte de notoriété sur déclaration de sept témoins, pour constater l'époque de la naissance d'un individu, faute par lui de pouvoir représenter son acte de naissance pour son mariage :

A Paris...................... 5 f. 00 c.

Dans les villes où il y a tribunal
    de première instance....... 3   75

Dans les autres villes et cantons
    ruraux 2   50

Art. 5 du Tarif, relatif aux art. 70 et 71 du Code Civil.

JUGE de paix ; combien lui est dû pour délivrance de tout acte de notoriété, autre que celui donné par sept témoins, pour constater l'époque de la naissance d'un individu.   A Paris................... 1 f. 00 c.

Dans les villes où il y a tribunal
    de première instance...... 0   75

Dans les autres villes et cantons
    ruraux................... 0   50

Art. 5 du Tarif.

JUGE de paix ; combien lui est dû pour référés accidentels en apposition ou reconnaissance et levée de scellés. Voyez *Référés.*

JUGE de paix ; combien lui est dû pour sa présence à l'arrestation d'un débiteur condamné par corps, dans le domicile où ce dernier se trouve. Voyez *Transport.*

JUSTIFICATION de reproches à témoins par écrit. Voyez *Acte contenant la justification.*

L.

LABOUREUR expert ; sa taxe. Voyez *Experts.*

LEVÉE de scellés. Taxe des vacations du juge de paix. Voyez *Apposition.*

LEVÉE de l'extrait des inscriptions sur saisi dans ses immeubles.

Il sera taxé à l'*avoué* de première instance, pour sa vacation :

A Paris .... 6 f. 00 c.
Dans le ressort 4 50
Art. 107 du Tarif, relatif à l'art. 695 du Code de Procéd.

LIQUIDATION de dépens en matière ordinaire.
Voyez *Dépens.*

LIQUIDATION des dépens en matière sommaire sera faite par les arrêts et jugemens qui les auront adjugés à cet effet; l'avoué qui aura obtenu la condamnation remettra dans le jour au greffier tenant la plume à l'audience l'état des dépens adjugés, et la liquidation en sera insérée dans le dispositif de l'arrêt ou du jugement.

Art. 1 du décret particulier relatif à la liquidation des dépens.

Il ne sera alloué aux *avoués*, pour l'état de dépens adjugés en matière sommaire qu'ils doivent remettre aux greffiers, à l'effet d'en faire insérer la liquidation dans l'arrêt ou le jugement.

Tarif des frais de taxe en suite du décret ci-dessus.

LYON, cour d'appel. Le tarif des frais et dépens en cette cour est la même que pour la cour d'appel de Paris.

Décret particulier à cet objet, en suite du Tarif des frais de taxe. Art. 1.

Le Tarif des frais et dépens décrété pour le tribunal de première instance et pour les justices de paix établi à Paris est commun au tribunal de première instance et aux justices de paix de Lyon.

Idem. Art. 2.

LEVÉE de jugement rendu contradictoirement ou de jugement définitif en matière sommaire; il n'est rien dû à l'avoué.

Il lui sera, seulement dans ce cas, dû pour dressé des qualités et significations, le quart du droit de l'obtention du jugement contradictoire :

A Paris, lorsque la demande
n'excédera pas 1,000 f. pour
ce quart.................... 3 f. 75 c.
Dans le ressort............ 2 16
Quand la demande excédera 1,000 f. jusqu'à
5,000 f. A Paris, pour ce quart..... 5 00
Dans le ressort............ 3 75

Quand elle excédera 5,ooo f. :

      A Paris, pour ce quart...... 7 f. 5o c.

      Dans le ressort............ 5 62

Art. 67 du Tarif.

M.

MENTION de non-comparution de l'une des parties sur citation en conciliation, sur le registre du greffe et sur l'original ou la copie de la citation. Il ne sera rien dû au *greffier*.

Art. 13 du Tarif, relatif à l'art. 58 du Code de Procéd.

MENTION sur le registre tenu au greffe de l'opposition au jugement par défaut, ou de l'appel de tout jugement, quand il y aura dans les jugemens des dispositions qui doivent être exécutées par des tiers.

Il sera taxé à l'*avoué* de première instance, pour sa vacation :

      A Paris................... 1 f. 5o c.

      Dans le ressort............ 1 15

Art. 90 du Tarif, relatif aux art. 163, 164 et 549 du Code de Procéd.

MENTION en marge de l'acte de désaveu du jugement qui l'aura rejeté.

Il sera taxé à l'*avoué* de première instance, pour sa vacation :

      A Paris................... 3 f. oo c.

      Dans le ressort............ 2 25

Art. 91 du Tarif, relatif à l'art. 361 du Code de Procéd.

MISE de cause au rôle. Il sera taxé pour vacation à l'*avoué* de première instance :

      A Paris................... 1 f. 5o c.

      Dans le ressort.......... 1 15

Art. 90 du Tarif.

MISE en ordre des pièces d'un compte à rendre, les coter et les parapher : il sera passé une vacation pour cinquante pièces, deux pour cent, et ainsi de suite.

Pour ce, il sera taxé à l'*avoué* de première instance, par chaque vacation :

      A Paris................... 6 f. oo c.

      Dans le ressort............. 4 5o

Art. 92 du Tarif, relat. aux art. 532 et 536 du Code de Proc.

MONTANT de la taxe des dépens en matière ordinaire, où doit être porté. Voyez *Avoué qui requerra la taxe.*

MOYENS de récusation contre les experts. Voyez *Acte contenant moyens de récusation.*

MOYENS de demandes incidentes. Voy. *Acte contenant les moyens.*

N.

NOMBRE des vacations d'apposition, reconnaissance et levée de scellés, qui paraîtra excessif, pourra être réduit par le président du tribunal de première instance, qui procédera à leur taxe.

Art. 1 du Tarif, relatif aux art. 909 et 932 du Code de Procéd. Civ.

NOMINATION d'un juge-commissaire à ordre; réquisition à cet effet. Voy. *Réquisition au greffe.*

NOTAIRES; leur taxe pour tous les actes indiqués par le Code Civil et par le Code Judiciaire. Voy. ces *Actes par leur dénomination.*

Dans tous les cas où il leur est alloné des vacations, il ne leur sera rien passé pour les minutes de leurs procès verbaux.

Art. 169 du Tarif.

Ils ne pourront rien exiger pour les minutes de leurs procès verbaux de publications et d'adjudication des biens immeubles dont la vente aura été renvoyée devant eux, au moyen de la remise qui leur est allouée sur le prix de vente de ces biens.

Art. 172 du Tarif.

NOTAIRES n'auront droit qu'à deux vacations par matinée et à une l'après-diner, lorsqu'ils opéreront dans le lieu de leur résidence.

Art. 151 du Tarif.

NOTAIRES seront tenus de prendre à leur chambre de discipline, et de faire afficher dans leurs études l'extrait des jugemens qui auront prononcé des interdictions contre des particuliers, ou qui leur auront nommé des conseils, sans qu'il soit besoin de leur signifier les jugemens.

Art. 175 du Tarif.

NOTIFICATION d'avis du conseil de famille. Il sera taxé à l'*huissier*, pour l'original :

A Paris. . . . . 1 f. 50 c.
Dans les villes où il y a tribunal
de première instance. 1 25
Dans les autres villes et cantons
ruraux. 1 25

Et pour la copie, le quart.
Art. 21 du Tarif.
Voyez *Copie des pièces.*

NOTIFICATION de la saisie-exécution faite hors du domicile du saisi, et en son absence. Il sera alloué à l'*huissier*, pour l'original :

A Paris. . . . . 2 f. 00 c.
Partout ailleurs. 1 50

Art. 29 du Tarif, relatif à l'art. 602 du Code de Procéd.
Pour la copie, il sera taxé le quart :

A Paris. . . . . 0 f. 50 c.
Partout ailleurs. 0 37

Art. *idem* du Tarif.

NOTIFICATION à la partie saisie de l'acte d'apposition de placards en saisie immobilière. Il sera taxé à l'*avoué*, pour l'original :

A Paris. . . . . 2 f. 00 c.
Partout ailleurs. 1 50

Art. 29 du Tarif, relatif à l'art. 687 du Code de Procéd.
Pour la copie, il sera taxé le quart :

A Paris. . . . . 0 f. 50 c.
Partout ailleurs. 0 37

Art. *idem* du Tarif.

NOTIFICATION d'un exemplaire du placard (en saisie immobilière) aux créanciers inscrits. Il sera taxé à l'*huissier*, pour l'original :

A Paris . . . . 2 f. 00 c.
Partout ailleurs. 1 50

Art. 29 du Tarif, relatif à l'art. 695 du Code de Procéd.
Pour la copie, il sera taxé le quart :

A Paris. . . . . 0 f. 50 c.
Partout ailleurs. 0 37

Art. *idem* du Tarif.

NOTIFICATION au greffier de l'appel du jugement qui aura statué sur les nullités proposées en saisie immobilière. Il sera taxé à l'*huissier*, pour l'original :

A Paris............................... 2 f. oo c.

Partout ailleurs............... 1   5o

Art. 29 du Tarif, relatif aux art. 734 et 736 du Code de Procéd.

Pour la copie, il sera taxé le quart :

A Paris. .... o f. 5o c.

Partout ailleurs................... o   37

Art. *idem* du Tarif.

NOTIFICATION aux créanciers inscrits de l'extrait du titre du nouveau propriétaire, de la transcription (de ce titre) au bureau des hypothèques, et du tableau prescrit par l'art. 2183 du Code Civil. Il sera taxé à l'*huissier*, pour l'original :

A Paris...................... 2 f. oo c.

Partout ailleurs............... 1   5o

Art. 29 du tarif, relatif à l'art. 2183 du Code Civil.

Pour la copie, il sera taxé le quart :

A Paris...................... o f. 5o c.

Partout ailleurs.............. o   37

Indépendamment des copies de pièces.

Art. *idem* du Tarif.

NOTIFICATION (d'avoué à avoué) du décès d'une partie. Il sera taxé en première instance, pour l'original :

A Paris........................... 1 f. oo c.

Dans le ressort.................. o   75

Pour la copie, le quart :

A Paris......................... o   25

Dans le ressort................. o   18

Art. 70 du Tarif, relatif à l'art. 344 du Code de Procéd.

O.

OBTENTION d'un jugement contradictoire ou définitif (en matière sommaire). Il sera taxé à l'*avoué* :

A Paris, quand la demande n'excédera pas 1,000 francs................ 15 f. oo c.

Dans le ressort, les trois-quarts. 11   25

Quand elle excédera 1,000 fr. jusqu'à 5,000 :

A Paris........................ 20   oo

Dans le ressort................ 15   oo

Et quand elle excédera 5,000 francs :

    A Paris .... 3o f. oo c.
    Dans le ressort.............. 22 5o

Nota. Si la valeur de l'objet de la contestation est déterminée, le juge allouera l'une des sommes ci-dessus indiquées.

Art. 67 du Tarif.

S'il y a lieu à enquête, ou visite et estimation, et s'il est intervenu jugement contradictoire sur enquête ou rapport d'experts ; s'il y a plus de deux parties en cause ; s'il y a lieu à interrogatoire. Voyez *Obtention d'un jugement par défaut en matière sommaire.*

OBTENTION d'un jugement par défaut contre partie ou avoué (en matière sommaire), y compris les qualités et la signification à avoué, s'il y a lieu, quand la demande n'excédera pas 1,000 f. ; il sera taxé à l'*avoué* :

    A Paris .... 7 f. 5o c.
    Dans le ressort, les trois-quarts. 5 61

Et quand la demande excédera 1,000 f. jusqu'à 5,000 :

    A Paris .... 10 f. oo d.
    Dans le ressort.............. 7 5o

Et quand elle excédera 5,000 f. :

    A Paris.................... 15 oo
    Dans le ressort 11 25

Nota Si la valeur de l'objet de la contestation est indéterminée, le juge allouera l'une des sommes ci-dessus indiquée, art. 67 du Tarif.

S'il y a lieu à enquête, ou à visite et estimation d'experts, ordonnée contradictoirement, et s'il est intervenu aussi jugement contradictoire sur liquidation et le rapport d'experts, il sera alloué un demi-droit par jugement des taxes ci-dessus, et, en outre, pour chaque rôle :

    A Paris................. o f. 15 c.
    Dans le ressort, les trois-quarts.. o 11

S'il y a plus de deux parties en cause, et si elles ont des intérêts contraires, il sera alloué un quart en sus des droits ci-dessus à l'*avoué* qui aura suivi contre chacune des autres parties.

S'il y a lieu à interrogatoire sur faits et articles, il sera passé à l'*avoué* de la partie, à la requête de laquelle il aura été subi ; un demi-droit (de jugement).

Et en outre pour copie du procès verbal d'interrogatoire, par chaque rôle d'expédition.......... o f. 15 c.

Dans le ressort, les trois-quarts. o f. 11 c.
Art. 67 du Tarif.

Et en outre, pour copie :

A Paris...................... o 4
Dans le ressort............... o 3

OFFICIERS ne pourront exiger de plus forts droits
que ceux énoncés au Tarif des frais et dépens, à peine de
restitution, dommages et intérêts, et d'interdiction s'il y
a lieu.
Art. 151 du Tarif.

OFFICIERS ministériels n'auront droit qu'à deux vacations par matinée, et à une l'après-dîner, quand ils opéreront dans le lieu de leur résidence.
Art. 151 du Tarif.

OFFRES de prouver les reproches contre les témoins,
non-justifiés par écrit. Voy. *Acte contenant offres.*

OFFRES de paiement ou offres réelles. Voy. *Procès
verbal d'offres.*

OPPOSITION à ce qu'une chose soit bien faite. Voy.
Exploit contenant.

DÉFAUT *en justice de paix.*

OPPOSITION à jugement par défaut rendu en justice de paix.

Il sera taxé à l'*huissier* du juge de paix, pour l'original :

A Paris .... 1 f. 50 c.
Dans les villes où il y a tribunal
de première instance.......... 1 25
Dans les autres villes et cant. rur. 1 25

Et pour la copie, le quart.
Art. 21 du Tarif.

DÉFAUT.

OPPOSITION à jugement par défaut rendu contre
partie :

Il sera taxé à l'*huissier* ordinaire, pour l'original :

A Paris...................... 2 f. 00 c.
Partout ailleurs............. 1 50

Art. 29 du Tarif relatif à l'art. 162 du Code de Procéd.
Civ.

Pour la copie, il sera taxé le quart.
Art. 30 du Tarif.

OPPOSITION par requête à jugement par défaut.
Voy. *Requête d'opposition.*

OPPOSITION à jugement par défaut rendu par le tribunal de commerce, contenant les moyens d'opposition et assignation.
Il sera taxé à l'*huissier* ordinaire, pour l'original :

A Paris...................... 2 f. oo c.
Partout ailleurs............. 1 5o

Art. 29 du Tarif, relatif aux art. 436 et 437 du Code de Procéd. Civ.
Pour la copie, il sera taxé le quart.
Art. 3o du Tarif.

EXÉCUTOIRE *de dépens.*

OPPOSITION à exécutoire de dépens ou à jugement qui ne contiendra la liquidation en ce chef, sera formée dans les trois jours de la signification à avoué, avec citation, et il y sera statué sommairement.
Art. 9 du décret particulier à la licitation des dépens.
Pour l'original de l'acte d'opposition, soit à exécutoire de dépens, soit au chef du jugement qui les a liquidés, avec sommation de comparaître à la chambre du conseil, pour être statué sur ladite opposition.
Il sera taxé :

A Paris...................... 1 f. oo c.
Dans le ressort.............. o 75
Et pour chaque copie ; le quart :
A Paris...................... o 25
Dans le ressort.............. o 18

Tarif des frais de taxe est à la suite du décret ci-dessus.

HOMOLOGATION *d'avis de parens.*

OPPOSITION formée à la requête des membres d'un conseil de famille, à l'homologation de la délibération de ce conseil. Il sera taxé à l'*huissier*, pour l'original :

A Paris...................... 2 f. oo c.
Partout ailleurs............. 1 5o

Art. 29 du Tarif, relatif à l'art. 888 du Code de Procéd.
Pour la copie, il sera taxé le quart :

A Paris...................... o f. 5o c.
Partout ailleurs............. o 37

Art. *idem* du Tarif.

QUALITÉS *de jugement.*

OPPOSITION à qualités de jugement.

Il sera taxé à l'*avoué* de première instance, pour sa vacation :

A Paris..................... 1 f. 5o c.

Dans le ressort. 1 15

Mais le droit ne sera passé qu'autant que le président aura ordonné une réformation.

Art. 9o du Tarif, relatif à l'art. 144 du Code de Procéd.

SCELLÉS.

OPPOSITION aux scellés par exploit : il sera taxé à l'*huissier*, pour l'original................. 1 f. 5o c.

Et pour la copie, le quart........... o 37

Art. 21 du Tarif.

OPPOSITION à scellés, formée par déclaration sur le procès verbal de scellés. Il sera alloué au *greffier* du juge de paix, pour chacune de ces oppositions :

A Paris .... o f. 5o c.

Dans les villes où il y a tribu-

nal de première instance .. o 4o

Dans les autres villes et can-

tons ruraux............... o 4o

Art. 18 du Tarif, relatif à l'art. 926 du Code de Procéd.

Il ne sera rien alloué au *greffier* pour les oppositions formées par le ministère des huissiers, et visés par lui (le greffier).

Art. 19 du Tarif, relatif à l'art. 1039 du Code de Procéd. Civ.

REVENDICATION..

OPPOSITION à saisie-revendication. Voy. *Procès verbal.*

VENTE *de meubles saisis.*

OPPOSITION à vente (de meubles saisis-exécutés), à la requête de celui qui se prétendra propriétaire des effets saisis, entre les mains du gardien Il sera taxé à l'*huissier*, pour l'original :

A Paris..................... 2 f. oo c.

Partout ailleurs 1 5o

Art. 29 du Tarif, relatif à l'art. 608 du Code de Procéd.

Pour la copie, il sera taxé le quart :

A Paris .... o f. 5o c.

Partout ailleurs............. o 37

Art. *idem* du tarif.

OPPOSITION sur le prix de vente (de meubles et effets saisis exécutés) qui en contiendra les causes. Il sera taxé à l'*huissier*, pour l'original :

        A Paris...................... 2 f. 00 c.
        Partout ailleurs.............. 1   50
Art. 29 du Tarif, relatif à l'art. 609 du Code de Procéd.
        Pour la copie, il sera taxé le quart :
        A Paris...................... 0 f. 50 c.
        Partout ailleurs.............. 0   37
Art. *idem* du Tarif.

ORIGINAL ou grosse de requête. Voyez *Requête.*

        CITATION *en justice de paix.*
ORIGINAL de chaque citation (devant juge de paix) contenant demande : il sera taxé à l'*huissier* de juge de paix :

        A Paris...................... 1 f. 50 c.
        Dans les villes où il y a tribu-
            nal de première instance.... 1   25
        Dans les autres villes et cantons
            ruraux.................... 1   25
        Pour la copie, le quart.
Art. 21 du Tarif.

        APPEL *de juge de paix.*
ORIGINAL d'un exploit d'appel de jugement de la justice de paix ; il sera taxé aux *huissiers* ordinaires :

        A Paris...................... 2 f. 00 c.
        Partout ailleurs.............. 1   50
Art. 27 du Tarif, relatif à l'art. 16 du Code de Procéd. Civ.
        Pour la copie, il sera taxé le quart.
Art. 30 du tarif. Voyez *Copie de pièces.*

        QUALITÉS *de jugemens.*
ORIGINAL des qualités des jugemens contiendra les noms, profession et demeure des parties, leurs conclusions et les parties de fait et de droit, sans que les motifs des conclusions puissent y être insérés, ni qu'on puisse rappeler dans les points de fait et de droit les moyens des parties.

Il sera taxé en première instance pour celle d'un jugement par défaut :

        A Paris...................... 3 f. 75 c.
        Dans le ressort.............. 2   80

Pour celles d'un jugement contradictoire sur plaidoirie
ou délibéré :

     A Paris..................... 7 f. 5o c.
     Dans le ressort............. 5   5o

Et celles d'un jugement en instruction par écrit :

     A Paris................... 10 f. oo c.
     Dans le ressort............. 7   5o

Art, 87 du Tarif, relatif à l'art. 142 du Code de Procéd.

Pour chaque copie qui ne pourra être signifiée que
dans le cas où le jugement serait contradictoire , le
quart :

Pour celle d'un jugement par défaut.

     A Paris.................... o f. 93 c.
     Dans le ressort............. o   70

Pour celle d'un jugement contradictoire sur plaidoirie
ou délibéré.

     A Paris.................... 1 f. 87 c.
     Dans le ressort............. 1   37

Pour celle d'un jugement en instruction par écrit.

     A Paris................... 2 f. 5o c.
     Dans le ressort............. 1   87

Art. 88 du Tarif, relatif à l'art. 142 du Code de Procéd.

OUVERTURES des portes pour saisie-exécution, combien est dû au juge de paix pour vacation. Voyez *Transport.*

P.

PARAPHE par juge de paix, des pièces en cas de
dénégation ou méconnaissance d'écriture, ou en cas de
déclaration qu'on entend s'inscrire en faux, faites devant
lui sur citation. Il n'est rien dû au juge de paix pour
ce paraphe.

Art. 7 du Tarif, relatif à l'art. 14 du Code de Procéd.
Civ.

PARIS (à), vacation à apposition, reconnaissance et
levées de scellés. Il sera taxé au juge de paix, pour chaque
vacation de trois heures aux moins...... 5 f. oo c.

    Art. 1 du Tarif.

Dans la première vacation seront compris les temps du
transport et du retour du juge de paix : s'il n'y a qu'une
vacation, elle sera payée comme complète, encore qu'elle
n'ait pas été de trois heures.

Si le nombre des vacations de reconnaissance et levee des scellés paraît excessif, le président du tribunal de première instance, en procédant à la taxe, pourra la réduire.

Art. 1 du Tarif, relatif aux articles 909 et 932 du Code de Procéd. Civil. Voyez *Villes, Cantons ruraux, Référés.*

PARIS (à), combien est dû à juge de paix pour son assistance à tout conseil de famille. ... 5 f. 00 c.

Il ne pourra jamais prendre plus de deux vacations.
Art. 4 du Tarif, relatif à l'art. 406 du Code Civil.

Pour les autres endroits. Voyez *Assistance.*

PARTAGE de succession, taxe des notaires. Voyez *Actes du ministère des notaires.*

PARTIE qui négligera de lever un jugement qui aura adjugé des dépens contre sa partie adverse.

L'autre partie fera sommation de le lever dans trois jours.

Faute de satisfaire à cette sommation, la partie qui aura succombé pourra lever une expédition du jugement, sans que les frais soient taxés, sauf à l'autre partie à les faire taxer dans la forme prescrite.

Art. 7 et 8 du décret particulier à la liquidation des dépens.

PIECES que le *juge de paix* doit parapher en cas de dénégation ou de méconnaissance d'écriture faite devant lui, ou de déclaration qu'on entend s'inscrire en faux incident (par suite de citation). Il doit les parapher, et il ne lui est rien dû pour ce paraphe. Voyez *Paraphe.*

VENTE *de meubles.*
PLACARD pour vente d'effets saisis-exécutés.

Il sera alloué à l'*huissier* ou autre *officier* qui procédera à cette vente, pour la rédaction de l'original de ce placard qui doit être affiché :

A Paris.. .... 1 f. 00 c.
Dans les villes où il y a tribunal
   de première instance...... 1 00
Dans les autres villes et cantons
   ruraux.................. 1 00

Pour chacun des placards, s'ils sont manuscr.

A Paris.................... o 5o
Dans les villes où il y a tribunal
de première instance...... o 5o
Dans les autres villes et cantons
ruraux.................... o 5o

Et s'ils sont imprimés, l'*officier* qui procédera à la vente en sera remboursé sur la quittance de l'imprimeur et de l'afficheur.

Art. 38 du Tarif, relatif à l'art. 617 du Code de Procéd.

VENTE *de rente.*

PLACARDS pour vente de rente constituée sur particuliers saisis. Voyez *Actes de poursuite.*

VENTE *d'immeubles saisis.*

PLACARDS pour vente de biens immobilièrement saisis.

Pour l'original de l'acte d'apposition de placards en saisie immobilière, lequel ne contiendra pas la désignation des lieux où il a été apposé ; il sera taxé :

A Paris..................... 4 f. oo c.
Dans les villes où il y a tribunal de première instance... 3 oo
Dans les autres villes et cantons
ruraux.................... 3 oo

Art. 5o du Tarif, relatif aux art. 685 et 686 du Code de Procéd.

PERQUISITION de débiteur condamné par corps ; il n'est rien dû à l'*huissier.* Voy. *Procès verbal d'emprisonnement.*

AUDITION *de témoins.*

PRÉSENCE à l'audition de témoins.

Il sera taxé à l'*avoué* de première instance, pour vacation par trois heures :

A Paris.................... 6 f. oo c.
Dans le ressort.............. 4 5o

Art. 92 du Tarif, relatif à l'art. 270 du Code de Procéd.

DESCENTE *sur les lieux.*

PRÉSENCE à descente sur les lieux.

Il sera taxé à l'*avoué* de première instance, pour vacation de trois heures :

A Paris.................... 6 f. oo c.
Dans le ressort,............. 4 5o

Art. 92 du Tarif, relatif à l'art. 297 du Code de Procéd.

FAUX.

PRÉSENCE à la confection du corps d'écriture fait par le défendeur, pour vérification d'écriture déniée, s'il est ainsi ordonné.

Il sera taxé à l'*avoué* de première instance, par sa vacation :

A Paris................... 6 f. oo c.
Dans le ressort. 4 5o

Art. 92 du Tarif, relatif à l'art. 206 du Code de Procéd.

RAPPORT *d'experts.*

PRÉSENCE des avoués au rapport d'experts, s'ils en sont expressément requis par leurs parties, pour ne les répéter que contre elles, sans qu'elles puissent entrer en taxe (contre toutes autres).

Il sera alloué aux *avoués* de première instance, pour chacune de leurs vacations :

A Paris....... .... 6 f. oo c.
Dans le ressort..... .... 4 5o

Art. 92 du Tarif, relatif à l'art. 317 du Code de Procéd.

PRESTATION *de serment d'experts.*

PRÉSENCE à la prestation de serment des experts devant juge-commissaire.

Il sera taxé à l'*avoué* de première instance, pour sa vacation :

A Paris................... 3 f. oo c.
Dans le ressort.............. 2 25

Art. 91 du Tarif, relatif aux art. 307 et 315 du Code de Procéd.

SERMENT *d'experts.* **Faux.**

PRÉSENCE au serment des experts à la représentation des pièces de comparaison, pour vérification d'écriture déniée, et pour faire les réquisitions et observations.

Il sera taxé à l'*avoué* de première instance, pour chaque vacation :

A Paris................... 6 f. oo c.
Dans le ressort.............. 4 5o

Art. 92 du Tarif, relatif à l'art. 207 du Code de Procéd.

PRÉSENTATION de caution. Voyez *Acte de présentation.*

PRÉSENTATION et affirmation de compte.

Il sera taxé à l'*avoué* de première instance, pour sa vacation :

  A Paris...................... 6 f. oo c.
  Dans le ressort............. 4   5o

Art. 92 du Tarif, relatif à l'art. 534 du Code de Procéd.

PRÉSIDENT, en procédant à la taxe des vacations d'experts, en réduira le nombre, s'il lui paraît excessif. Art. 162 du Tarif.

PLAIDOIRIE d'avoué. Voyez *Assistance.*

PLAIDOIRIE de l'avoué à la chambre du conseil sur opposition à exécutoire de dépens, ou au chef de jugement qui en contiendra la liquidation en matière ordinaire.

Voyez *Assistance et Plaidoirie.*

  CERTIFICAT *de non-production en procès par écrit.*

PRISE de certificat du greffier, constatant que la partie adverse n'a pas produit en instruction par écrit dans les délais fixés.

Il sera taxé à l'*avoué* de première instance, pour sa vacation :

  A Paris....................... 1 f. 5o c.
  Dans le ressort............... 1   15

Art. 90 du Tarif, relatif à l'art. 107 du Code de Procéd.

  COMPTE *en justice.*

PRISE de communication de pièces justificatives d'un compte et rétablissement, le tout ensemble.

Il sera taxé à l'*avoué* de première instance, pour sa vacation :

  A Paris....................... 6 f oo c.
  Dans le ressort............... 4   5o

Art. 92 du Tarif, relatif à l'art. 536 du Code de Procéd.

  CONTRIBUTION.

PRISE en communication de l'état de contribution, et contredit sur le procès verbal du commissaire.

Il sera taxé à l'*avoué* de première instance, pour sa vacation, sans qu'il puisse en être passé plus d'une, sous quelque prétexte que ce soit :

  A Paris. .... 5 f. oo c.
  Dans le ressort............... 3   5o

Il ne sera fait aucun dire, s'il n'y a lieu à contredire.

Art. 100 du Tarif, relatif à l'art. 663 du Code de Procéd. — Voyez *Avoué du poursuivant.*

DIVORCE.

PRISE d'ordonnance du tribunal qui permet de citer l'époux défendeur en divorce (pour cause déterminée).

Il sera taxé à l'*avoué* de première instance, pour sa vacation :

A Paris...................... 3 f. 00 c.

Dans le ressort.............. 2   25

Art. 91 du Tarif, relatif à l'art. 240 du Code de Procéd.

FAUX *incident.*

PRISE de communication de pièce arguée de faux déposée au greffe, et assistance au procès verbal dressé par le greffier.

Il sera taxé à l'*avoué* de première instance, pour sa vacation :

A Paris...................... 6 f. 00 c.

Dans le ressort.............. 4   50

Art. 92 du Tarif, relatif à l'art. 198 du Code de Procéd.

PRISE en communication par l'avoué du demandeur en inscription de faux incident, en tout état de cause de la pièce arguée de faux :

Il sera taxé à l'*avoué* de première instance, pour sa vacation :

A Paris...................... 6 f. 00 c.

Dans le ressort.............. 4   50

Art. 92 du Tarif, relatif à l'art. 228 du Code de Procéd.

PROCÈS *verbal d'ordre.*

PRISE en communication de productions faites en ordre et contredit sur procès verbal du commissaire.

Il sera taxé à l'*avoué* pour sa vacation, sans qu'il puisse en être passé plus d'une, dans le même ordre, sous quelque prétexte que ce soit :

A Paris...................... 10 f. 00 c.

Dans le ressort.............. 7   50

Il sera passé à l'*avoué* poursuivant une demi-vacation par chaque production faite en ordre pour en prendre communication et contredire s'il y a lieu :

A Paris...................... 5 f. 00 c.

Dans le ressort.............. 3   75

Art. 135 du Tarif.

PRODUCTION *nouvelle.*

PRISE en communication de pièces nouvelles produites
en instruction par écrit..

Il sera taxé à l'*avoué* de première instance, pour sa vacation :

    A Paris...................... 1 f. 5o o.
    Dans le ressort............... 1   15

Art. 90 du Tarif, relatif à l'art. 103 du Code de Procéd.

SAISIE *immobilière.*

PRISE de *visa* du greffier de l'exploit d'intimation sur
appel du jugement en vertu duquel il avait été procédé à'
une saisie immobilière.

Il sera taxé à l'*avoué*, pour sa vacation :

    A Paris...................... 2 f. oo c.
    Dans le ressort 1   5o

Art. 120 du Tarif, relatif à l'art. 726 du Code de Procéd.

PROCÈS verbaux (pour tous) que dresseront les notaires dans tous les cas nécessaires, et dans lesquels ils
seront tenus de constater le temps qu'ils y auront employé.

Il leur sera taxé par chaque vacation de trois heures :

    A Paris...................... 9 f. oo c.
    Dans les villes où il y a tribunal de
    première instance............ 6   oo
    Partout ailleurs.............. 4   oo

Art. 168 du Tarif, relatif aux art. 977, 978 du Code de
Procéd.

Il ne leur sera rien passé pour les minutes de ces procès
verbaux.

Art. 169 du Tarif.

CESSION *de biens.*

PROCÈS verbal d'extraction de prison d'un débiteur
failli, à l'effet de faire la réitération de sa cession de
biens, indépendamment du procès verbal de la réitération :

    A Paris...................... 6 f. oo c.
    Dans les villes où il y a tribu-
    nal de première instance.... 5   oo
    Dans les autres villes et cantons
    ruraux...................... 5   oo

Art. 65 du Tarif, relatif à l'art. 902 du Code de Procéd.

PROCÈS verbal de réitération de cession de biens par
le débiteur failli à la maison commune, s'il n'y a pas de
tribunal de commerce, sera taxé :

A Paris...................... 4 f. 10 c.

Dans les villes où il y a tribunal de première instance.... 3   00

Dans les autres villes et cantons
ruraux...................... 3   00

Art. 64 du Tarif, relatif à l'art. 901 du Code de Procéd.

CONCILIATION.

PROCÈS verbal de conciliation. Ce procès verbal, lorsqu'il constatera que les parties n'ont pu être conciliées, ne
contiendra que la mention sommaire qu'elles n'ont pu s'accorder. Dans ce cas, il ne sera alloué pour son expédition
que :

A Paris...................... 1 f. 00 c.

Dans les autres villes et cantons
ruraux...................... 0   80

Art. 10 du Tarif, relatif à l'art. 34 du Code de Procéd. Civ.

Il ne sera rien alloué (au *greffier*) pour la mention sur
le registre du greffe, et sur l'original ou la copie de la cita-
tation en une conciliation, quand l'une des parties ne com-
paraîtra pas.

Art. 13 du Tarif, relatif à l'art. 58 du Code de Procéd. Civ.

CONSIGNATION *d'offres réelles.*

PROCÈS verbal de consignation de la somme ou de la
chose offerte, sera taxé :

A Paris.................... 5 f. 00 c.

Dans les villes où il y a tribunal
de première instance...... 4   00

Dans les autres villes et cantons ruraux............. 4   00

Pour chaque copie à laisser au créancier, s'il est présent ; et au dépositaire, le quart :

A Paris.................... 1 f. 25 c.

Partout ailleurs............. 1   00

Art. 60 du Tarif, relatif à l'art. 1259 du Code de Procéd.

DISTRIBUTION *par contribution.*

PROCÈS verbal du commissaire à distribution par
contribution ne sera ni levé, ni signifié, et il ne sera
enregistré que lors de la délivrance des mandemens aux
créanciers.

Art. 99 du Tarif, relatif à l'art. 663 du Code de Procéd.

SAISIE *immobilière.*

PROCÈS verbal de saisie-immobilière, vacation d'*avoué*

pour sa transcription au bureau des hypothèques et au greffe. Voy. *Transcription.*

DIVORCE. *Consentemént mutuel.*

PROCÈS verbaux (pour) que les notaires doivent dresser de tout ce qui aura été dit et fait devant le juge, en cas de demande en divorce par consentement mutuel.

Il leur sera taxé, par chaque vacation de trois heures :

A Paris......................... 9 f. oo c.
Dans les villes où il y a tribunal
    de première instance......... 6   oo
Partout ailleurs............... 4   oo

Art. 168 du Tarif, relatif aux art. 281, 284 et 285 du Code de Procéd.

Il ne leur sera rien passé pour leurs minutes.
Art. 169 du Tarif.

EMPRISONNEMENT.

PROCES verbal (pour) d'emprisonnement d'un débiteur, y compris l'assistance de deux recors et l'écrou. Il sera taxé :

A Paris................... 6o f. 25 c.
Dans les villes où il y a tribunal
    de première instance...... 4o   oo
Dans les autres villes et cantons
    ruraux.................. 3o   oo

Il ne pourra être passé aucun procès verbal des perquisitions, pour lequel l'*huissier* n'aura point de recours, même contre sa partie, la somme ci-dessus lui étant allouée en considération de toutes les demandes qu'il pourrait faire.

Art. 53 du Tarif, relatif aux art. 783 et 789 du Code de Procéd.

Pour la copie du procès verbal d'emprisonnement et de l'écrou, le tout ensemble,

A Paris................... 3 f. oo c.
Dans les villes où il y a tribunal
    de première instance...... 2   25
Dans les autres villes et cantons
    ruraux.................. 2   25

Art. 55 du Tarif, relatif à l'art. 789 du Code de Pocéd.

OFFRES *réelles.*

PROCÈS verbal d'offres, contenant le refus ou l'acceptation du créancier, sera taxé :

A Paris.................... 3 f. oo c.
Dans les villes où il y a tribunal
    de première instance...... 2   25
Dans les autres villes et cantons
    ruraux.................... 2   25
Pour la copie, le quart :
    A Paris.................. o   75
    Partout ailleurs............ o   56

Article 59 du Tarif, relatif à l'article 812 du Code de Procédure.

ORDRE.

PROCÈS verbal de l'état de collocation en ordre, ne se lève ni ne se signifie pas. Il n'est fait que sommation d'en prendre communication. Voyez *Dénonciation.*

SAISIE-*exécution.*

PROCÈS verbal de saisie-exécution qui durera trois heures, y compris le temps nécessaire, soit pour requérir le juge de paix, soit le commissaire de police, ou les maires et adjoints, en cas de refus d'ouverture de portes.

Il sera taxé à l'*huissier*, pour original et copie :
    A Paris, y compris 1 f. 50 cent.
    pour chaque témoin....... 8 f. oo c.
    Dans les villes où il y a tribu-
    nal de première instance, et
    dans les autres villes et can-
    tons ruraux, y compris 1 f.
    pour chaque témoin....... 6   oo
Si la saisie dure plus de trois heures, il sera taxé par chacune des vacations subséquentes aussi de trois heures :
    A Paris, y compris 80 cent.
    pour chaque témoin....... 5 f. oo c.
    Dans les villes où il y a tribu-
    nal de première instance, et
    dans les autres villes et can-
    tons ruraux, y compris 60 c.
    pour chaque témoin....... 3   75

Art. 31 du Tarif, relatif aux art. 585, 586, 587, 588, 589, 590 et 601 du Code de Procéd.

SAISIE-*gagerie.*

PROCÈS verbal de saisie gagerie sur locataire et fermiers, sera taxé comme celui de saisie-exécution, ainsi que tout le reste de la poursuite.

Art. 61 du Tarif, relatif aux art. 819 et 825 du Code de Procéd. ;

saisie-brandon.

PROCÈS verbal de saisie-brandon contenant l'indication de chaque pièce, sa contenance et sa situation, deux au moins de ses tenans et aboutissans, et la nature des fruits, quand il n'y sera pas employé plus de trois heures, il sera taxé à *l'huissier :*

     A Paris...................... 6 f. 00 c.
     Dans les villes où il y a tribu-
       nal de première instance... 5 f. 00
     Dans les autres villes et can-
       tons ruraux............... 4   00

Et quand il y sera employé plus de trois heures pour chacune des autres vacations, aussi de trois heures :

     A Paris...................... 5 f. 00 c.
     Dans les villes où il y a tribu-
       nal de première instance... 4   00
     Dans les autres villes et can-
       tons ruraux............... 3   00

L'huissier ne sera point assisté de témoins.

Art. 43 du tarif, relatif à l'art. 627 du Code de Procéd.

Pour les copies à délivrer au maire de la commune et au garde champêtre ou autre gardien, pour chacun le quart de l'original :

     A Paris, lorsqu'il n'y aura eu
       qu'une vacation......... 1 f. 50 c.
     Lorsqu'il y aura eu deux vacations, pour
chaque autre vacation, en sus de la première 1   25
     Dans les villes où il y a tribu-
       nal de première instance,
       lorsqu'il n'y aura eu qu'une
       vacation.................. 1   25
     Lorsqu'il y aura eu deux vacations ou
plus, pour chaque autre vacation 1   00
     Dans les autres villes et can-
       tons ruraux............... 0   75

Art. 44 du Tarif, relatif à l'art. 628 du Code de Procéd.

Voyez *Actes de saisie-brandon.*

saisie-immobilière.

PROCÈS verbal (pour) de saisie immobilière auquel il n'aura été employé que trois heures. Il sera taxé :

A Paris...................... 6 f. oo c.
Dans les villes où il y a tribu-
    nal de première instance .. 5 oo
Dans les autres villes et cantons
    ruraux .... 5 oo

Et cette somme sera augmentée par chacune des vacations subséquentes qui auront pu être employées,

A Paris, de .... 5 f. oo c.
Dans les villes où il a tribu-
    nal de première instance .. 4 oo
Dans les autres villes et cantons
    ruraux.................... 4 oo

L'huissier ne se fera point assister de témoins.

Art. 47 du Tarif, relatif à l'art. 675 du Code de Procéd.

Pour chaque copie de ladite saisie, qui sera laissée aux greffiers des juges de paix et aux maires ou adjoints des communes, le quart de l'original :

A Paris, lorsqu'il n'y aura eu
    qu'une seule vacation...... 1 f. 5o c.
Lorsqu'il y aura eu plus d'une vacation,
il sera ajouté en sus, par chaque vacation . 1 f. 25
Partout ailleurs, lorsqu'il n'y aura eu
qu'une seule vacation................ 1 25
Lorsqu'il y aura eu plus d'une vacation, il
sera ajouté en sus par chaque vacation. ... 1 oo

Article 48 du Tarif, relatif à l'art. 676 du Code de Procéd.

RÉCOLEMENT *de saisie-exécution.*

PROCÈS verbal de récolement qui précédera la vente de meubles et effets saisis et exécutés, et qui ne contiendra aucune énonciation des effets saisis, mais seulement de ceux en déficit s'il y en a, y compris les témoins, sera taxé :

A Paris...................... 6 f. oo c.
Dans les villes où il y a tribunal
    de première instance......... 4 5o
Dans les autres villes et cantons
    ruraux 4 5o

Il n'en sera point donné de copie.

Art. 37 du Tarif, relatif à l'art. 607 du Code de Procéd.

Voyez *Transport.*

PROCÈS verbal de récolement dans le cas de saisie-exécution antérieure, et d'établissement de gardien pour ce procès verbal de récolement , sur le premier procès verbal que le gardien sera tenu de représenter , et qui, sans entrer dans aucun détail , et contenant seulement la saisie des effets omis et sommation au premier saisissant de vendre , témoins compris et deux copies, sera taxé :

A Paris   . ... 6 f. oo c.
Dans les villes où il y a tribunal
. de première instance 4   5o
Dans les autres villes et cantons
ruraux 4   5o

Et pour une troisième copie, s'il y a lieu, le quart de l'original :

A Paris.................... 1 f. 5o c.
Partout ailleurs........ 1   12

Art. 36 du Tarif, relatif à l'art. 611 du Code de Procéd.

PROCÈS verbal de récolement des effets saisis , quand le gardien a obtenu sa décharge. Il sera taxé pour l'original :

A Paris.................. 3 f. oo c.
Dans les villes où il y a tribunal de première instance. 2   25
Dans les autres villes et cantons
ruraux................. 2   25

Ce procès verbal ne contiendra aucun détail, si ce n'est pour constater les effets qui pourraient se trouver en déficit, et l'huissier ne sera point assisté de témoins.

Il sera laissé copie du présent procès verbal au gardien pour sa décharge. Il remettra la copie de la saisie qu'il avait entre les mains, au nouveau gardien , qui se chargera du contenu sur le procès verbal.

Pour chacune.des copies à donner du procès verbal de récolement, le quart de l'original :

A Paris................. o f. 75 c.
Dans les villes où il y a tribunal de première instance, et
autres lieux.............. o   66

Art. 35 du Tarif, relatif à l'art. 6o6 du Code de Procéd.

REVENDICATION.

PROCÈS verbal de saisie revendication , s'il y a refus de portes ou opposition à la saisie, contenant assignation en référé devant le juge, y compris les témoins, sera taxé :

A Paris...................... 5 f. oo c.
Dans les villes où il y a tribunal
    de première instance........ 4   oo
Dans les autres villes et cantons
    ruraux................... 4   oo
Pour la copie, le quart :
    A Paris.................... 1   25
    Partout ailleurs............ 1   oo
Le procès verbal de saisie-revendication sera taxé comme celui de saisie-exécution.
Art. 62 du Tarif, relatif à l'art. 829 du Code de Procéd.

VENTE *d'immeubles de mineurs et autres.*
PROCÈS verbal d'apposition de placards en vente de biens immeubles de mineurs, ou dépendans d'une succession bénéficiaire ou vacante, ou abandonnés par un débiteur failli, sera taxé comme en saisie immobilière.
Art. 65 du Tarif.
Voyez *Placards pour vente de biens saisis.*

VENTE *de meubles.*
PROCÈS verbal de vente d'effets saisis. Voyez *Vacation.*

PRODUCTION nouvelle. Voyez *Acté de production nouvelle.*

PRODUCTION et retrait de pièces dans les causes où il aura été ordonné un délibéré.
Il sera taxé à l'*avoué* de première instance, pour sa vacation :
    A Paris...................... 1 f. 5o c.
    Dans le ressort............... 1   15
Art. 9o du Tarif, relatif à l'art. 94 du Code de Procéd.

PRODUCTION au greffe de pièces nouvelles en instruction par écrit.
Il sera taxé à l'*avoué* de première instance, pour sa vacation :
    A Paris...................... 1 f. 5o c.
    Dans le ressort............... 1   15
Art. 9o du Tarif, relatif à l'art. 102 du Code de Procéd.

PRODUCTION au greffe dans les causes où il a été ordonné une instruction par écrit.

Il sera taxé à *l'avoué* de première instance, pour sa vacation :

A Paris...................... 3 f. oo c.

Dans le ressort.............. 2 25

Art. 91 du Tarif, relatif à l'art. 96 du Code de Procéd.

PRODUCTION de titres (au procès-verbal de distribution par contribution), par acte contenant demande en collocation, et même à fin de privilége et constitution d'avoué, y compris la vacation pour produire.

Il sera taxé à *l'avoué* de première instance :

A Paris.................... 10 f. oo c.

Dans le ressort............. 7 50

Cet acte ne sera point signifié.

Art. 97 du Tarif, relatif aux art. 660 et 661 du Code de Procéd.

PRODUCTION de titres dont l'acte contiendra demande en collocation dans ordre et constitution d'avoué, y compris la vacation pour produire.

Il sera taxé à *l'avoué* :

A Paris.................... 20 f. oo c.

Dans le ressort............. 15 oo

Cet acte ne sera point signifié.

Art. 133 du Tarif, relatif à l'article 753 du Code de Procéd.

PROTÊT avec perquisition; il sera taxé pour l'original, assistans et copie compris :

A Paris.................... 5 f. oo c.

Dans les villes où il y a tribu-

nal de première instance... 4 oo

Dans les autres villes et cantons

ruraux.................... 4 oo

Art. 65 du Tarif.

PROTÊT (sans perquisition); il sera taxé pour l'original, assistans et copie compris :

A Paris.................... 2 f. oo c.

Dans les villes où il y a tribu-

nal de première instance.... 1 50

Dans les autres villes et cantons

ruraux.................... 1 50

Art. 65 du Tarif.

PROTESTATION de nullité. Voyez *Exploit contenant.*

VENTE *de barques*, etc.

PUBLICATION de vente de barques, chaloupes et autres bâtimens.

Dans le cas de publications sur les lieux où se trouvent les barques, chaloupes et autres bâtimens, prescrites par l'art. 620 du Code de Procéd., il sera alloué à *l'huissier* pour chacune des deux premières publications :

A Paris...................... 6 f. 00 c.
Dans les villes où il y a tribunal de première instance .. 4 00
Dans les autres villes et cantons ruraux.............. 3 00

La troisième publication est comprise dans la vacation de vente.

A Paris et dans les villes où il s'imprime des journaux, les vacations pour publications ne pourront être allouées aux *huissiers*, attendu qu'il doit y être suppléé par l'insertion dans un journal.

Art. 41 du Tarif, relatif à l'art. 620 du Code de Procéd.

VENTE *d'immeubles.*

PUBLICATIONS de cahier des charges, par huissier-audiencier du tribunal de première instance, dans toutes espèces de vente.

Il leur sera taxé pour chacune :

A Paris...................... 1 f. 00 c.
Dans les tribunaux de ressort. 0 75

Art. 153 du Tarif.

Pour la même publication lors de l'adjudication préparatoire.

Il leur sera taxé :

A Paris .... 3 f. 00 c.
Dans les tribunaux de ressort . 2 25

Art. 154 du Tarif.

Pour la publication lors de l'adjudication définitive, y compris les frais de bougies que les huissiers disposeront et allumeront eux-mêmes :

A Paris...................... 5 f. 00 c.
Dans les tribunaux de ressort.. 3 75

Art. 155 du Tarif.

PUBLICATIONS du cahier des charges de vente d'immeubles saisis, et dires qui pourront y avoir lieu.

Il sera taxé à l'*avoué* de première instance, pour sa vacation à chacune de ces publications :

A Paris.................... 3 f. oo c.
Dans le ressort 2 45

Il ne sera point signifié d'acte de remise de la publication du cahier des charges, attendu que les parties intéressées peuvent se présenter à la première publication, et connaître les autres jours auxquels les publications subséquentes auront lieu ; que d'ailleurs l'apposition des placards et l'insertion dans un journal, annonçant les adjudications préparatoires et définitives, les instruiront suffisamment.

Art. 111 du Tarif, relatif aux art. 699 et 700 du Code de Procéd.

PUBLICATIONS de vente de bien immeuble saisi, seront faites à l'audience par l'huissier audiencier sur note qui lui sera remise par le greffier. Il ne sera pas remis de grosse du cahier des charges à l'huissier à cet effet. Il ne sera fait qu'une seule grosse de ce cahier, qui sera déposée au greffe.

Art. 109 et 110 du Tarif.

Q.

QUALITÉS des jugemens. Voyez *Original.*

QUALITÉS de jugement contradictoire ou définitif rendu en matière sommaire. Qu'est-il dû à l'avoué pour le dressé de ces qualités ?

Voyez *Levée de jugement.*

QUALITÉS et signification du jugement qui interviendra sur opposition à exécutoire de dépens, ou au chef de jugement qui en contiendra la liquidation en matière ordinaire.

S'il n'y a qu'une partie, il sera taxé pour le tout ensemble :

A Paris.................... 5 f. oo c.
Dans le ressort.............. 4 oo

S'il y a plusieurs avoués, il sera taxé pour chacune des autres copies, tant des qualités que des jugemens :

A Paris..................... 1 f. 00 c,
Dans le ressort.............. o   75

Tarif des frais de taxe, à la suite du décret, relatif à la liquidation des dépens.

R.

RADIATION d'une ou de plusieurs inscriptions en vertu du même jugement d'ordre.

Il sera taxé à l'*avoué*, pour sa vacation :

A Paris.................... 6 f. 00 c.
Dans le ressort............. 4   5o

Nota. Le bordereau de collocation et l'ordonnance de main-levée des inscriptions non-utilement colloquées, contenant nécessairement la totalité du procès-verbal du juge commissaire, l'expédition entière en serait un double emploi ; elle ne sera ni levée, ni signifiée.

Art. 137 du Tarif, relatif à l'art. 759 du Code de Procéd.

RECETTE faite par les avoués, de sommes d'argent de leurs cliens, doit être par eux-mêmes portée sur un registre tenu exprès et dans la forme voulue par le Tarif. Voyez *Avoués seront tenus.*

RÉCOLEMENT de saisie exécutoire. Voyez *Procès verbal.*

RECOMMANDATION de débiteur emprisonné. Voyez *Acte de recommandation.*

RECONNAISSANCE de fait articulés dont on demande à faire preuve. Voyez *Acte contenant articulation.*

LEVÉE *de scellés.*

RECONNAISSANCE et levée de scellés, taxe des vacations du juge de paix. Voyez *Apposition.*

RECONNAISSANCE et levée de scellés sans description.

Il sera taxé à l'*avoué* de première instance pour sa vacation.

A Paris.................... 6 f. 00 c.
Dans le ressort............. 4   5o

Art. 94 du Tarif, relatif à l'art. 940 du Code de Procéd.

VACATION *d'avoué.*

RECONNAISSANCE et levée de scellés.

Il sera taxé à l'*avoué* de première instance, pour chaque vacation de trois heures :

A Paris.................... 6 f. oo c.
Dans le ressort.............. 4   5o

Art. 94 du Tarif, relatif aux art. 932, 933, etc. du Code de Procéd.

RECUSATION de juge de paix. Voyez *Acte*.

RÉCUSATION (acte de) contre un juge, pour faire au greffe l'acte qui en contiendra les moyens.

Il sera taxé à l'*avoué* de première instance, pour sa vacation :

A Paris.................... 6 f. oo c.
Dans le ressort........... . 4   5o

Art. 92 du Tarif, relatif à l'art. 384 du Code de Procéd.

RÉDACTION du nombre des vacations de juge de paix à apposition, reconnaissance et levée de scellés, pourra être faite par le président du tribunal de première instance, lors de la taxe qu'il en fera. Voyez *Apposition*.

RÉDUCTION du nombre des vacations des experts peut être ordonnée ; par qui ? Voyez *Président*.

RÉFÉRÉ contradictoire.

Il sera taxé à l'*avoué* de première instance, pour sa vacation :

A Paris.................... 5 f. oo c.
Dans le ressort............. 3   75

Art. 93 du Tarif, relatif à l'art. 8o6 du Code de Procéd.

Par défaut.

Il ne sera taxé pour *idem* ; par défaut, que :

A Paris.................... 3 f. oo c.
Dans le ressort............. 2   25

Art. *idem*, relatif *idem*.

DISTRIBUTION *par contribution*.

RÉFÉRÉ (sur procès verbal de distribution par contribution devant le juge-commissaire qui statuera sur le privilége réclamé pour loyers dus à propriétaire , par saisi-exécuté et dont les meubles auraient été vendus), par défaut.

Il sera taxé à l'*avoué* de première instance, pour sa vacation :

> A Paris...................... 3 f. oo c.
> Dans le ressort............... 2 25

Et contradictoirement :

> A Paris .... 5 oo
> Dans le ressort............... 3 75

Art. 98 du Tarif, relatif à l'art. 661 du Code de Procéd.

EMPRISONNEMENT.

RÉFÉRÉ requis par débiteur arrêté. Voyez *Vacation de l'huissier.*

INVENTAIRE.

RÉFÉRÉ (pour) devant le président du tribunal, s'il s'élève (dans le cours d'un inventaire) des difficultés, ou s'il est formé des réquisitions pour l'administration de la communauté ou de la succession, ou pour tous autres objets.

Il sera taxé aux *notaires*, par chaque vacation de trois heures :

> A Paris. .... 9 f. oo c.
> Dans les villes où il y a tribunal
>   de première instance....... 6 oo
> Partout ailleurs ... . 4 oo

Art. 168 du Tarif, relatif à l'art. 944 du Code de Procéd.

SCELLÉS.

RÉFÉRÉ dans le cours de l'apposition, dans le cours de la levée d'un scellé.

Il sera taxé à *l'avoué* de première instance, pour sa vacation :

> A Paris.................... 6 f. oo c.
> Dans le ressort.............. 4 5o

Art. 94 du Tarif, relatif aux art. 916, 918, 920, 921 et 922 du Code de Procéd.

RÉFÉRÉ (s'il y a lieu à) lors d'apposition de scellés.

Ou dans le cours de leur levée, ou pour présenter un testament ou autre papier cacheté, au président du tribunal de première instance.

Les vacations du *juge de paix* lui seront allouées comme celles pour l'apposition, la reconnaissance et la levée des scellés.

> A Paris, par chaque trois heures
>   de ces vacations, non com-
>   pris les temps du transport
>   et retour, dont la taxe est
>   ci-après................ 5 f. oo c.

Dans les villes où il y a tribunal
de première instance...... 3 f. 75 c.
Dans les autres villes et cantons
ruraux...................... 2   5o

Art. 2 du Tarif, relatif aux art. 921, 935 et 936 du Code
de Procédure Civile.

Voyez *Apposition*.

En cas de transport du juge de paix devant le président
du tribunal de première instance, il lui est accordé, par
chaque myriamètre..................... 2 f. oo c.
Autant pour le retour....... 2   oo
Et par chaque journée de cinq
myriamètres............... 10   oo

Il ne lui est accordé qu'une seule journée, quand la distance ne sera pas de plus de deux myriamètres et demi,
y compris sa vacation, devant le président du tribunal.

Si la distance est de plus de deux myriamètres et demi,
il lui sera payé deux journées, pour l'aller, le retour et
la vacation devant le président du tribunal.

Art. 3 du Tarif, relatif aux mêmes articles du Code de
Procédure, que ceux cités en l'art. 2 ci-dessus.

REFUS de porte, lors de saisie - revendication. Voyez
Procès verbal.

REGISTRE des avoués pour tenir note de ce qu'ils recevront de leurs parties. Voyez *Avoués seront tenus*.

REMISE due de droit à *l'avoué* poursuivant la vente
d'immeuble saisi, ou aux *avoués* sur prix de vente par licitation, sur le prix de son adjudication. Voyez *Avoué
poursuivant*.

REMISE particulièrement allouée à *l'avoué* poursuivant la vente de biens immeubles saisis, pour vacation à
leur adjudication définitive, indépendamment de ses autres
émolumens sur la même poursuite. Voyez *Avoué poursuivant*.

CAUTION *d'étranger*.

RÉPONSE à la requête tendant à ce que l'étranger demandeur donne caution. Voyez *Requête*.

DÉFENSES.

RÉPONSES aux défenses en original ou grosses, dans
la forme de la requête servant de défense.

Il sera taxé par rôle, à l'*avoué* de première instance :

A Paris...................... 2 f. oo c.

Dans le ressort............... 1 5o c.

Art. 73 du Tarif, relatif à l'art. 77 du Code de Procéd.

Voyez *Requête. Impression.*

DISTRACTION *d'objets compris en saisie immobilière.*

RÉPONSE à requête en demande de distraction d'objets immobiliers saisis. Voyez *Requête.*

ENQUÊTE.

RÉPONSE à justification de reproches à témoins donnés par écrit. Voyez *Acte contenant justification.*

RÉPONSE à acte contenant offres de prouver les reproches non-justifiés par écrit contre témoins. Voyez *Acte contenant offres.*

INCIDENS.

RÉPONSE à moyens de demande incidente. Voyez *Acte servant de réponse.*

INSTRUCTION *par écrit.*

RÉPONSE à requête signifiée en instruction par écrit, avec état des pièces au soutien.

Il sera taxé à l'*avoué* de première instance,

par rôle :............................... 1 f. 5o c.

La copie comme pour la requête.

Art. 73 du Tarif, relatif à l'art. 97 du Code de Procéd.

Voyez *Requête en instruction par écrit*, art. 74 du Tarif.

RÉPONSE aux productions nouvelles, qui ne pourront excéder six rôles.

Il sera taxé à l'*avoué* de première instance,

par rôle :............................... 1 f. 5o c.

La copie comme pour requête.

Art. 73 du Tarif, relatif à l'art. 1o3 du Code de Procéd.

Voyez *Requête en instruction par écrit*, art. 74 du Tarif.

ORDRE.

RÉPONSE à requête de demande en subrogation de poursuite d'ordre par simple acte.

Il sera taxé pour cet acte :

A Paris . . . .   1 f. 00 c.
Dans le ressort.   0   75
Pour la copie, le quart :
    A Paris.   0   25
    Dans le ressort.   0   18
Art. 138 du Tarif, relatif à l'art. 779 du Code de Procéd.

NULLITÉS.

RÉPONSE à requêtes de nullité et autres incidentes. Voyez *Requêtes.*

NULLITÉS *de saisie immobilière.*

RÉPONSE à moyens (de nullité) proposés par la partie saisie, contre les procédures postérieures à l'adjudication d'immeuble saisi. Voyez *Requête.*

RÉPONSE à moyens de nullité contre la procédure antérieure à l'adjudication préparatoire (d'immeubles saisis). Voyez *Requête.*

SUBROGATION *à poursuite de saisie immobilière.*

RÉPONSE à demande de subrogation de poursuite de saisie immobilière. Voyez *Subrogation.*

REPRISE d'instance. Voyez *Acte de reprise d'instance.*

ADMINISTRATION *des biens d'un absent.*

REQUÊTE à l'effet de faire pourvoir à l'administration des biens d'une personne présumée absente ne peut se grossoyer.
    Elle se taxe à l'*avoué* de première instance :
    A Paris.   7 f. 50 c.
    Dans le ressort.   5   50
Art. 78 du Tarif, relatif à l'art. 859 du Code de Procéd.

AUTORISATION *de femme mariée.*

REQUÊTE de la femme à l'effet de citer son mari à la chambre du conseil pour déduire les causes de son refus de l'autoriser, ne peut être grossoyée.
    Elle se taxe à l'*avoué* de première instance :
    A Paris.   7 f. 50 c.
    Dans le ressort   5   50
Art. 78 du Tarif, relatif à l'art. 861 du Code de Procéd.

REQUÊTE de la femme en cas d'absence présumée ou déclarée du mari, ou en cas d'interdiction pour se faire autoriser, ne se grossoie pas.

Elle se taxe à l'*avoué* de première instance :

A Paris.... ....:.... 7 f. 50 c.
Dans le ressort............... 5   50

Art. 78 du Tarif, relatif aux art. 86 et 864 du Code de Proc.

AUTORISATION *à héritier sans attribution de qualité.*

REQUÊTE à fin d'être autorisé, sans attribution de qualité, à faire procéder à la vente d'effets mobiliers dépendans d'une succession, ne se grossoie pas.

Elle se taxe à l'*avoué* de première instance :

A Paris..'..........:........... 3 f. 00 c.
Dans le ressort............... 2   25

Art. 77 du Tarif, relatif à l'art. 986 du Code de Procéd.

REQUÊTE pour faire autoriser à la vente du mobilier d'une succession ne se grossoie pas.

Elle se taxe à l'*avoué* de première instance :

A Paris..................... 3 f. 00 c.
Dans le ressort............... 2   25

Art. 77 du Tarif, relatif à l'art. 946 du Code de Procéd.

AUTORISATION *à héritier bénéficiaire.*

REQUÊTE de l'héritier bénificiaire, à l'effet d'être autorisé à vendre les immeubles dépendans d'une succession bénécifiaire, ne peut se grossoyer.

Elle se taxe à l'*avoué* de première instance :

A Paris..................... 7 f. 50 c.
Dans le ressort............... 5   50

Art. 78 du Tarif, relatif à l'art. 987 du Code de Procéd.

CAS *urgens.*

REQUÊTE contenant demande pour abréger les délais dans les cas qui requièrent célérité, ne se grossoie pas.

Elle se taxe à l'*avoué* de première instance :

A Paris.... .... 3 f. 50 c.
Dans le ressort............... 2.   25

Art. 77 du Tarif, relatif à l'art. 72 du Code de Procéd.

CAUTION *d'étranger.*

REQUÊTE, grosse, tendant à ce que l'étranger demandeur soit tenu de fournir caution, qui ne pourra excéder deux rôles.

Et réponse à cette requête, qui ne pourra non plus excéder deux rôles.

Il sera taxé à l'*avoué* de première instance, pour chaque rôle :

  A Paris......................... 2 f. 00 c.
  Dans le ressort................ 1 50

Art. 75 du Tarif, relatif à l'art. 166 du Code de Procéd.

  Pour la copie, le quart :
  A Paris......................... 0 f. 50 c.
  Dans le ressort................ 0 37

COMPTE *rendu en justice.*

REQUÊTE au juge commis pour entendre un compte, à l'effet d'obtenir son ordonnance, fixant le jour, l'heure de la présentation, ne se grossoie pas.

Elle se taxe à l'*avoué* de première instance :

  A Paris......................... 2 f. 00 c.
  Dans le ressort................ 1 50

Art. 76 du Tarif, relatif à l'art. 354 du Code de Procéd.

COMPULSOIRE.

REQUÊTE à fin de se faire autoriser à compulser un acte, qui ne pourra excéder six rôles, et réponse.

Il sera taxé à l'*avoué* de première instance, par rôle :

  A Paris......................... 2 f. 00 c.
  Dans le ressort................ 1 50
  Pour la copie, le quart :
  A Paris......................... 0 50 c.
  Dans le ressort................ 0 37

Art. 75 du Tarif, relatif à l'art. 847 du Code de Procéd.

CURATEUR *à bénéfice d'inventaire.*

REQUÊTE pour faire nommer un curateur au bénéfice d'inventaire ne se grossoie pas.

Elle se taxe à l'*avoué* de première instance :

  A Paris......................... 3 f. 00 c.
  Dans le ressort................ 2 25

Art. 77 du Tarif, relatif à l'art. 996 du Code de Procéd.

CURATEUR *à succession vacante.*

REQUÊTE pour faire nommer un curateur à succession vacante ne se grossoie pas.

Elle se taxe à l'*avoué* de première instance :

  A Paris......................... 3 f. 00 c.
  Dans le ressort................ 2 25

Art. 77 du Tarif, relatif à l'art. 998 du Code de Procéd.

DÉCLINATOIRE.

REQUÊTE pour proposer un déclinatoire, qui ne pourra excéder six rôles ; et réponse à cette requête, qui ne pourra excéder non plus le nombre de rôles ci-dessus.

Il sera taxé à l'*avoué* de première instance, par chaque rôle :

A Paris..........................	2 f. 00 c.
Dans le ressort...................	1　50
Pour la copie, le quart :	
A Paris..........................	0　50
Dans le ressort...................	0　37

Art. 75 du Tarif, relatif à l'art. 168 du Code de Procéd.

DÉLAI *pour faire inventaire et délibérer.*

REQUÊTE pour demander délai pour délibérer et faire inventaire, qui ne pourra excéder six rôles ; et réponse qui ne pourra non plus excéder le même nombre de rôles.

Il sera taxé à l'*avoué* de première instance, par rôle :

A Paris..........................	2 f. 00 c.
Dans le ressort...................	1　50
Pour la copie, le quart :	
A Paris..........................	0　50
Dans le ressort...................	0　37

Art. 75 du Tarif, relatif à l'art. 174 du Code de Procéd.

DÉLIVRANCE *d'actes notariés.*

REQUÊTE à fin de permission de se faire délivrer expédition ou copie d'un acte parfait, non enregistré, ou même resté imparfait, ou pour se faire délivrer une seconde grosse, ne peut être grossoyée.

Elle se taxe à l'*avoué* de première instance :

A Paris..........................	7 f. 50 c.
Dans le ressort...................	5　50

Art. 78 du Tarif, relatif aux art. 839, 841, 844 et 854 du Code de Procéd.

DÉFENSE *à demandes.*

REQUÊTE servant de défense aux demandes. Il sera taxé à l'*avoué* de première instance, pour l'original ou grosse, par rôle, contenant vingt-cinq lignes à la page, et douze syllabes à la ligne :

A Paris..........................	2 f. 00 c.
Dans le ressort...................	1　50
Pour la copie, le quart :	

A Paris...................... o f. 5o c.
Dans le ressort.............. o 37
Art. 72 et 75 du Tarif, relatif à l'art. 77 du Code de Proc.
Voyez *Copies*, *Réponses*, *Impressions*.

DÉSAVEU.

REQUÊTE servant de moyen contre désaveu;
Et réponse.
Il sera taxé à l'*avoué* de première instance, par rôle:
A Paris.................... 2 f. oo c.
Dans le ressort............. 1 5o
Pour la copie, le quart:
A Paris.................... o . 5o
Dans le ressort............. o 37
Art. 75 du Tarif, relatif à l'art. 354 du Code de Procéd.

DESCENTE *sur les lieux*.

REQUÊTE au juge commis pour faire une descente
sur les lieux, à l'effet d'obtenir son ordonnance portant
l'indication des jour, lieu et heure, ne se grossoie pas.
Elle se taxe à l'*avoué* de première instance:
A Paris.................... 2 f. oo c.
Dans le ressort............. 1 5o
Art. 76 du Tarif, relatif à l'art. 297 du Code de Procéd.

DÉSISTEMENT.

REQUÊTE en cas de désistement de la demande,
pour obtenir l'ordonnance du président, afin de rendre
la taxe de frais exécutoire, ne se grossoie pas.
Elle se taxe à l'*avoué* de première instance:
A Paris .... 2 f. oo c.
Dans le ressort............. 1 5o
Art. 76 du Tarif, relatif à l'art. 4o3 du Code de Procéd.

DISTRACTION *d'objets compris en saisie immobilière.*

REQUÊTE d'avoué à avoué, contenant demande en
distraction (d'objets immobiliers saisis).
Il sera taxé à l'*avoué*, par chaque rôle:
A Paris.................... 2 f. oo c.
Dans le ressort............. 1 5o
Pour la copie, le quart:
A Paris.................... o 5o
Dans le ressort............. o 37
Requête en réponse pour chaque rôle:

A Paris...................... 2 f. oo c.
Dans le ressort .... 1　5o
Pour la copie, le quart comme dessus.
Art. 122 du Tarif, relatif à l'art. 727 du Code de Procéd.

REQUÊTE d'avoué à avoué contenant demande en décharge d'adjudication préparatoire, de la part de l'adjudicataire, en cas de demande en distraction de tout ou partie de l'objet saisi immobilièrement, laquelle ne pourra excéder trois rôles.

Il sera taxé à l'*avoué*, par chaque rôle :

A Paris...................... 2 f. oo c.
Dans le ressort.............. 1　5o
Pour la copie, le quart :
A Paris...................... o.　5o
Dans le ressort.............. o　37
Pour la réponse :
A-Paris...................... 2　oo
Dans le ressort.............. 1　5o
Pour la copie, le quart comme dessus.
Art. 123 du Tarif, relatif à l'art. 729 du Code de Procéd.

DIVORCE.

REQUÊTE de l'époux qui se pourvoit en divorce pour cause déterminée, contenant le détail des faits, ne peut être grossoyée.

Elle se taxe à l'*avoué* de première instance :
A Paris...................... 15 f. oo c.
Dans le ressort. .... 12　oo
Art. 79 du Tarif, relatif à l'art. 236 du Code de Procéd.

ENQUÊTE.

REQUÊTE au juge commis pour procéder à une enquête, à l'effet d'obtenir son ordonnance, indiquant le jour et l'heure pour lesquels les témoins seront assignés, ne se grossoie pas.

Elle se taxe à l'*avoué* de première instance :
A Paris...................... 2 f. oo c.
Dans le ressort .... 1　5o
Art. 76 du Tarif, relatif à l'art. 259 du Code de Procéd.

REQUÊTE de conclusions motivées, contenant demande en entérinement du rapport des experts en partage et licitation.

Et réponse.

Il sera taxé à l'*avoué* de première instance, par rôle :

    A Paris...................... 2 f. oo c.

    Dans le ressort 1   5o

  Pour la copie , le quart :

    A Paris.................. o   5o

    Dans le ressort............. o   37

Art. 75 du Tarif, relatif à l'art. 972 du Code de Procéd.

ENVOI en possession d'un legs.

REQUÊTE pour demander l'envoi en possession du legs universel ne se grossoie pas.

Elle se taxe à l'*avoué* de première instance :

    A Paris .... 7 f. 5o c.

    Dans le ressort............ 5   5o

Art. 78 du Tarif, relatif à l'art. 1008 du Code Civil.

ENVOI en possession des biens d'un absent.

REQUÊTE à fin d'envoi en possession provisoire des biens d'un absent ne peut être grossoyée.

Elle se taxe à l'*avoué* de première instance :

    A Paris..................... 7 f. 5o c.

    Dans le ressort............... 5   5o

Art. 78 du Tarif, relatif à l'art. 860 du Code de Procéd.

REQUÊTE pour avoir permission de faire enquête pour constater l'absence , ne peut être grossoyée.

Elle se taxe à l'*avoué* de première instance :

    A Paris.................. 7 f. 5o c.

    Dans le ressort.............. 2   5o

Art. 78 du Tarif, relatif à l'art. 113 du Code Civil.

FAUX incident.

REQUÊTE au juge-commissaire en inscription de faux incident pour faire ordonner l'apport de la minute de la pièce arguée par le dépositaire, ne se grossoie pas.

Elle sera taxée à l'*avoué* de première instance :

    A Paris................... 2 f. oo c.

    Dans le ressort 1   5o

Art. 76 du Tarif, relatif à l'art. 221 du Code de Procéd.

REQUÊTE contenant les moyens de faux ;

Et requête en réponse à moyens de faux ;

Il sera taxé à l'*avoué* de première instance , par rôle :

    A Paris.................... 2 f. oo c.

    Dans le ressort............... 1   5o

Pour la copie, le quart :

     A Paris...................... o f. 5o c.

     Dans le ressort.............. o 37

Art. 75 du Tarif relat. aux art. 229 et 23o du Code de Proc.

GARANTIE.

REQUÊTE pour soutenir qu'il n'y a lieu d'appeler garant, qui ne pourra excéder six rôles;

Et réponse, qui ne pourra excéder le même nombre de rôles.

Il sera taxé à l'*avoué* de première instance, par rôle :

     A Paris...................... 2 f. oo c.

     Dans le ressort.............. 1 5o

    Pour la copie, le quart :

     A Paris .... o 5o

     Dans le ressort.............. o 37

Art. 75 du Tarif, relatif à l'art. 18o du Code de Procéd.

HOMOLOGATION *d'avis de parens.*

REQUÊTE à fin d'homologation d'un avis du conseil de famille, pour aliéner les immeubles des mineurs, ou pour être autorisé à vendre au-dessous de l'estimation, ne se grossoie pas.

Elle se taxe à l'*avoué* de première instance :

     A Paris. .... 7 f. 5o c.

     Dans le ressort.............. 5 5o

Art. 78 du Tarif, rélatif aux art. 955 et 964 du Code de Procéd.

REQUÊTE à fin d'homologation d'un conseil de famille ne se grossoie pas.

Elle se taxe à l'*avoué* de première instance :

     A Paris.................... 7 f. 5o c.

     Dans le ressort............. 5 5o

Art. 78 du Tarif, relatif à l'art. 885 du Code de Procéd.

HOMOLOGATION *d'acte de notoriété.*

REQUÊTE pour demander l'homologation d'un acte de notoriété délivré par le juge de paix, sur la déposition de sept témoins, pour suppléer à un acte de naissance, ne se grossoie pas.

Elle se taxe à l'*avoué* de première instance :

     A Paris...................... 7 f. 5o c.

     Dans le ressort 5 5o

Art. 78 du Tarif, relatif aux art. 7o et 71 du Code de Procéd.

HUISSIER *commis pour signifier jugement.*

REQUÊTE pour faire commettre un huissier à l'effet de signifier le jugement portant contrainte par corps ne se grossoie pas.

Elle se taxe à l'*avoué* de première instance.

A Paris .... 2 f. oo c.
Dans le ressort............. 1 5o

Art. 76 du Tarif, relatif à l'art. 78o du Code de Procéd.

REQUÊTE pour faire commettre un huissier à l'effet de signifier un jugement par défaut contre partie, ne se grossoie pas.

Elle sera taxée à l'*avoué* de première instance :

A Paris .... 2 f. oo c.
Dans le ressort............. 1 5o

Art. 76 du Tarif, relatif à l'art. 156 du Code de Procéd.

INSTRUCTION *par écrit.*

REQUÊTES en instruction par écrit, terminées par l'état des pièces. Il sera taxé à l'*avoué* de première instance, par rôle de grosse, contenant vingt-cinq lignes à la page et douze syllabes à la ligne :

A Paris.................... 2 f. oo c.
Dans le ressort............. 1 5o

Pour copie comme pour celle des requêtes servant de défenses.

Art. 73 du Tarif, relatif à l'art. 96 du Code de Procéd.

Dans les instructions par écrit, les grosses et les copies de *toutes les requêtes* porteront la déclaration du nombre de rôles dont elles sont composées, à peine du rejet de la taxe.

Art. 74 du Tarif, relatif à l'art. 1o4 du Code de Procéd.

Voyez *Impression de requêtes.*

INTERDICTION.

REQUÊTE contenant demande à fin d'interdiction, le détail des faits et l'indication des témoins, ne peut être grossoyée.

Elle se taxe à l'*avoué* de première instance :

A Paris.................... 15 f. oo c.
Dans le ressort .... 12 oo

Art. 79 du Tarif, relatif à l'art. 89o du Code de Procéd.

INTERROGATOIRE *sur faits et articles.*

REQUÊTE pour avoir permission de faire interroger sur faits et articles contenant les faits, ne peut être grossoyée.

Elle se taxe à l'*avoué* de première instance :

A Paris . . . . 15 f. 00 c.
Dans le ressort 12   00

Cette requête ne sera point signifiée, ni la partie appelée, avant le jugement qui admettra ou rejetera la demande à fin de faire interroger ; elle ne sera notifiée qu'avec le jugement et l'ordonnance du juge commis pour faire subir interrogatoire.

Art. 79 du Tarif, relatif à l'art. 325 du Code de Procéd.

INTERVENTION.

REQUÊTE d'intervention, et réponse à intervention ; il sera taxé à l'*avoué* de première instance, par rôle :

A Paris . . . . 2 f. 00 c.
Dans le ressort 1   50
Pour la copie, le quart :
A Paris 0   50
Dans le ressort 0   37

Art. 75 du Tarif, relatif à l'art. 339 du Code de Procéd.

LIBERTÉ *d'emprisonné.*

REQUÊTE pour demander la liberté d'un détenu pour dettes, faute de consignation d'alimens, ne se grossoie pas. Elle se taxe à l'*avoué* de première instance :

A Paris . . . . 3 f. 00 c.
Dans le ressort 2   25

Art. 77 du Tarif, relatif à l'art. 803 du Code de Procéd.

REQUÊTE pour demander la liberté d'un débiteur détenu pour dettes, dans tous les cas prévus par l'art. 800 du Code de Procéd., ne se grossoie pas.
Elle se taxe à l'*avoué* de première instance :

A Paris . . . . 3 f. 00 c.
Dans le ressort 2   25

Art. 77 du Tarif, relatif à l'art. 800 du Code de Procéd.

REQUÊTE pour assigner le geolier qui refuse de recevoir la consignation de la dette ne se grossoie pas.
Elle se taxe à l'*avoué* de première instance :

A Paris . . . . 3 f. 00 c.
Dans le ressort 2   25

Art. 77 du Tarif, relatif à l'art. 802 du Code de Procéd.

NOMINATION *de rapporteur.*

REQUÊTE pour faire nommer un autre rapporteur en instruction, par écrit ou sur délibéré, ne se grossoie pas.

Elle se taxe à l'*avoué* de première instance :

A Paris...................... 2 f. oo c.

Dans le ressort................ 1 5o

Art. 76 du Tarif, relatif à l'art. 110 du Code de Procéd.

NOMINATION *de tiers-arbitre.*

REQUÊTE à l'effet de faire nommer un tiers-arbitre ne se grossoie pas.

Elle se taxe à l'*avoué* de première instance :

A Paris...................... 3 f. oo c.

Dans le ressort................ 2 25

Art. 77 du Tarif, relatif à l'art. 1017 du Code de Procéd.

NOTIFICATION *de nouveau propriétaire à créanciers inscrits.*

REQUÊTE à fin de faire commettre un huissier pour notifier le titre du nouveau propriétaire aux créanciers inscrits.

Et à fin de faire commettre un huissier, à l'effet de notifier la réquisition de la surenchère, ne se grossoie pas.

Elle se taxe à l'*avoué* de première instance :

A Paris...................... 2 f. oo c.

Dans le ressort................ 1 5o

Art. 76 du Tarif, relatif à l'art. 832 du Code de Procéd.

NULLITÉ *de demande ou de jugement.*

REQUÊTE en nullité de demande ou de jugement, qui ne pourra excéder six rôles.

Et réponse à cette requête, qui ne pourra avoir que ce nombre de rôles;

Il y sera taxé à l'*avoué* de première instance, par rôle :

A Paris...................... 2 f. oo c.

Dans le ressort................ 1 5o

Pour la copie, le quart :

A Paris...................... o f. 5o c.

Dans le ressort................ o 37

Art. 75 du Tarif, relatif à l'art. 173 du Code de Procéd.

NULLITÉ *de poursuite de saisie immobilière.*

REQUÊTE d'avoué à avoué de la part de la partie saisie, contenant moyens de nullité contre la procédure antérieure à l'adjudication préparatoire (d'immeubles saisis).

Il sera taxé à l'*avoué*, par chaque rôle :

A Paris...................... 2 f. oo c.

Dans le ressort................ 1 5o

Pour la copie , le quart :
  A Paris.......................... o f. 5o c.
  Dans le ressort................. o 37
Pour la réponse :
  A Paris........................ 2 f. oo c.
  Dans le ressort.......... .... 1 5o

Pour la copie, le quart , comme dessus.
Art. 124 du Tarif, relatif à l'art. 733 du Code de Procéd.

REQUÊTE d'avoué à avoué de la part de la partie saisie , contenant ses moyens (de nullité) contre les procédures postérieures à l'adjudication préparatoire de biens immeubles saisis.
 Il sera taxé à l'*avoué*, par chaque rôle :
  A Paris.......................... 2 f. oo c.
  Dans le ressort................. 1 5o
 Pour la copie, le quart :
  A Paris....................... o 5o
  Dans le ressort................ o 37
 Pour la requête en réponse :
  A Paris....................... 2 oo
  Dans le ressort................ 1 5o
 Pour la copie , le quart comme dessus.
Art. 125 du Tarif, relatif à l'art. 735 du Code de Procéd.

   NULLITÉ *ou validité d'offres réelles.*
REQUÊTE pour demander incidemment la validité ou la nullité d'offres réelles ; et réponse.
 Il sera taxé à l'*avoué* de première instance , par rôle :
  A Paris........................ 2 f. oo c.
  Dans le ressort................ 1 5o
 Pour la copie , le quart :
  A Paris....................... o . 5o
  Dans le ressort................ o 37
Art. 75 du Tarif, relatif à l'art. 815 du Code de Procéd.

   NULLITÉ *d'emprisonnement.*
REQUÊTE à l'effet de demander la nullité de l'emprisonnement d'un débiteur détenu pour dettes ne se grossoie pas.
 Elle se taxe à l'*avoué* de première instance :
  A Paris....................... 3 f. oo c.
  Dans le ressort............... 2 25
Art. 77 du Tarif, relatif à l'art. 795 du Code de Procéd.

OPPOSITION à jugement par défaut.

REQUÊTE, grosse d'opposition à jugement par défaut, contenant les moyens, par chaque role.

Il sera taxé à l'*avoué* de première instance :

    A Paris... .... 2 f. oo c.

    Dans le ressort................. 1 5o

  Pour la copie, le quart :

    A Paris................... o 5o

    Dans le ressort............: o 37

Si les moyens ont été fournis avant le jugement par
défaut, la requête d'opposition ne sera passée (en taxe)
que pour un rôle.

Art. 75 du Tarif, relatif à l'art. 161 du Code de
Procéd.

ORDRE.

REQUÊTE au juge-commissaire, à l'effet d'obtenir son
ordonnance pour sommer les opposans de produire un
procès verbal de distribution par contribution, et la partie
saisie de prendre communication des pièces produites, et
de contredire, s'il y échet, et vacation pour le tout.

Il sera taxé à l'*avoué* de première instance :

    A Paris................... 3 f. oo c.

    Dans le ressort............. 2 25

Art. 96 du Tarif, relatif à l'art. 659 du Code de Procéd.

REQUÊTE au juge-commissaire à ordre, à l'effet
d'obtenir son ordonnance, portant que les créanciers inscrits seront tenus de produire, et vacation pour se faire
délivrer ladite ordonnance ; le tout ensemble.

Il sera taxé à l'*avoué* :

    A Paris................... 3 f. oo c.

    Dans le ressort............. 2 25

Art. 131 du Tarif, relatif à l'art. 752 du Code de Procéd.

REQUÊTE pour demander la subrogation à la poursuite d'ordre, ne sera point grossoyée.

Elle sera taxée à l'*avoué* :

    A Paris................... 3 f. oo c.

    Dans le ressort............. 2 5o

Art. 138 du Tarif, relatif à l'art. 779 du Code de Procéd.

Pour vacation pour la faire insérer au procès verbal
du commissaire.

Il sera taxé :

A Paris.................... 1 f. 5o c.
Dans le ressort............. 1 25
Art. *id.* du Tarif. Voyez *Signification de cette requête.*

PARTAGE *et licitation.*

REQUÊTE au juge-commissaire en partage et licita-
tion, à l'effet d'obtenir son ordonnance pour citer les
parties à comparaître par-devant lui, ne se grossoie
pas.
Elle se taxe à l'*avoué* de première instance :
A Paris.................... 2 f. oo c.
Dans le ressort............. 1 5o
Art. 76 du Tarif, relatif à l'art. 976 du Code de Procéd.

PÉREMPTION.

REQUÊTE en péremption d'instance, qui ne pourra
excéder six roles; et réponse.
Il sera taxé à l'*avoué* de première instance, par rôle :
A Paris.................... 2 f. oo c.
Dans le ressort............. 1 5o
Pour la copie, le quart :
A Paris.................... o 5o
Dans le ressort............. o 37
Art. 75 du Tarif, relatif à l'art. 4oo du Code de Procéd.

PERMISSION *d'apposer les scellés.*

REQUÊTE du créancier pour obtenir la permission de
faire apposer un scellé ne peut être grossoyée.
Elle se taxe à l'*avoué* de première instance :
A Paris.................... 7 f. 5o c.
Dans le ressort............. 5 5o
Art 78 du Tarif, relatif à l'art. 909 du Code de Procéd.

PERMISSION *de vente de meubles.*

REQUÊTE à fin de permission de vendre les meubles
saisis-exécutés, dans un lieu plus avantageux que celui
indiqué par la loi, ne se grossoie pas.
Elle se taxe à l'*avoué* de première instance :
A Paris.................... 2 f. oo c.
Dans le ressort............. 1 5o
Art. 76 du Tarif, relatif à l'art. 617 du Code de Procéd.

REQUÊTE contenant défense du juge pris à partie;
Et réponse.
Il sera taxé à l'*avoué* de première instance, par rôle :

A Paris..................... 2 f. oo c.
Dans le ressort............. 1   5o
Pour la copie, le quart :
A Paris.................... o   5o
Dans le ressort............. o   37
Art. 75 du Tarif, relatif à l'art. 514 du Code de Procéd.

PRISE *à partie des juges.*
REQUÊTES en prise à partie seront taxées aux *avoués* de la cour d'appel de Paris................... 15 f. oo c.
Art. 15o du Tarif.

RECTIFICATION *d'acte de l'état civil.*
REQUÊTE de pourvoi en cour d'appel contre un jugement qui a statué sur une demande en rectification d'un acte de l'état civil, quand il n'y aura pas d'autre partie que le demandeur, sera taxée :
A Paris.................... 15 f. oo c.
Art. 15o du Tarif.

RÉFÉRÉ, *cas urgent.*
REQUÊTE à fin d'assigner extraordinairement en référé, si le cas requiert célérité, ne se grossoie pas.
Elle se taxe à l'*avoué* de première instance :
A Paris.................... 2 f. oo c.
Dans le ressort............. 1   5o
Art. 76 du Tarif, relatif à l'art. 8o8 du Code de Procéd.

RÉFORMATION *d'acte de l'état civil.*
REQUÊTE à fin de réformation d'un acte de l'état civil ne peut être grossoyée.
Elle se taxe à l'*avoué* de première instance :
A Paris.................... 7 f. 5o c.
Dans le ressort............. 2   25
Art. 78 du Tarif, relatif à l'art. 855 du Code de Procéd.

RÉGLEMENT *de juges.*
REQUÊTE à fin de permission d'assigner en réglement de juges ne peut être grossoyée.
Elle se taxe à l'*avoué* de première instance :
A Paris.................... 7 f. 5o c.
Dans le ressort............. 5   5o
Art. 78 du Tarif, relatif à l'art. 364 du Code de Procéd.

REMISE *de pièces communiquées.*

REQUÊTE pour faire contraindre un avoué à remettre les pièces qu'il a prises en communication ne se grossoie pas.

Il sera taxé à l'*avoué* de première instance :

 A Paris. . . . . 2 f. oo c.
 Dans le ressort. 1   5o

Art. 76 du Tarif, relatif à l'art. 191 du Code de Procéd.

REQUÊTE d'opposition à ordonnance portant contrainte de remettre des pièces, qui ne pourra excéder deux rôles ; et réponse. *Idem.*

Il sera taxé à l'*avoué* de première instance, par rôle :

 A Paris. . . . . 2 f. oo c.
 Dans le ressort. 1   5o
  Pour la copie le quart :
 A Paris. . . . . o   5o
 Dans le ressort. . . . . o   37

Art. 75 du Tarif, relatif à l'art. 192 du Code de Procéd.

RÉUNION *de poursuites sur saisie immobilière.*

REQUÊTE d'avoué à avoué, contenant demande à fin de réunion de poursuite de saisie immobilière de biens différens, portées devant le même tribunal.

Il sera taxé à l'*avoué*, par chaque rôle :

 A Paris. . . . . 2 f. oo c.
 Dans le ressort. 1   5o
  Pour la copie, le quart :
 A Paris. . . . . o   5o
 Dans le ressort. . . . . o   37
Pour la requête en défense à cette même demande :
 A Paris. 2   oo
 Dans le ressort. 1   5o
  Pour la copie, le quart :
 A Paris. . . . . o   5o
 Dans le ressort. . . . . o   37

Art. 117 du Tarif, relatif à l'art. 719 du Code de Procéd.

REQUÊTE en défense à demande de réunion, de poursuite des deux différentes saisies immobilières. Voyez *Requête contenant demande à fin de réunion.*

RENVOI *d'un tribunal à un autre.*

REQUÊTE contre la demande à fin de renvoi d'un tribunal à un autre pour cause de parenté ou alliance ; et réponse.

Il sera taxé à l'*avoué* de première instance :

A Paris.... .... 2 f. oo c.

Dans le ressort............ 1 50

Pour la copie, le quart.

A Paris.................... o 50

Dans le ressort............ o 37

Art. 75 du Tarif, relatif à l'art. 373 du Code de Procéd.

REPRÉSENTATION *d'absens à opérations de succession.*
REQUÊTE pour faire commettre un notaire, à l'effet de représenter des absens présumés, dans les inventaires, comptes, partages et liquidations, dans lesquels ils sont intéressés, ne se grossoie pas.

Elle se taxe à l'*avoué* de première instance :

A Paris.................... 3 f. oo c.

Dans le ressort............ 2 25

Art. 77 du Tarif, relatif à l'art. 113 du Code Civil et aux art. 928 et 931 du Code de Procéd.

REPRISE *d'instance.*
REQUÊTE contenant contestation sur la demande en reprise d'instance, qui ne pourra excéder six rôles.

Il sera taxé à l'*avoué* de première instance, par rôle :

A Paris.................... 2 f. oo c.

Dans le ressort............ 1 50

Pour la copie, le quart :

A Paris.................... o 50

Dans le ressort............ o 37

Art. 75 du Tarif, relatif à l'art. 348 du Code de Procéd.

REQUÊTE civile principale ne peut être grossoyée. Elle se taxe à l'*avoué* de première instance :

A Paris.................... 7 f. 50 c.

Dans le ressort............ 5 50

Art. 78 du Tarif, relatif aux art. 483 et 492 du Code de Proc.

REQUÊTE civile incidente; et réponse.
Il sera taxé à l'*avoué* de première instance, par rôle :

A Paris.................... 2 f. oo c.

Dans le ressort............ 1 50

Pour la copie, le quart :

A Paris.................... o 50

Dans le ressort............ o 37

Art. 75 du Tarif, relatif à l'art. 493 du Code de Procéd.

REVENDICATION.

REQUÊTE pour demander la permission de saisir, revendiquer, contenant la désignation des effets, ne se grossoie pas.

Elle se taxe à l'*avoué* de première instance :

A Paris...................... 3 f. oo c.

Dans le ressort............. 2 25

Art. 77 du Tarif, relatif aux art. 826 et 827 duCode deProc.

SAISIE-*arrêt.*

REQUÊTE à fin d'avoir permission de saisir et arrêter la portion que le juge déterminera dans des sommes ou pensions données ou léguées pour aliment, et ce pour créances postérieures aux dons et legs, ne se grossoie pas.

Elle se taxe à l'*avoué* de première instance :

A Paris..................... 3 f. oo c.

Dans le ressort............. 2 25

Art. 77 du Tarif, relatif à l'art. 582 du Code de Procéd.

REQUÊTE pour obtenir permission de saisir et arrêter entre les mains d'un tiers ce qu'il doit au débiteur, quand il n'y a pas de titre, ne se grossoie pas.

Elle se taxe à l'*avoué* de première instance :

A Paris.................... 3 f. oo c.

Dans le ressort............. 2 25

Art. 77 du Tarif, relatif à l'art. 558 du Code de Procéd.

Requête du tiers-saisi. Voyez *Grosse.*

SAISIE-*arrêt sur débiteur forain.*

REQUÊTE à fin de saisir les effets de son débiteur forain trouvés en la commune qu'habite le créancier, ne se grossoie pas.

Elle se taxe à l'*avoué* de première instance.

A Paris...................... 2 f. oo c.

Dans le ressort 1 5o

Art. 76 du Tarif, relatif à l'art. 82 du Code de Procéd.

SAISIE *gagerie.*

REQUÊTE à fin de saisir et gager à l'instant les meubles et effets garnissant les maisons et fermes, ne se grossoie pas.

Elle se taxe à l'*avoué* de première instance :

A Paris..................... 2 f. oo c.

Dans le ressort............. 1 5o

Art. 76 du Tarif, relatif à l'art. 819 du Codede Procéd.

SAUF-CONDUIT *de débiteur sujet à contrainte par corps.*

REQUÊTE à l'effet d'obtenir pour le témoin assigné un sauf-conduit, qui ne pourra être accordé que sur les conclusions du ministère public, et qui réglera sa durée, ne se grossoie pas.

Elle se taxe à l'*avoué* de première instance.:

A Paris....................	3 f. oo c.
Dans le ressort.............	2 25

Art. 77 du Tarif, relatif à l'art. 783 du Code Civil.

SÉPARATION *de corps.*

REQUÊTE de l'époux qui se pourvoit en séparation de corps, contenant sommairement les faits, ne peut être grossoyée.

Elle se taxe à l'*avoué* de première instance :

A Paris....................	15 f. oo c.
Dans le ressort.............	12 oo

Art. 79 du Tarif, relatif à l'art. 875 du Code de Procéd.

SÉPARATION *de biens.*

REQUÊTE de la femme qui se pourvoit en séparation de biens, ne se grossoie pas.

Elle se taxe à l'*avoué* de première instance :

A Paris....................	7 f. 5o c.
Dans le ressort.............	5 5o

Art. 78 du Tarif, relatif à l'art. 865 du Code de Procéd.

REQUÊTE d'intervention des créanciers du mari dans les demandes en séparation de biens;

Et réponse.

Il sera taxé à l'*avoué* de première instance, par rôle :

A Paris....................	2 f. oo c.
Dans le ressort.............	1 5o

Pour la copie, le quart.

A Paris....................	o 5o
Dans le ressort.............	o 37

Art. 75 du Tarif, relatif à l'art. 871 du Code de Procéd.

SERMENT *d'experts.*

REQUÊTE au juge commissaire pour demander son ordonnance, à l'effet de faire prêter serment aux experts convenus ou nommés d'office, ne se grossoie pas.

Elle se taxe à l'*avoué* de première instance :

A Paris....................	2 f. oo c
Dans le ressort.............	1 5o

Art. 76 du Tarif, relatif à l'art. 3o7 du Code de Procéd.

TIERCE-*opposition.*

RÉQUÊTE de tierce-opposition ;
Et réponse.
Il sera taxé à l'*avoué* de première instance, par rôle :

    A Paris...................... 2 f. oo c.
    Dans le ressort............. 1   5o
  Pour la copie, le quart.
    A Paris.................... o   5o
    Dans le ressort............. o   37

Art. 75 du Tarif, relatif à l'art. 475 du Code de Procéd.

TRANSACTION *pour mineur.*

RÉQUÊTE au procureur impérial pour faire désigner
trois jurisconsultes, sans l'avis desquels le tuteur du mineur ne pourra transiger, ne se grossoie pas.
  Elle se taxe à l'*avoué* de première instance :

    A Paris. ,..., ... , 2 f. oo c.
    Dans le ressort............... 1   5o

Art, 76 du Tarif, relatif à l'art, 467 du Code Civ.

VENTE *devant notaire d'un immeuble saisi.*

RÉQUÊTE non grossoyée et non signifiée, sur le consentement de toutes les parties intéressées pour demander,
après saisie immobilière, que l'immeuble soit vendu aux
enchères par-devant notaires.
  Il sera taxé à l'*avoué* :

    A Paris.................... 6 f. oo c,
    Dans le ressort............... 4 · 5o

Art. 127 du Tarif, relatif à l'art. 747 du Code de Procéd,

VÉRIFICATION *d'écriture.*

RÉQUÊTE à fin d'obtenir l'ordonnance du commissaire en vérification d'écriture, pour sommer les experts
de prêter serment, et les dépositaires de représenter les
pièces de comparaison, ne se grossoie pas.
  Il sera taxé à l'*avoué* de première instance :

    A Paris..................... 2 f. oo c.
    Dans le ressort............... 1   5o

Art. 76 du Tarif, relatif à l'art. 204 du Code de Procéd.

RÉQUÊTE pour obtenir ordonnance du juge-commissaire à vérification d'écriture, pour sommer la partie adverse de comparaître, à jour et heure certains, pour convenir de pièces de comparaison, ne se grossoie pas.
  Il sera taxé à l'*avoué* de première instance :

A Paris...................... 2 f. 00 c.
Dans le ressort.............. 1   50
Art. 76 du Tarif, relatif à l'art. 199 du Code de Procéd.

RÉQUISITION aux tribunaux de juger, faite à la personne du greffier. Il sera taxé à l'*huissier*, pour l'original :
A Paris...................... 2 f. 00 c.
Partout ailleurs............. 1 f. 50 c.
Art. 29 du Tarif, relatif à l'art. 507 du Code de Procédure Civile.
Pour la copie, il sera taxé le quart :
A Paris...................... 0 f. 50 c.
Partout ailleurs............. 0   37
Art. *idem* du Tarif.

CERTIFICAT *de non opposition à jugement par défaut.*

RÉQUISITION du certificat du greffier, qu'il n'existe contre un jugement qui prononce une main-levée, la radiation d'une inscription hypothécaire, ou un paiement, ou autre chose à faire par un tiers ou contre lui, aucune opposition ni appel.
Il sera taxé à l'*avoué* de première instance, pour sa vacation :
A Paris. .... 1 f. 50 c.
Dans le ressort.............. 1   15
Art. 90 du Tarif, relatif à l'art. 548 du Code de Procéd.

CERTIFICAT *d'inscriptions.*

RÉQUISITION faite par avoué poursuivant ordre, au conservateur des hypothèques, de lui délivrer l'extrait des inscriptions prises sur un bien saisi, et rendu en justice.
Il sera taxé à cet *avoué*, pour sa vacation :
A Paris...................... 3 f. 00 c.
Dans le ressort.............. 2   25
Art. 131 du Tarif, relatif à l'art. 752 du Code de Procéd.

CHARGE *d'adjudication non légalisée.*

RÉQUISITION de certificat du greffier, constatant que l'adjudicataire d'immeuble saisi et vendu en justice n'a point justifié de l'acquit des conditions exigibles de l'adjudication.
Il sera taxé à l'*avoué* :
A Paris...................... 3 f. 00 c.
Dans le ressort.............. 2   25
Art. 126 du Tarif, relatif à l'art. 738 du Code de Procéd.

COMPTE *en justice.*

RÉQUISITION du juge commis à l'audition d'un compte, de l'exécutoire contre le comptable, de l'excédant de la recette sur la dépense dans les comptes présentés.

Il sera taxé à l'*avoué* de première instance, pour sa vacation :

A Paris...................... 6 f. 06 c.
Dans le ressort........e....... 4　　50

Art. 92 du Tarif, relatif à l'art. 535 du Code de Procéd.

DISTRIBUTION *par contribution.*

RÉQUISITION sur le registre tenu au greffe de la nomination d'un juge-commissaire, devant lequel il sera procédé à une contribution.

Il sera taxé à l'*avoué* de première instance, pour sa vacation :

A Paris...................... 5 f. 00 c.
Dans le ressort............... 3　　75

S'il se présente deux ou plusieurs requérans en même temps au greffe, ils se retireront devant le président du tribunal, qui décidera sur-le-champ celui dont la réquisition sera reçue. Il n'y aura ni appel ni opposition contre la décision ; il n'en sera point dressé procès verbal, et il ne sera alloué aucune vacation aux *avoués* pour s'être transportés devant le président.

Art. 95 du Tarif, relatif à l'art. 658 du Code de Procéd.

ENQUÊTE.

RÉQUISITION d'ordonnance du juge commis, à l'effet de procéder à une enquête et de signer le procès verbal d'ouverture.

Il sera taxé à l'*avoué* de première instance, pour sa vacation :

A Paris...................... 3 f. 00 c.
Dans le ressort............... 2　　25

Art. 91 du Tarif, relatif à l'art. 259 du Code de Procéd.

FAUX.

RÉQUISITION d'ordonnance du juge-commissaire, à l'effet de faire apporter au greffe la pièce arguée de faux dont il y a minute.

Il sera taxé à l'*avoué* de première instance, pour sa vacation :

A Paris...................... 6 f. oo c.

Dans le ressort................ 4 5o

Art. 92 du Tarif, relatif à l'art. 221 du Code de Procéd.

RÉQUISITION au greffe de remettre les pièces au rapporteur, après que toutes les parties ont produit par écrit, ou après l'expiration des délais.

Il sera taxé à l'*avoué* de première instance, pour sa vacation :

A Paris........................ 1 f. 5o c.

Dans le ressort................ 1 15

Art. 90 du Tarif, relatif à l'art. 109 du Code de Procéd.

ORDRE.

RÉQUISITION au greffe sur le registre tenu à cet effet, de nomination par le président du tribunal d'un juge-commissaire devant lequel il sera procédé à l'ordre.

Il sera taxé à l'*avoué*, pour sa vacation :

A Paris .... 6 f. oo c.

Dans le ressort 4 5o

Si deux ou plusieurs avoués se présentent en même temps au greffe pour faire la même réquisition, ils se retireront sur-le-champ, sans sommation, devant le président du tribunal, qui décidera quelle est la réquisition qui doit être admise, sans dresser aucun procès verbal ; il ne sera reçu ni appel ni opposition contre la décision du président ; il ne sera alloué aucune vacation aux avoués.

Art. 13o du Tarif, relatif à l'art. 75o du Code de Procéd.

RÉQUISITION de délivrance du mandement au créancier utilement colloqué (à procès verbal de distribution par contribution), et assistance de l'avoué à l'affirmation de la créance devant le greffier, lors de laquelle l'avoué signera le procès verbal.

Il sera alloué à l'*avoué* de première instance, pour sa vacation :

A Paris....................... 2 f. oo c.

Dans le ressort............... 1 5o

Art. 101 du Tarif, relatif aux art. 665 et 671 du Code de Procéd.

Nota. Les mandemens collectivement contiendront la totalité du procès verbal du juge-commissaire ; si on délivrait, indépendamment des mandemens, une expédition entière, ce serait un double emploi.

En cas de contestation, les dépens de ces contestations

seront taxés comme dans les autres matières, suivant leur nature sommaire ou ordinaire.

Art. *idem* du Tarif.

SAISIE-*arrêt.*

RÉQUISITION des fonctionnaires publics, tiers saisis , du certificat du montant de ce qu'ils doivent à la partie saisie.

Il sera taxé à l'*avoué* de première instance, pour sa vacation :

A Paris...................... 3 f. oo c.
Dans le ressort............. 2   25

Art. 91 du Tarif, relatif à l'art. 569 du Code de Procéd.

SCELLÉS.

RÉQUISITION d'apposition de scellés.

Il sera taxé à l'*avoué* de première instance, pour sa vacation :

A Paris...................... 6 f. oo c.
Dans le ressort............. 4   5o

Art. 94 du Tarif, relatif à l'art. 929 du Code de Procéd.

RÉQUISITION de levée de scellés.

Il sera taxé à l'*avoué* de première instance, pour sa vacation :

A Paris...................... 6 f. oo c.
Dans le ressort............. 4   5o

Art. 94 du Tarif, relatif à l'art. 911 du Code de Procéd.

RÉQUISITION de levée de scellés sans description.

Il sera taxé à l'*avoué* de première instance, pour sa vacation :

A Paris...................... 6 f. oo c.
Dans le ressort............. 4   5o

Art. 94 du Tarif, relatif à l'art. 940 du Code de Procéd.

TAXE *de dépens.*

RÉQUISITION de taxe de dépens. Voyez *Avoué qui requerra.*

SURENCHÈRE.

RÉQUISITION de mise aux enchères de biens-fonds vendus volontairement. Voyez *Acte.*

INSTRUCTION *par écrit, communication.*

RÉTABLISSEMENT de la production du demandeur en instruction par écrit, prise en communication au greffe. Vacation de l'avoué. Voyez *Communication prise.*

RÉTABLISSEMENT de pièces prises en communica-tion à l'amiable. Vacation entre les mains de l'avoué. Voyez *Communication prise.*

-RÉTABLISSEMENT des pièces d'un compte prises en communication. Voyez *Prise en communication.*

PIÈCES *justificatives de déclaration de dommages-intérêts prise en communication.*
RÉTABLISSEMENT de pièces justificatives de déclarations de dommages-intérêts, prises en communication, soit à l'amiable, soit par voie du greffe. Vacation de l'avoué. Voyez *Communication.*

RETOUR de juge de paix d'apposition, ou reconnaissance et levée de scellés ; comment taxé. Voyez *Apposition.*

COMMUNICATION.
RETRAIT de pièces mises au greffe pour être communiquées. Vacation d'avoué. Voyez *Communication prise.*

DÉCLARATION *de dommages-intérêts.*
RETRAIT de pièces justificatives de déclaration de dommages-intérêts, déposées au greffe pour être communiquées. Vacation d'avoué. Voyez *Communication.*

DÉLIBÉRÉ.
RETRAIT des pièces produites dans les causes où il a été ordonné un délibéré. Vacation de l'avoué. Voyez *Production.*

INSTRUCTION *par écrit.*
RETRAIT des pièces du greffe dans les instructions par écrit.
Il sera taxé à l'*avoué* de première instance, pour sa vacation :

A Paris...................... 3 f. oo c.
Dans le ressort................ 2   25
Art. 91 du Tarif, relatif à l'art. 115 du Code de Procéd.

RÉVOCATION d'avoué en matière sommaire. Quo lui est-il alors dû ? Voyez *Avoué révoqué.*

ROLE (chaque) d'expédition délivrée par les *greffiers* des juges de paix, qui contiendra vingt lignes à la page et dix syllabes à la ligne. Il leur sera taxé par chaque role :

> A Paris...................... o f. 5o c.
> Dans les villes où il y a tribunal
>   de première instance....... o   4o
> Dans les autres villes et cantons
>   ruraux.................... o   4o

Art. 9 du Tarif, relatif à l'art. 8 du Code de Procéd.

ROLE de requête qui se grossoie devra contenir vingt-cinq lignes à la page et douze syllabes à la ligne.

Voy. *Requêtes servant de défenses. Requêtes en instruction par écrit.*

Le nombre des rôles de *toutes requêtes* en instruction par écrit doit être mentionné, tant sur les grosses que sur les copies, à peine de rejet de la taxe. Voy. *Requête d'instruction par écrit.*

Nombre des rôles de requêtes en réponse ne pourra excéder celui fixé pour la requête en demande.

Art. 95 du Tarif.

ROUEN. Cour d'appel. Le tarif des frais et dépens en cette cour, est le même que pour la cour d'appel de Paris.

Décret particulier à cet objet, en suite du Tarif des frais de taxe. Art. 1er.

Le Tarif des frais et dépens décrété pour le tribunal de première instance et les justices de paix établi à Paris, est commune au tribunal de première instance et aux justices de paix de Rouen.

Idem, art. 2.

S.

SALAIRES d'écrivains, de toiseurs, ou porte-chaîne, pris pour des experts pour les aider dans leurs opérations, restent à leur charge.

Art. 162 du Tarif.

SAISIE-exécution. Voy. *Procès verbal.*

SAISIE-gagerie sur locataires et fermiers. Voy. *Procès verbal.*

SAISIE-revendication. Voy. *Procès verbal.*

SAISIE des effets du débiteur forain; le procès verbal sera taxé comme celui de saisie-exécution, ainsi que tout le reste de la poursuite.

Art. 61 du Tarif, relatif aux art. 621 et 625 du Code de Procéd.

SAISIE de rente sur particulier. Voy. *Exploit.*

SCELLÉS. (Taxe des vacations pour apposition de reconnaissance et levée de) Voy. *Apposition.*

SIGNIFICATION de tout jugement à avoué ou à domicile , pour copie de chaque rôle d'expédition.
Il sera taxé, en première instance :

A Paris...................... o f. 3o c.
Dans le ressort.............. o   25

Art. 89 du Tarif, relatif aux art. 156 et 157.

SIGNIFICATIONS extraordinaires faites par *huissiers-
audienciers* du tribunal de première instance , c'est-à-dire ,
faites à une autre heure que celle où se font les significations ordinaires , suivant l'usage du tribunal.
Il leur sera taxé , par extraordinaire :

A Paris...................... 1 f. oo c.

Nota. Ces significations doivent être faites à heure
datée ; à défaut de date , elles ne seront taxées que comme
significations ordinaires : elles ne sont passées en taxe,
comme extraordinaires , qu'à Paris seulement.
Art. 156 du Tarif.

SIGNIFICATIONS de toute espèce, faites par les
huissiers de la cour d'appel de Paris , d'*avoué* à *avoué* ,
sans aucune distinction.

Il leur sera taxé, à l'ordinaire... o f. 75 c.
A l'extraordinaire ou heure datée 1   5o

Art. 158 du Tarif.

CAUTIONNEMENT.

SIGNIFICATIONS de la présentation de caution avec
copie de l'acte de dépôt au greffe des titres de solvabilité
de la caution.
Il sera taxé à l'*huissier,* pour l'original :

A Paris....................... 2 f. oo c.
Partout ailleurs.............. 1   5o

Art. 29 du Tarif, relatif à l'art. 418 du Code de Procéd.

Pour la copie , il sera taxé le quart :

A Paris....................... o f. 5o c.
Partout ailleurs.............. o   37

Art. *idem* du Tarif.

COMPTE *en justice.*

SIGNIFICATION de l'ordonnance du juge commis
pour entendre un compte, et sommation de se trouver

devant lui aux jour et heure indiqués, pour être présent
à la présentation et affirmation. Il sera taxé à l'*huissier*,
pour l'original :

>A Paris...................... 2 f. oo c.
>Partout ailleurs.............. 1 5o

Art. 29 du Tarif, relatif à l'art. 534 du Code de Procéd.
Civile.

>Pour la copie, il sera taxé le quart :
>A Paris...................... o f. 5o c.
>Partout ailleurs.............. o 37

Art. *idem* du Tarif.

DÉSAVEU.

SIGNIFICATION de désaveu. Il sera taxé à l'*huissier*
ordinaire, pour l'original :

>A Paris...................... 2 f. oo
>Partout ailleurs. 1 5o

Art. 29 du Tarif, relatif à l'art. 355 du Code de Procéd.
Civ.

Pour la copie, il sera taxé le quart.
Art. 3o du Tarif.

SIGNIFICATION d'un désaveu (faite d'*avoué* à *avoué*).
Il sera taxé en première instance, pour l'original :

>A Paris...................... 1 f. o c.
>Dans le ressort............... o 75

Pour la copie, le quart, indépendamment de copie de
pièces :

>A Paris...................... o f. 25 c.
>Dans le ressort............... o 18

Art. 70 du Tarif, relatif aux art. 354 et 355 du Code de
Procéd.

DESCENTE *sur les lieux*.

SIGNIFICATION (*d'avoué* à *avoué*) du procès verbal
du juge-commissaire qui a fait une descente sur les lieux.
Il sera taxé en première instance, pour l'original :

>A Paris...................... 1 f. oo c.
>Dans le ressort............... o 75

Pour la copie, le quart, indépendamment de copie de
pièces :

>A Paris...................... o f. 25 c.
>Dans le ressort............... o 18

Art. 70 du Tarif, relatif à l'art. 299 du Code de Procéd.

SIGNIFICATION (d'*avoué* à *avoué*) de l'ordonnance du juge commis pour faire une descente sur les lieux, contenant la désignation des jour, lieu et heure, et sommation d'y être présent. Il sera taxé en première instance, pour l'original :

A Paris...................... 1 f. oo c.
Dans le ressort............... o 75

Pour la copie, le quart, indépendamment de copie de pièces :

A Paris...................... o f. 25 c.
Dans le ressort................. o 18

Art. 70 du Tarif, relatif à l'art. 297 du Code de Procéd.

EMPRISONNEMENT.

SIGNIFICATION de jugement qui prononce la contrainte par corps, avec commandement pour l'original. Il sera taxé :

A Paris...................... 3 f. oo c.
Dans les villes où il y a tribunal
    de première instance......... 2 oo
Dans les autres villes et cantons
    ruraux...................... 1 25
Et pour la copie, le quart :
A Paris...................... o 75
Dans les villes où il y a tribunal
    de première instance........ o 5o
Dans les autres villes et cantons
    ruraux...................... o 31

Art. 51 du Tarif, relatif à l'art. 780 du Code de Procéd.

SIGNIFICATION de jugement qui déclare un emprisonnement nul, et la mise en liberté du débiteur, sera taxée :

A Paris...................... 4 f. oo c.
Dans les villes où il y a tribunal
    de première instance........ 3 oo
Dans les autres villes et cantons ruraux.................... 3 oo
Pour la copie à laisser au gardien ou geolier, le quart :
A Paris...................... 1 f. oo c.
Partout ailleurs.............. o 75

Art. 58 du Tarif, relatif à l'art. 796 du Code de Procéd.

ENQUÊTE.

SIGNIFICATION des procès verbaux d'enquête. Il sera taxé en première instance, pour l'original :

A Paris...................... 1 f. oo c.
Dans le ressort.............. o   75
Pour la copie , le quart, indépendamment des copies de pièces :
A Paris...................... o f. 25 c.
Dans le ressort.............. o   18
Art. 70 du Tarif, relatif à l'art. 286 du Code de Procéd.

FAUX.

SIGNIFICATION de l'acte de dépôt au greffe de la pièce arguée de faux, avec sommation d'être présent au procès verbal qui sera dressé de son état.

Il sera taxé en première instance, pour l'original :
A Paris..................... 1 f. oo c.
Dans le ressort.............. o   75
Pour la copie, le quart :
A Paris...................... o   25
Dans le ressort.............. o   18
Art. 70 du Tarif, relatif à l'art. 225 du Code de Procéd.

SIGNIFICATION de l'ordonnance portant que la minute de la pièce arguée de faux sera apportée au greffe.

Il sera taxé en première instance, pour l'original :
A Paris...................... 1 f. oo c.
Dans le ressort.............. o   75
Pour la copie, le quart :
A Paris..................... o   25
Dans le ressort............... o   18
Art. 70 du Tarif, relatif à l'art. 224 du Code de Procéd.

SIGNIFICATION de l'acte de dépôt au greffe d'une pièce arguée de faux.

Il sera taxé en première instance, pour l'original :
A Paris...................... 1 f. oo c.
Dans le ressort.............. o   75
Pour la copie, le quart :
A Paris...................... o   25
Dans le ressort.............. o   18
Art. 70 du Tarif, relatif à l'art. 219 du Code de Procéd.

INTERROGATOIRE *sur faits et articles.*
SIGNIFICATION de la requête et des ordonnances pour faire subir interrogatoire sur faits et articles.

Il sera taxé à *huissier* ordinaire, pour l'original :

A Paris. . . . . 2 f. 00 c.
Partout ailleurs. 1   50

Art. 29 du Tarif, relatif à l'art. 329 du Code de Procéd. Civ.
Pour la copie, il sera taxé le quart.
Art. 30 du Tarif.

A Paris. . . . . 0 f. 50 c.
Partout ailleurs. 0   37

Voyez *Copies de pièces.*

INSTRUCTION *par écrit.*

SIGNIFICATION de l'ordonnance du président, portant nomination d'un autre rapporteur, en cas de décès, démission ou impossibilité de faire le rapport en délibéré ou instruction par écrit.

Il sera taxé à l'*avoué* de première instance, pour l'original :

A Paris. . . . . 1 f. 00 c.
Dans le ressort. 0   75

Pour la copie, le quart, indépendamment des copies de pièces :

A Paris. . . . . 0 f. 25 c.
Dans le ressort. 0   18

Art. 70 du Tarif, relatif à l'art. 110 du Code de Procéd.

JUSTICE *de paix.*

SIGNIFICATION de jugement de justice de paix.
Il sera taxé à l'*huissier* du juge de paix, pour l'original :

A Paris. . . . . 1 f. 50 c.
Dans les villes où il y a tribu-
nal de première instance. . . 1   25
Dans les autres villes et cant. rur. 1   25

Pour la copie, le quart.
Art. 21 du Tarif, relatif aux art. 16 et 19 du Code de Procéd. Civ.

LICITATION.

SIGNIFICATION du cahier des charges en licitation.
Voyez *Acte.*

MATIÈRE *sommaire.*

SIGNIFICATION à avoué de jugement contradictoire ou définitif en matière sommaire. Voyez *Levée de jugement.*

MATIÈRES *ordinaires.*

SIGNIFICATION des jugemens contradictoires. Il sera taxé à l'*huissier* pour l'original :

9

A Paris. . . . .   2 f. oo c.

Partout ailleurs.   1   5o

Art. 29 du Tarif, relatif à l'art. 43g du Code de Procéd. Civil.

.Pour la copie, il sera taxé le quart.

Art. 3o du Tarif.

A Paris. . . . .   o f. 5o c.

Partout ailleurs. . . . .   o   37

Voyez *Copies de pièces.*

SIGNIFICATION de jugement à domicile. Il sera taxé à l'*huissier* ordinaire , pour l'original :

A Paris.   . . . .   2 f. oo c.

Partout ailleurs.   1   5o

Art. 29 du Tarif, relatif à l'art. 147 du Code de Procéd. Civ.

Pour la copie, il sera taxé le quart.

Art. 3o du Tarif.

A Paris. . . . .   o f. 5o c.

Partout ailleurs. . . . .   o   37

Voyez *Copies de pièces.*

SIGNIFICATION de jugement à des héritiers , collectivement au domicile du défunt. Il sera taxé à l'*huissier*, pour l'original :

A Paris. . . . .   2 f. oo c.

Partout ailleurs.   1   5o

Art. 29 du Tarif, relatif à l'art. 447 du Code de Procéd. Civ.

Pour la copie, il sera taxé le quart :

A Paris . . . .   o f. 5o e.

Partout ailleurs. . . . .   o   37

Art. 3o du Tarif.

SIGNIFICATION d'un jugement par défaut, par un *huissier* commis. Il sera taxé, pour l'original :

A Paris. . . . .   2 f. oo c.

Partout ailleurs.   1   5o

Art. 29 du Tarif, relatif à l'art. 156 du Code de Procéd. Civ.

Pour la copie, il sera taxé le quart.

A Paris. . . . .   o f. 5o c.

Partout ailleurs.   1   37

Art. 3o du Tarif.

Voyez *Copies de pièces.*

SIGNIFICATION d'un jugement de jonction par *huis-sier* commis (exprès). Il sera taxé, pour l'original :

    A Paris...................... 2 f. oo c.
    Partout ailleurs............. 1   5o

Art. 29 du Tarif, relatif à l'art. 153 du Code de Procéd. Civ.

Pour la copie, il sera taxé le quart :
Art. 3o du Tarif.

    A Paris..................... o f. 5o c.
    Partout ailleurs............. o   37

Voyez. *Copies de pièces.*

SIGNIFICATION du jugement qui interviendra sur une opposition à exécutoire de dépens, ou au chef de jugement qui en contiendra la liquidation. Voyez *Qualités.*

MATIÈRE de commerce.

SIGNIFICATION de jugement par défaut du tribunal de commerce, par un *huissier* commis.

Il lui sera taxé pour son original :

    A Paris...... .... 2 f. oo c.
    Partout ailleurs........... 1   5o

Art. 29 du Tarif, relatif à l'art. 435 du Code de Procéd. Civ.

Pour la copie, il sera taxé le quart.

    A Paris..................... o f. 5o c.
    Partout ailleurs............. o   37

Art. 3o du Tarif.

Voyez *Copies de pièces.*

ORDRE.

SIGNIFICATION d'acte de production en ordre ; elle ne se fait pas. Voyez *Production.*

SIGNIFICATION de requête à fin de subrogation de poursuite d'ordre au poursuivant, par acte *d'avoué* à avoué.

Il sera taxé :

    A Paris..................... 3 f. oo c.
    Dans le ressort............. 2   25
    Pour la copie, le quart :
    A Paris..................... o   75
    Dans le ressort............. o   56

Art. 138 du Tarif, relatif à l'art. 779 du Code de Procéd.

PRISE à partie.

SIGNIFICATION de la requête, et jugement qui admet une prise à partie.

Il sera taxé à l'*huissier*, pour l'original :

<pre>
        A Paris...................   2 f. oo c.
        Partout ailleurs...........   1   5o
</pre>

Art. 29 du Tarif, relatif à l'art. 514 du Code de Procéd.

Pour la copie, il sera taxé le quart :

<pre>
        A Paris....................   o f. 5o c.
        Partout ailleurs...........   o   37
</pre>

Art. *id.* du Tarif.

RAPPORT d'experts.

SIGNIFICATION (d'*avoué* à *avoué*) du rapport d'experts.

Il sera taxé en première instance, pour l'original :

<pre>
        A Paris....................   1 f. oo c.
        Dans le ressort. ....   o   .75
</pre>

Pour la copie, le quart, indépendamment des copies de pièces :

<pre>
        A Paris....................   o f. 25 c.
        Dans le ressort............   o   18
</pre>

Art. 70 du Tarif, relatif à l'art. 321 du Code de Procéd.

RÉFÉRÉ.

SIGNIFICATION d'une ordonnance sur référé.

Il sera taxé à l'*huissier*, pour l'original :

<pre>
        A Paris....o...............   2 f. oo c.
        Partout ailleurs...........   1   5o
</pre>

Art. 29 du Tarif, relatif à l'art. 809 du Code de Procéd.

Pour la copie, il sera taxé le quart :

<pre>
        A Paris....................   o f. 5o c.
        Partout ailleurs...........   o   37
</pre>

Art. *id.* du Tarif.

RÉGLEMENT de juges.

SIGNIFICATION de jugement portant permission d'assigner en réglement des juges, contenant assignation.

Il sera taxé à l'*huissier* ordinaire, pour son original :

<pre>
        A Paris....................   2 f. oo c.
        Partout ailleurs...........   1   5o
</pre>

Art. 29 du Tarif, relatif à l'art. 365 du Code de Procéd. Civ.

Pour la copie, il sera taxé le quart.

Art. 30 du Tarif.

A Paris.... .... o f. 5o c.
Partout ailleurs.............. o   37
Voyez *Copies de pièces.*

RÉCUSATION *de juges.*

SIGNIFICATION (d'*avoué* à *avoué*) de l'arrêt intervenu sur l'appel d'un jugement qui aura rejeté une récusation, ou du certificat du greffier de la cour d'appel,
contenant que l'appel n'est pas jugé, et indication du jour
où il doit l'être.

Il sera taxé, en première instance, pour l'original :

A Paris....................... 1 f. oo c.
Dans le ressort.............. o   75

Pour la copie, le quart, indépendamment des copies de
pièces :

A Paris...................... o f. 25 c.
Dans le ressort............. o   18

Art. 70 du Tarif, relatif à l'art. 396 du Code de Procéd.

RENVOI *d'un tribunal à un autre.*

SIGNIFICATION (d'*avoué* à *avoué*) de l'acte à fin de
renvoi d'un tribunal à un autre, des pièces y annexées et
du jugement intervenu. Il sera taxé en première instance,
pour l'original :

A Paris....................... 1 f. oo c.
Dans le ressort............. o   75

Pour la copie, le quart, indépendamment des copies
de pièces :

A Paris...................... o f. 25 c.
Dans le ressort. .... o   18

Art. 70 du Tarif, relatif à l'art. 372 du Code de Procéd.

REPRISE *d'instance.*

SIGNIFICATION du jugement rendu par défaut contre
partie sur demande en reprise d'instance, ou en constitution de nouvel avoué par *huissier* commis. Il lui sera
taxé, pour l'original :

A Paris...................... 2 f. oo c.
Partout ailleurs............. 1   5o

Art. 29 du Tarif, relatif à l'art. 35o du Code de Proc. Civ.
Pour la copie, il sera taxé le quart.
Art. 3o du Tarif.

A Paris. .... o f. 5o c.
Partout ailleurs.............. o   37

Voyez *Copies de pièces.*

RESTITUTION *de pièces communiquées.*

SIGNIFICATION de la requête et de l'ordonnance , portant que *l'avoué* qui retient des pièces sera tenu de les remettre. Il sera taxé, en première instance , pour l'original :

  A Paris...................... 1 f. 00 c.
  Dans le ressort................ 0   75

Pour la copie, le quart, indépendamment des copies de pièces :

  A Paris...................... 0 f. 25 c.
  Dans le ressort.............. 0   18

Art. 70 du Tarif, relatif à l'art. 191 du Code de Procéd.

SAISIE *immobilière.*

SIGNIFICATION aux créanciers inscrits de l'acte de consignation faite par l'acquéreur en cas d'aliénation, qui peut avoir lieu après la saisie immobilière, sous la condition de consigner. Il sera taxé à l'*huissier*, pour son original :

  A Paris...................... 2 f. 00 c.
  Partout ailleurs.............. 1   50

Art. 29 du Tarif, relatif à l'art. 693 du Code de Procéd.
 Pour la copie, il sera taxé le quart :

  A Paris...................... 0 f. 50 c.
  Partout ailleurs.............. 0   37

Art. *idem* du Tarif.

SIGNIFICATION du cahier des charges de vente sur licitation sera taxée comme un acte simple , et la copie du cahier des charges comme celle de la requête d'avoué à avoué.

  A Paris...................... 1 f. 00 c.
  Dans le ressort................ 0   75
Pour la copie de cette signification, le quart :
  A Paris...................... 0   25
  Dans le ressort. 0   17
Copie du cahier des charges, par rôle :
  A Paris...................... 0   50
  Dans le ressort................ 0   37

D'après la taxe des actes simples, tels que de constitution d'avoué et autres , et d'après la taxe de la copie des rôles de requête d'avoué à avoué.
 Art. 129 du Tarif.

SERMENT *des experts.*

SIGNIFICATION d'ordonnance de juge-commissaire, pour faire prêter serment aux experts. Il sera taxé à *huissier* ordinaire, pour l'original :

     A Paris..................... 2 f. oo c.
     Partout ailleurs............. 1   5o

Art. 29 du Tarif, relatif à l'art. 3o7 du Code de Procéd. Civ.

Pour la copie, il sera taxé le quart :
Art. 3o du Tarif.

     A Paris..................... o f. 5o c.
     Partout ailleurs............. o   37

Voyez *Copie des pièces.*

SAISIE-*arrêt.*

SIGNIFICATION (d'*avoué* à *avoué*) de l'état détaillé des effets mobiliers saisis et arrêtés entre les mains d'un tiers saisi. Il sera taxé, en première instance, pour l'original :

     A Paris..................... 1 f. oo c.
     Dans le ressort............. o   75

Pour la copie, le quart, indépendamment des copies do pièces :

     A Paris..................... o f. 25 c.
     Dans le ressort .... o   18

Art. 70 du Tarif, relatif à l'art. 578 du Code de Procéd.

SIGNIFICATION de la déclaration affirmative, et du dépôt des pièces contenant constitution d'*avoué.* Il sera taxé, en première instance, pour l'original :

     A Paris..................... 1 f. oo c.
     Dans le ressort .... o   75

     Pour la copie, le quart :
     A Paris..................... o   25
     Dans le ressort............. o   18

Art. 70 du Tarif, relatif à l'art. 574 du Code de Procéd.

VÉRIFICATION *d'écritures.*

SIGNIFICATION de l'acte de dépôt au greffe de la pièce dont l'écriture est déniée. Il sera taxé, en première instance, pour l'original :

     A Paris..................... 1 f. oo c.
     Dans le ressort............. o   75

     Pour la copie, le quart :

A Paris..... .... o f. 25 c.
Dans le ressort .... o 18
Art. 70 du Tarif, relatif à l'art. 196 du Code de Procéd.

SIGNIFICATION aux dépositaires d'ordonnance ou jugement qui porte que la minute de pièce à vérifier en justice sera apportée au greffe. Il sera taxé à l'*huissier* ordinaire, pour l'original :
A Paris..................... 2 f. oo c.
Partout ailleurs............. 1 5o
Art. 29 du Tarif, relatif à l'art. 223 du Code de Procéd.
Pour la copie il sera taxé le quart.
Art. 3o du Tarif.
A Paris..................... o f. 5o c.
Partout ailleurs............. o 37
Voyez *Copies de pièces*.

SÉJOUR des experts, Taxe. Voyez *Experts*.

SOMMATION de faire une chose quelconque. Voyez *Exploit contenant*.

SOMMATION (aucune) ne sera faite à avoué de se présenter au jour indiqué par les jugemens préparatoires ou de remise, ils n'en devront pas moins se présenter.
Art. 70 du Tarif.

ARBITRAGE.
SOMMATION aux arbitres de se réunir au tiers arbitre pour vider le partage.
Il sera taxé à l'*huissier*, pour l'original :
A Paris. .... 2 f. oo c.
Partout ailleurs............. 1 5o
Art. 29 du Tarif, relatif à l'art. 1018 du Code de Procéd.
Pour la copie, il sera taxé le quart :
A Paris .... o f. 5o c.
Partout ailleurs .... o 37
Art. *idem* du Tarif.

ARBITRAGE *en matière de command.*
SOMMATION de comparaître devant les arbitres ou experts nommés par le tribunal de commerce. Il sera taxé à l'*huissier* ordinaire, pour l'original :
A Paris .... 2 f. oo c.
Partout ailleurs............. 1 5o
Art. 29 du Tarif, relatif à l'art. 429 du Code de Procéd.

Pour la copie, il sera taxé le quart.
Art. 30 du Tarif.

    A Paris...................... o f. 50 c.
    Partout ailleurs............. o   37

Voyez *Copies de pièces.*

AUTORISATION *de femme mariée.*

SOMMATION à la requête de la femme à son mari, de l'autoriser. Il sera taxé à l'*huissier*, pour l'original :

    A Paris .... 2 f. oo c.
    Partout ailleurs............. 1   50

Art. 29 du Tarif, relatif à l'art. 801 du Code de Procéd.

    Pour la copie, il sera taxé le quart :
    A Paris...................... o f. 50 c.
    Partout ailleurs............. o   37

Indépendamment des copies de pièces.
Art. *idem* du Tarif.

BÉNÉFICE *d'inventaire.*

SOMMATION, à la requête d'un créancier, à l'héritier bénéficiaire, de donner caution.
Il sera taxé à l'*huissier*, pour l'original :

    A Paris...................... 2 f. oo c.
    Partout ailleurs............. 1   50

Art. 29 du Tarif, relatif à l'art. 992 du Code de Procéd.

    Pour la copie, il sera taxé le quart :
    A Paris .... o f. 50 c.
    Partout ailleurs. .... o   37

Art. *idem* du Tarif.

TAXE *d'audience.*

SOMMATION de communiquer les pièces signifiées ou employées dans la cause.
Il sera taxé en première instance, pour l'original :

    A Paris .... 1 f. oo c.
    Dans le ressort............. o   75

    Pour la copie, le quart
    A Paris...................... o   25
    Dans le ressort............. o   18

Art. 70 du Tarif, relatif à l'art. 188 du Code de Procéd.

CAUTIONNEMENT.

SOMMATION de fournir caution ou d'être présent à la réception et soumission de caution ordonnée.
Il sera taxé à l'huissier du juge de paix, pour l'original :

                    ,A Paris.................... 1 f. 5o c.
              Dans les villes où il y a tribunal
                 de première instance....... 1   25
              Dans les autres villes et can-
                 tons ruraux.............. 1   25
           Et pour la copie, le quart.
                    A Paris................... o   37
                    Partout ailleurs........... o   31
Art. 21 du Tarif.

COMPTE *en justice.*

SOMMATION (d'*avoué* à *avoué*) d'être présent à la présentation et affirmation d'un compte.

Il sera taxé pour l'original :
                    A Paris................... 1 f. oo c.
              Dans le ressort............. o   75
           Pour la copie, le quart.
                    A Paris.................. o   25
              Dans le ressort.............. o   18
Art. 70 du Tarif, relatif à l'art. 534 du de Code Procéd.

DÉLIVRANCE *d'acte notarié.*

SOMMATION à un notaire et à toutes autres parties intéressées, s'il y a lieu, pour avoir expédition d'un acte parfait;
       Ou d'un acte non enregistré ;
       Ou d'un acte resté imparfait ;
       Ou d'une seconde grosse.
       Il sera taxé à l'*huissier*, pour l'original :
                    A Paris. .... 2 f. oo c.
              Partout ailleurs............. 1   5o
Art. 29 du Tarif, relatif aux art. 829, 841 et 844 du
  Code de Procéd.
           Pour la copie, il sera taxé le quart :
                    A Paris. .... o f. 5o c.
              Partout ailleurs. .... o   37
Indépendamment des copies de pièces.
Art. *idem* du Tarif.

DESCENTE *sur les lieux.*

SOMMATION d'être présent à descente sur les lieux.
Voyez *Signification de l'ordonnance.*

DISTRIBUTION *par contribution, référé de
                  propriétaire.*

SOMMATION à la requête du propriétaire (de partie saisie, et dont les meubles ont été vendus), à l'avoué

de cette partie, si elle en a constitué un, et à l'avoué
plus ancien de ceux des opposans, pour comparaître en
référé par-devant le juge commissaire, à l'effet de faire
statuer préliminairement, sur son privilége, pour raison
des loyers à lui dus.

Il sera taxé à l'*avoué* de première instance, pour
l'original :

  A Paris....»............... 1 f. 00 c.
  Dans le ressort............... 0 75
 Et pour chaque copie, le quart :
  A Paris................... 0 25
  Dans le ressort........... 0 18
Art. 98 du Tarif, relatif à l'art. 661 du Code de Procéd.

SOMMATION à partie saisie (dans ses meubles) qui
n'a point constitué d'avoué, à la requête du propriétaire,
de comparaître devant le juge-commissaire (à distribution par contribution), pour faire statuer préliminairement sur son privilége, pour raison de loyers à lui dus.

Il sera taxé à l'*huissier*, pour l'original :

  A Paris................... 2 f. 00 c.
  Partout ailleurs............. 1 50
Art. 29 du Tarif, relatif à l'art. 661 du Code de Procéd.
 Pour la copie, il sera taxé le quart :
  A Paris................... 0 f. 50 c.
  Partout ailleurs............. 0 37
Art. *idem* du Tarif.

SOMMATION aux créanciers de produire dans les
contributions, et à la partie saisie de prendre communication des pièces produites, et de contredire s'il y échet.

Il sera taxé à l'*huissier*, pour l'original :

  A Paris................... 2 f. 00 c.
  Partout ailleurs............. 1 50
Art. 29 du Tarif, relatif aux art. 659 et 660 du Code de Proc.
 Pour la copie, il sera taxé le quart :
  A Paris................... 0 f. 50 c.
  Partout ailleurs............. 0 37
Art. *idem* du Tarif.

EXPERTISE.

SOMMATION (d'*avoué* à *avoué*) contenant indication des jour et heure choisis par les expers (pour procéder à leur opération), si la partie n'était pas présente
à la prestation de leur serment.

Il sera taxé en première instance, pour l'original :

A Paris...................... 1 f. 00 c.

Dans le ressort............. 0   75

Pour la copie, le quart :

A Paris...................... 0   25

Dans le ressort............. 0   18

Art. 70 du Tarif, relatif à l'art. 315 du Code de Procéd.

FAUX INCIDENT.

SOMMATION (d'*avoué* à *avoué*), à partie adverse, de déclarer si elle veut ou non se servir d'une pièce produite, avec déclaration que, dans le cas où elle s'en servirait, le demandeur s'inscrira en faux.

Il sera taxé, en première instance, pour l'original :

A Paris...................... 5 f. 00 c.

Dans le ressort............. 3   75

Pour la copie, le quart :

A Paris...................... 1   50

Dans le ressort............. 0   87

Art. 71 du Tarif, relatif à l'art. 215 du Code de Procéd.

SOMMATION d'être présent au procès verbal qui doit être dressé au greffe, de l'état d'une pièce arguée de faux. Voyez *Signification*.

SOMMATION pour être présent à la réquisition d'apport au greffe de la minute de la pièce arguée de faux. Il sera taxé en première instance, pour l'original :

A Paris...................... 1 f. 00 c.

Dans le ressort............. 0   75

Pour la copie, le quart :

A Paris...................... 0   25

Dans le ressort............. 0   18

Art. 70 du Tarif, relatif à l'art. 221 du Code de Procéd.

SOMMATION pour être présent à la confection d'un corps d'écriture en instruction de faux. Il sera taxé en première instance, pour l'original :

A Paris...................... 1 f. 00 c.

Dans le ressort............. 0   75

Pour la copie, le quart :

A Paris...................... 0   25

Dans le ressort............. 0   18

Art. 70 du Tarif, relatif à l'art. 206 du Code de Procéd.

FRAIS *de désistement.*

SOMMATION (d'*avoué* à *avoué*) de se trouver devant le président, et voir déclarer la taxe des frais exécutoire, en cas de désistement de la demande. Il sera taxé, en première instance, pour l'original :

A Paris....................... 1 f. 00 c.

Dans le ressort............... o 75

Pour la copie, le quart :

A Paris....................... o 25

Dans le ressort............... o 18

Art. 70 du Tarif, relatif à l'art. 403 du Code de Procéd.

INTERVENTION *à protêts.*

SOMMATION d'intervenir à protêt.

Il sera taxé, pour l'original et copie compris :

A Paris....................... 2 f. 00 c.

Dans les villes où il y a tribunal

de première instance......... 1 50

Dans les autres villes et cantons

ruraux....................... 1 50

Art. 65 du Tarif.

LEVÉE *de jugement.*

SOMMATION à l'*avoué* de la partie qui négligerait de lever un jugement qui aura adjugé des dépens contre sa partie adverse.

Sera taxée :

A Paris....................... 1 f. 00 c.

Dans le ressort............... o. 75

Pour la copie, le quart :

A Paris....................... o 25

Dans le ressort............... o 18

Tarif de la taxe des frais et dépens en suite du décret particulier sur la liquidation.

LEVÉE *de scellés.*

SOMMATION à levée de scellés.

Il sera taxé à l'*huissier*, pour l'original.... 1 f. 50 c.

Et pour la copie, le quart............... o 37.

Art. 21 du Tarif.

OFFRES *réelles.*

SOMMATION au créancier d'enlever le corps certain, qui doit être livré au lieu où il se trouve. Il sera taxé à l'*huissier*, pour l'original :

A Paris...................... 2 f. 00 c.
Partout ailleurs............. 1   50
Art. 29 du Tarif, relatif à l'art. 1264 du Code Civil.
Pour la copie, il sera taxé le quart :
         A Paris...................... 0 f. 50 c.
         Partout ailleurs............. 0   37
Indépendamment des copies de pièces.
Art. *idem* du Tarif.

SOMMATION d'être présent à la consignation de somme offerte.
Il sera taxé à l'*huissier*, pour l'original :
         A Paris...................... 2 f. 00 c.
         Partout ailleurs............. 1   50
Art. 29 du Tarif, relatif à l'art. 1259 du Code Civil.
Pour la copie, il sera taxé le quart :
         A Paris...................... 0 f. 50 c.
         Partout ailleurs............. 0   37
Art. *idem* du Tarif.

OPPOSITION *aux qualités.*
SOMMATION d'*avoué* à *avoué*, pour être réglé sur opposition aux qualités. Il sera taxé pour l'original, en première instance :
         A Paris...................... 1 f. 00 c.
         Dans le ressort.............. 0   75
       Pour la copie, le quart :
         A Paris...................... 0   25
         Dans le ressort. 0   18
Art. 70 du Tarif, relatif à l'art. 145 du Code de Procéd.

ORDRE.
SOMMATION aux créanciers inscrits de produire dans les ordres. Il sera taxé à l'*huissier*, pour l'original :
         A Paris...................... 2 f. 00 c.
         Partout ailleurs............. 1   50
Art. 29 du Tarif, relatif à l'art. 753 du Code de Procéd.
Pour la copie, il sera taxé le quart :
         A Paris...................... 0 f. 50 c.
         Partout ailleurs............. 0   37
Art. *idem* du Tarif.

SOMMATION d'*avoué* à *avoué* aux créanciers inscrits qui en ont constitué, de produire dans le mois, en ordre.
Il sera taxé à l'*avoué* :

> A Paris... .... 1 f. oo c.
> Dans le ressort............. o 75
> Et pour chaque copie, le quart :
> A Paris.................... o 50
> Dans le ressort.............. o 18

Art. 132 du Tarif , relatif à l'art. 753 du Code de Procéd.

PARTAGE.

SOMMATION aux avoués de copartageans de se trouver aux opérations de partage. Voyez *Acte.*

SOMMATION aux copartageans de comparaître devant le juge-commissaire (pour procéder au partage des biens d'une succession). Il sera taxé à l'*huissier*, pour l'original :

> A Paris.................... 2 f. oo c.
> Partout ailleurs............. 1 5o

Art. 29 du Tarif, relatif à l'art. 976 du Code de Procéd.
Pour la copie , il sera taxé le quart :

> A Paris.................... o f. 5o c.
> Partout ailleurs............. o 37

Art. *idem* du Tarif.

SOMMATION aux parties, pour assister à la clôture du procès verbal de partage chez le notaire (commis aux opérations préliminaires).
Il sera taxé à l'*huissier*, pour l'original :

> A Paris..................... 2 f. oo c.
> Partout ailleurs............. 1 5o

Art. 29 du Tarif, relatif à l'art. 980 du Code de Procéd.
Pour la copie , il sera taxé le quart :

> A Paris..................... o f. 5o c.
> Partout ailleurs............. o 37

Art. *idem* du Tarif.

SAISIE-*exécution.*

SOMMATION au premier saisissant de faire vendre (des meubles saisis-exécutés , dans les cas où cette sommation peut avoir lieu). Il sera taxé à l'*huissier*, pour l'original :

> A Paris...................... 2 f. oo c.
> Partout ailleurs............. 1 5o

Art. 29 du Tarif, relatif à l'art. 612 du Code de Procéd.
Pour la copie , il sera taxé le quart :

A Paris...................... o f. 5o c.
Partout ailleurs............. o   37
Art. *idem* du Tarif.

SOMMATION à la partie saisie (exécutée dans ses meubles), pour être présente au récolement des effets saisis, quand le gardien a obtenu sa décharge. Il sera taxé à l'*huissier*, pour l'original :

A Paris...................... 2 f. oo c.
Partout ailleurs............. 1   5o
Art. 29 du Tarif, relatif à l'art. 6o6 du Code de Procéd.
Pour la copie, il sera taxé le quart :

A Paris...................... o f. 5o c.
Partout ailleurs............. o   37
Art. *idem* du Tarif.

SOMMATION à partie saisie (dans ses meubles), pour être présente à la vente qui ne serait pas faite au jour indiqué par le procès verbal de saisie-exécution.
Il sera taxé à l'*huissier*, pour l'original :

A Paris...................... 2 f. oo c.
Partout ailleurs............. 1   5o
Art. 29 du Tarif, relatif à l'art. 614 du Code de Procéd.
Pour la copie, il sera taxé le quart :

A Paris...................... o f. 5o c.
Partout ailleurs............. o   37
Art. *idem* du Tarif.

SÉPARATION *de biens.*

SOMMATION à la requête des créanciers du mari, à l'*avoué* de la femme poursuivant sa séparation de biens, de leur communiquer la demande et les pièces justificatives. Il sera taxé, en première instance, pour l'original :

A Paris...................... 1 f. oo c.
Dans le ressort.............. o   75
Pour la copie, le quart :

A Paris...................... o   25
Dans le ressort.............. o   18
Art. 70 du Tarif, relatif à l'art. 871 du Code de Procéd.

SERMENT *en justice.*

SOMMATION d'*avoué* à *avoué* pour être présent à la prestation d'un serment ordonné. Il sera taxé, pour l'original, à l'*avoué* de première instance :

A Paris. . . . . 1 f. oo c.

Dans le ressort. . . . . : . . . . o   75

Pour la copie, le quart, indépendamment des copies de pièces :

A Paris. . . . . , . . o f. 25 c.

Dans le ressort. . . . . o   18

Art. 70 du Tarif, relatif à l'art. 121 du Code de Procéd.

SOMMATION d'être présent à la prestation d'un serment ordonné. Il sera taxé à l'*huissier* ordinaire, pour l'original :

A Paris. . . . · . . . . 2 f. oo c.

Partout ailleurs. 1   5o

Art. 29 du Tarif, relatif à l'art. 121 du Code de Procéd. Civ.

Pour la copie, il sera taxé le quart.

Art. 3o du Tarif.

Voyez *Copies de pièces.*

RETRAIT *de pièces produites en délibéré, ou instruction par écrit.*

SOMMATION d'être présent au retrait de pièces, après le jugement sur délibéré, ou en instruction par écrit.

Il sera taxé à l'*avoué* de première instance, pour l'original :

A Paris . . . . 1 f. oo c.

Dans le ressort . . . . o   75

Pour la copie, le quart :

A Paris.. . . . . o   25

Dans le ressort. . . . . : . o   18

Art. 70 du Tarif, relatif à l'art. 115 du Code de Procéd.

VÉRIFICATION *d'écritures.*

SOMMATION de comparaître devant le juge commis en vérification d'écritures, pour être présent au serment des experts et à la représentation des pièces de comparaison. Il sera taxé en première instance, pour l'original :

A Paris. . . , ... 1 f. oo c.

Dans le ressort.. . . . . o   75

Pour la copie, le quart :

A Paris.. . . . . o   25

Dans le ressort. . . . . o   18

Art. 70 du Tarif, relatif à l'art. 204 du Code de Procéd.

SOMMATION aux experts et aux dépositaires des pièces de comparaison, en vérification d'écritures. Il sera taxé à l'*huissier* ordinaire, pour l'original :

A Paris... . . . . 2 f. oo c.
Partout ailleurs... . . . . 1 5o
Art. 29 du Tarif, relatif à l'art. 204 du Code de Procéd.
Civ.
Pour la copie, il sera taxé le quart.
A Paris. . . . . o f. 5o c.
Partout ailleurs. . . . . o 37
Art. 3o du Tarif.
Voyez *Copies de pièces.*

VENTE *de meubles de succession.*
SOMMATION aux parties qui doivent être appelées à
la vente des meubles dépendant d'une succession. Il sera
taxé à l'*huissier*, pour l'original :
A Paris. . . . . 2 f. oo c.
Partout ailleurs. 1 5o
Art. 29 du Tarif, relatif à l'art. 947 du Code de Procéd.
Pour la copie, il sera taxé le quart.
A Paris.. . . . . o f. 5o c.
Partout ailleurs. . . . . o 37
Art. *idem* du Tarif.

SOUTENEMENT et réponse en débats de compte.
Pour chaque vacation de trois heures, dont le nombre
sera fixé et arbitré par le juge-commissaire.
Il sera taxé à l'*avoué* de première instance :
A Paris. . . . . 6 f. oo c.
Dans le ressort. 4 5o
Art. 92 du Tarif, relatif à l'art. 538 du Code de Procéd.

SUBROGATION à poursuite (de saisie immobilière),
soit faute par le premier saisissant de s'être mis en état sur
la plus ample saisie, soit en cas de collusion, faute ou
négligence de la part du poursuivant.
Il sera taxé à l'*avoué* :
A Paris.. . . . . 5 f. oo c.
Dans le ressort... . . . . 3 75
Pour la copie, le quart :
A Paris.. . . . . 1 25
Dans le ressort. . . . . o 93
Pour l'acte en réponse :
A Paris.. . . . . 5 oo
Dans le ressort. 3 75
Pour la copie, le quart comme dessus.

Art. 119 du Tarif, relatif aux art. 721 et 722 du Code de Procéd.

SURENCHÈRE du quart au moins du prix principal de l'adjudication en saisie immobilière.

Il sera taxé à l'*avoué*, pour la faire au greffe :

A Paris.. . . . . 15 f. 00 c.
Dans le ressort. 11   25

Art. 115 du Tarif, relatif à l'art. 710 du Code de Procéd.

SURENCHÈRE sur aliénation volontaire, poursuites de vente des immeubles surenchéris.

Les émolumens d'*avoués* seront taxés comme en saisie immobilière. Voyez *Emolumens d'avoués*.

T.

TARIF (le) des frais et dépens ne comprend que l'émolument net des avoués et autres officiers. Les déboursés seront payés en outre.

Art. 151 du Tarif.

TARIF des frais de taxe, décrété pour le ressort de la cour d'appel de Paris, est déclaré commun à tout l'empire. En conséquence, dans tous les chef-lieux de cour d'appel , les droits de taxe seront perçus comme à Paris ; et partout ailleurs ils seront perçus comme dans le ressort de la cour d'appel de Paris.

Décret particulier en suite du Tarif.

TARIF des frais et dépens, décrété pour la cour d'appel de Paris, est commun aux cours d'appel de Lyon, Bordeaux., Rouen et Bruxelles.

Décret particulier à cet objet, en suite du tarif des frais de taxe. Art. 1er.

Celui des frais et dépens, décrété pour le tribunal de première instance et pour les justices de paix établis à Paris, est commun aux tribunaux de première instance et anx justices de paix de Lyon , Bordeaux, Rouen et Bruxelles. *Idem* art. 2.

TARIF des frais de taxe, en suite du décret particulier à la liquidation des dépens.

La taxe des frais et dépens en cours d'appel de Lyon, Bordeaux, Rouen et Bruxelles, est la même que pour la cour d'appel de Paris.

Décret particulier à cet objet, en suite du Tarif des frais de taxe. Art. 1er.

La taxe des frais et dépens pour les tribunaux de première instance et les justices de paix des villes ci-dessus indiquées, est la même que celle pour le tribunal de première instance et les justices de paix de Paris. *Id.* art. 2.

TAXE des vacations de juge de paix à apposition, reconnaissance et levée de scellés. Voyez *Apposition.*

TAXE de témoins. Voyez *Témoin.*

TAXE d'experts. Voyez *Experts.*

TAXE pour vacation d'experts, peut être réduite. Voy. *Président.*

TAXE de dépositaire de pièces à représenter pour vérification d'écritures. Voyez *Dépositaires.*

TAXE des dépens. Voyez *Liquidation. Avoué qui requerra la taxe.*
Il ne sera passé aucun autre droit pour la taxe des frais que ceux portés au tarif des frais de taxe.

TAXE des dépens. Voyez *Liquidation. Avoué qui requerra la taxe.*
Il ne sera passé aucun autre droit pour la taxe des frais, que ceux portés au tarif des frais de taxe.

TAXE *de témoin en justice de paix.*
TÉMOIN entendu par le juge de paix, qui a une profession. Il lui sera taxé une somme équivalente à une journée de travail, même une double journée si le témoin a été obligé de se faire remplacer dans sa profession, ce qui est laissé à la prudence du juge.
Si le *témoin* n'a pas de profession, il lui
  sera taxé.. 2 f. 00 c.
Art. 24 du Tarif.
Voyez *Frais de voyage.*

TAXE *de témoin à l'ordinaire.*
TÉMOIN. Sa taxe.
Il sera taxé au *témoin*, à raison de son état et de sa profession, une journée pour sa déposition; et s'il n'a pas été entendu le premier jour, pour lequel il aura été cité, dans le cas prévu par l'art. 267 du Code de Procéd., il lui

sera passé deux journées, indépendamment des frais de voyage, si le témoin est domicilié à plus de deux myriamètres (quatre lieues) du lieu où se fait l'enquête.

Le *maximum* de la taxe du té-
moin, sera de.................... 10 f. 00 c.
Et le *minimum* de............. 2 00
Les frais de voyage sont fixés
pour l'aller et le retour, à... 3 00

Art. 167 du Tarif.

JUGE *de paix. Scellés.*

TEMPS de transport et de retour du juge de paix pour apposition, reconnaissance et levée de scellés.

Dans la première vacation d'apposition ou reconnaissance et levée de scellés, seront compris les tems du transport et du retour du juge de paix.

Art. 1er du Tarif, relatif aux art. 909 et 932 du Code de Procéd. Civ.

RÉCUSATION *de juge de paix.*

TRANSMISSION (pour la) au procureur impérial, de la récusation (du juge de paix) et de sa réponse. Il sera dû au *greffier*, tous frais de port compris :

A Paris...................... 5 f. 00 c.
Dans les villes où il y a tribunal de première instance.... 5 00
Dans les autres villes et cantons
ruraux 5 00

Art. 14 du Tarif, relatif aux art. 45 et 47 du Code de Procéd. Civ.

ARRESTATION *de débiteur.*

TRANSPORT (pour le) du juge de paix, à l'effet d'être présent à l'arrestation d'un débiteur, condamné par corps, dans le domicile où ce dernier se trouve ; combien est dû au *juge de paix* pour sa vacation.

A Paris........................ 10 f. 00 c.
Dans les villes où il y a tribunal
de première instance......... 7 50
Dans les autres villes et cantons
ruraux..................... 5 50

Art. 6 du Tarif, relatif à l'art. 781 du Code de Procéd. Civ.

AVOUÉS.

TRANSPORT en campagne des avoués. Voyez *Vacation de journée.*

DESCENTE *sur les lieux.*

TRANSPORT du juge de paix, soit à l'effet de visiter les lieux contentieux, soit à l'effet d'entendre des témoins lorsque le transport aura été expressément requis par l'une des parties, et que le juge l'aura trouvé nécessaire. Il sera dû au *juge de paix*, par chaque vacation (de trois heures):

A Paris.. .... 5 f. oo c.
Dans les villes où il y a tribunal
de première instance........ 3   75
Dans les autres villes et cantons
ruraux..................... 2   5o

Nota. Le procès verbal du juge doit faire mention de la réquisition de la partie, et il n'est rien alloué à défaut de cette mention.

Art. 8 du Tarif, relatif à l'art. 38 du Code de Procéd. Civ.

TRANSPORT de greffier de juge de paix sur les lieux contentieux.

Pour transport sur les lieux contentieux, quand il sera ordonné, il sera alloué au *greffier* les deux tiers de la taxe du juge de paix, par vacation :

A Paris..................... 3 f. 33 c.
Dans les villes où il y a tribunal
de première instance........ 2   5o
Dans les autres villes et cantons
ruraux..................... 1   17

Art. 12 du Tarif, relatif à l'art. 3o du Code de Procéd. Civ.

Nota. Le procès verbal doit faire mention de la réquisition de la partie, et il n'est rien alloué à défaut de cette mention, lorsque la descente ou la visite n'est pas ordonnée d'office.

Art. 8 du Tarif, relatif à l'art. 38 du Code de Procéd. Civ.

EXPERTS.

TRANSPORT des experts. Taxe. Voyez *Experts.*

HUISSIERS *de juge de paix.*

TRANSPORT d'huissier du juge de paix ne pourra être alloué (pour tous leurs exploits) qu'autant qu'il y aura plus d'un demi-myriamètre (une lieue ancienne) de distance entre la demeure de l'huissier et le lieu où l'exploit devra être posé.

Pour le transport dudit huissier, à plus d'un demi-myriamètre de sa demeure :

Par myriamètre.............. 2 f. 00 c.
Art. 23 du Tarif.

HUISSIERS *ordinaires.*

TRANSPORT d'huissier.

Il ne sera rien alloué aux *huissiers* , pour transport ,
jusqu'à un demi-myriamètre (une lieue ancienne).

Il leur sera alloué , au-delà d'un demi-myriamètre ,
pour frais de voyage, qui ne pourra excéder une journée
de cinq myriamètres (dix lieues anciennes); savoir : au-
delà d'un demi-myriamètre et jusqu'au myriamètre, pour
aller et retour :

  A Paris...................... 4 f. 00 c.
  Dans les villes et cantons
   ruraux 4   00
  Au-delà d'un myriamètre, il
   sera alloué par chaque demi-
   myriamètre, sans distinction. 2   00

Art. 66 du Tarif, relatif à l'art. 62 du Code de Procéd.

NOTAIRES.

TRANSPORT des notaires, leur taxe pour cet objet.

Quand les *notaires* seront obligés de se transporter à
plus d'un myriamètre de leur résidence, indépendamment
de leur journée, il leur sera alloué, pour tous frais de
voyage et nourriture, par chaque myriamètre, un cinquième de leur vacation, et autant pour le retour : .

Pour aller :
  A Paris.................... 7 f. 20 c.
  Dans les villes où il y a tribu-
   nal de première instance... 4   80
  Partout ailleurs............ 3   20

Et autant pour le retour.
Art. 170 du Tarif.

Et pour la journée qui sera comptée à raison de cinq
myriamètres, aussi pour l'aller et le retour, quatre
vacations.

Pour aller :
  A Paris.................... 36 f. 00 c.
  Dans les villes où il y a tri-
   bunal de première instance. 24   00
  Partout ailleurs............ 16   00

Autant pour le retour.
Art. *idem* du Tarif.

SAISIE-*exécution.*

TRANSPORT (pour le) du *juge de paix,* à l'effet d'être présent à l'ouverture des portes, en cas de saisie-exécution, pour chaque vacation de trois heures, il lui est dû :

> A Paris...................... 5 f. oo c.
> Dans les villes où il y a tribu-
>   nal de première instance... 3   75
> Dans les autres villes et cantons
>   ruraux 2   5o

Art. 6 du tarif, relatif à l'art. 587 du Code de Procédure Civile.

SCELLÉS.

TRANSPORT du juge de paix, pour apposition, reconnaissance et levée de scéllés. Comment taxé.
Voyez *Apposition.*

TRANSPORT du juge de paix, devant le président du tribunal de première instance, pour référé sur apposition ou reconnaissance et levée de scellés, ou pour présentation de testament ou autres papiers trouvés cachetés. Voyez *Référés.*

TRANSPORT du greffier de juge de paix, pour apposition, reconnoissance et levée de scellés, ou pour référé qui y serait relatif. Voyez *Assistance.*

VENTE *de Meubles.*

TRANSPORT (pour) des effets saisis-exécutés pour vente, s'il y a lieu ; l'*huissier* sera remboursé de ses frais, sur les quittances qu'il en représentera, ou sur sa simple déclaration, si les voituriers et gens de peine ne savent écrire, ce qu'il constatera par son procès verbal de vente.
Art. 38 du Tarif, relatif à l'art. 617 du Code de Proc.

TRANSCRIPTION sur le registre de gardien ou geolier, du jugement portant la contrainte par corps, lors de l'arrestation d'un débiteur. Il sera taxé à ce gardien ou geolier, par chaque rôle d'expédition :

> A Paris.................... o f. 25 c.
> Dans les villes où il y a tri-
>   bunal de première instance.. o   20
> Dans les autres villes et can-
>   tons ruraux............... o   20

Art. 56 du Tarif, relatif à l'art. 79o du Code de Procéd.

TRANSCRIPTION de procès verbal de saisie immobilière au bureau de la conservation des hypothèques et au greffe du tribunal où doit se faire la vente.

Il sera taxé à l'*avoué* de première instance, pour chacune de ses vacations :

A Paris...................... 6 f. oo c.
Dans le ressort............... 4   5o

Art. 102 du Tarif, relatif aux art. 677 et 680 du Code de Procéd.

V.

VACATIONS dues aux juges de paix, aux experts, aux avoués, aux notaires, et à tous officiers ministériels, quand ils opéreront dans le lieu de leur résidence.

Il ne leur en sera passé que deux par matinée et une seule l'après-dîner.

Art. 151 du Tarif.

VACATION des avoués, leurs taxes.
Rechercher le mot des objets auxquels elles se rapportent.

VACATION de journée de campagne des avoués.

Il sera taxé aux *avoués*, par chaque journée de campagne, à raison de cinq myriamètres par jour, lorsque leur présence sera autorisée par la loi, ou requise par leurs parties, y compris leurs frais de transport et de nourriture :

A Paris.................... 3o f. oo c.
Dans le ressort............. 22   5o

Art. 144 du Tarif.

VACATION d'avoué, sur requête qui ne se grossoie pas, pour demander ordonnance du président ou du juge-commissaire, et se la faire délivrer, ou pour en communiquer au ministère public, est comprise dans la taxe de cette requête.

Art. 76, 77, 78 et 79 du Tarif.

VACATION d'huissier à saisie-exécution. Voyez *Procès verbal.*

VACATION des témoins à saisie-exécution. Voyez *Procès verbal.*

VACATIONS de juge de paix à toutes sortes d'actes
de son ministère, sont chacune de trois heures au moins.
Cette durée de l'emploi de leur temps, qu'on appelle *vacation*, est fixée par l'art. 1ᵉʳ du Tarif. Voyez *Apposition,*
Reconnaissance et Levée de scellés.

ARRESTATION *de débiteur.*

VACATION de l'*huissier* en référé, si le débiteur arrêté le requiert :

A Paris..................... 8 f. 00 c.
Dans les villes où il y a tribunal de première instance 6   00
Dans les autres villes et cantons ruraux............. 6   00

Art. 54 du Tarif, relatif à l'art. 986 du Code de Procéd.

VACATION pour obtenir l'ordonnance du juge de paix,
à l'effet, par ce dernier, de se transporter dans le lieu où
se trouve le débiteur condamné par corps, et requérir
son transport (pour arrestation).
   Il sera taxé à l'*huissier* :

A Paris.................. 2 f. 50 c.
Dans les villes où il y a tribunal de première instance 2   00
Dans les autres villes et cantons ruraux........... 2   00

Art. 52 du Tarif, relatif à l'art. 781 du Code de Procéd.

VACATION de juge de paix à arrestation d'un débiteur dans le domicile où il se trouve. Voyez *Transport.*

SAISIE-EXÉCUTION.

VACATION de l'huissier pour déposer au lieu établi
pour la consignation, ou entre les mains du dépositaire
qui sera convenu, les deniers comptans qui pourraient
avoir été trouvés chez le saisi pendant le cours d'une saisie-
exécution.
   Il sera taxé à l'*huissier* :

A Paris.................. 2 f. 00 c.
Dans les villes où il y a tribunal de première instance. 1   50
Dans les autres villes et cantons ruraux........... 1   50

Art. 33 du Tarif, relatif à l'art. 590 du Code de Procéd.

VACATIONS de juge de paix à ouverture des portes, en cas de saisie-exécution. Combien est-il dû par chaque vacation ? Voyez *Transport.*

VACATION du commissaire de police qui aura été requis pour être présent à l'ouverture des portes et de meubles fermant à clef, ou aux maires et adjoints, si ces derniers le requièrent.

Il sera taxé à l'*huissier* :

A Paris .... 5 f. 00 c.
Dans les villes où il y a tri-
   bunal de première instance   3   75
Dans les autres villes et can-
   tons ruraux...............   2   50

Art. 32 du Tarif, relatif à l'art. 587 du Code de Procéd.

SCELLÉS.

VACATIONS de juge de paix à apposition ou reconnaissance et levée de scellés ; leur taxe. Voyez *Apposition.*

VACATION unique du juge de paix pour apposition ou reconnaissance et levée de scellés, doit être payée comme complète, encore qu'elle n'ait pas été de trois heures, temps déterminé pour chaque vacation. Voyez *Apposition.*

VACATIONS de juge de paix à apposition, reconnaissance et levée de scellés ; leur nombre pourra être réduit par le président du tribunal de première instance, lors de la taxe qu'il en fera, s'il paraît excessif. Voyez *Apposition.*

VACATION de juge de paix à référé, qui aura lieu, soit lors de l'apposition des scellés, soit dans le cours de leur levée, soit pour présentation au président du tribunal du testament ou autres papiers trouvés cachetés ; leur taxe. Voyez *Référés.*

VENTE *de meubles.*

VACATION (pour chaque) de trois heures à la vente d'effets saisis. Il sera taxé à l'*huissier* dans les lieux où ils sont autorisés à la faire.

A Paris................... 8 f. 00 c.
Dans les villes où il y a tribunal
   de première instance. . . 5   00
Dans les autres villes et cantons
   ruraux. 4   00

Et à Paris où les ventes sont faites par les commissaires-priseurs, il sera alloué à *l'huissier*, pour requérir le commissaire-priseur, une vacation de. . . 2 f. oo c.

Art. 39 du Tarif.

En cas d'absence de la partie saisie (à la vente), son absence sera constatée, et il ne sera nommé aucun officier pour la représenter.

Art. 4o du Tarif.

Voyez *Publication de vente de barques, Exposition de vaisselle d'argent, bagues et joyaux, Expédition de procès verbal de vente.*

VACATION à l'huissier ou autre officier qui aura procédé à la vente (de meubles et effets saisis), pour faire taxer ses frais par le juge sur la minute de son procès verbal :

A Paris . . . . 3 f. oo c.
Dans les villes où il y a tribunal
de première instance....... 2   oo
Dans les autres villes et cantons ruraux 1   5o

Art. 42 du Tarif, relatif à l'art. 657 du Code de Procéd.

VACATION de l'huissier qui aura fait une vente de meubles et effets pour consigner les deniers en provenant : Il sera taxé pour cette vacation :

A Paris . . . . 3 f. oo c.
Dans les villes où il y a tribunal de première instauce . 2   oo
Dans les autres villes et cantons ruraux 1   5o

Art. 42 du Tarif.

VENTE volontaire faite devant notaire ; sa taxe. Voyez *Actes du ministère des notaires.*

VENTES d'immeubles renvoyées devant notaires.

Remises accordées aux avoués sur les prix des ventes d'immeubles, seront allouées aux notaires, dans les cas où les tribunaux renverront des ventes d'immeubles parde-vant eux, mais sans distinction de celles dont le prix n'excédera pas 2000 francs ; et au moyen de cette remise, ils ne pourront rien exiger pour les minutes de leurs procès verbaux de publication et d'adjudication.

Art. 172 du Tarif.

Sur le prix de 2000 fr. jusqu'à 10,000 fr. , un pour cent. De 10,000 fr. à 5o,ooo fr. un demi pour cent.

De 50,000 fr. à 100,000 fr. et indéfiniment un quart
pour cent. Voyez *Avoué poursuivant.*

BIENS *dotaux.*

VENTE de biens dotaux dans le régime dotal. Les
émolumens de poursuites de cette vente seront taxés aux
avoués comme en saisie immobilière. Voyez *Emolumens.*

BIENS *de succession.*

VENTE d'immeubles dépendans de succession bénéficiaire ou vacante,

Ou provenant d'un failli ou de qui a fait cession.

Les émolumens de poursuites seront taxés aux avoués
comme en saisie immobilière. Voyez *Émolumens.*

BIENS *de mineurs.*

VENTE d'immeubles de mineurs ou de biens dotaux
dans le régime dotal, poursuites de cette vente. Les émolumens d'avoués seront taxés comme en saisie immobilière.
Voyez *Émolumens d'avoués.*

LICITATION.

VENTE sur licitation, les émolumens des avoués leur
seront taxés comme une saisie immobilière. Voyez *Emolumens.*

SAISIE *de rente.*

VENTE de rentes constituées sur particuliers saisis.

Les émolumens des avoués pour dresser le cahier des
charges, seront taxés comme en saisie immobilière. Voyez
Émolumens des avoués.

VISA des actes des huissiers.

Il sera taxé pour *visa* de chacun des actes qui y sont
assujétis :

A Paris...................	1 f. 00 c.
Dans les villes où il y a tribu- nal de première instance. ...	0 75
Dans les autres villes et cantons ruraux................	0 75

En cas de refus de la part du fonctionnaire public qui
doit donner le visa, et dans le cas où *l'huissier* sera
obligé, à raison de ce refus, de requérir le visa du procureur impérial, le droit sera double :

A Paris..................	2 f. 00 c.
Partout ailleurs.............	1 50

Art. 66 du Tarif.

VISA des maires et adjoints des communes, pour les cas où ce visa doit avoir lieu d'après le Code de Procédure.

Il ne sera rien alloué aux huissiers des juges de paix pour *visa* par le greffier de la justice de paix, ou par les maires et adjoints des communes du canton, dans les différens cas portés au Code de Procéd.

Art. 25 du Tarif.

VISA du greffier de la demande en partage et licitation.

Il sera taxé à *l'avoué* de première instance pour sa vacation :

A Paris...................... 1 f. 50 c.

Dans le ressort.............. 1   15

Art. 90 du Tarif, relatif à l'art. 967 du Code de Procéd.

VISITE des lieux contentieux par juge de paix; ce qui lui est dû. Voyez *Transport*.

VILLES, autres que Paris, où il existe tribunal de première instance ; il sera taxé au juge de paix pour chaque vacation, d'apposition ou de reconnaissance et levée de scellés, de trois heures au moins.... 3 f. 75 c.

Dans la première vacation seront compris les temps du transport et du retour du juge de paix : s'il n'y a qu'une seule vacation, elle sera payée comme complète, encore qu'elle n'ait pas été de trois heures.

Si le nombre des vacations de reconnaissance et levée de scellés paraît excessif, le président du tribunal de première instance, en procédant à la taxe, pourra le réduire.

Art. 1er du Tarif relatif aux art. 909 et 932 du Code de Procéd. Civ.

Quant aux autres endroits, voy. *Cantons ruraux, Référés*.

VILLES (dans les) où il existe un tribunal de première instance, combien est-il dû à juge de paix pour son assistance à conseil de famille................. 3 f. 75 c.

Il ne pourra jamais prendre plus de deux vacations.

Art. 4 du Tarif, relatif à l'art. 406 du Code Civ.

Pour les autres endroits, voyez *Assistance*.

VOYAGE des parties pour leurs procès. Voyez *Affirmation*.

VOYAGE d'huissiers. Voyez *Transport*.

VOYAGE des avoués pour suite de procès. Voyez *Vacation de journée*.

DÉCRETS IMPÉRIAUX

SUR

LES FRAIS ET DÉPENS

EN MATIÈRE JUDICIAIRE.

DÉCRET IMPÉRIAL

Contenant le Tarif des Frais et Dépens pour le ressort de la Cour d'Appel de Paris.

De notre camp impérial de Preussich-Eylan', le 16 Février 1807.

NAPOLÉON, EMPEREUR DES FRANÇAIS, ROI D'ITALIE, sur le rapport de notre grand-juge ministre de la justice, notre Conseil d'état entendu, NOUS AVONS DÉCRÉTÉ ET DÉCRÉTONS ce qui suit :

LIVRE PREMIER.

DES JUSTICES DE PAIX.

CHAPITRE 1ᵉʳ

Taxe des Actes et Vacations des Juges de paix.

1. (*Code de procéd. civ.*, art. 909, 932). Il est accordé au juge de paix, pour chaque vacation d'apposition, reconnaissance et levée de scellés, qui sera de trois heures au moins ;

> A Paris,   5 f. oo c.
> Dans les villes où il y a tribu-
>   nal de première instance,   3 - 75
> Dans les autres villes et cantons
>   ruraux,   2   5o

Dans la première vacation seront compris les temps du transport et du retour du juge de paix : s'il n'y a qu'une seule vacation, elle sera payée comme complète, encore qu'elle n'ait pas été de trois heures.

Si le nombre des vacations d'apposition, reconnaissance et levée de scellés paraît excessif, le président du tribunal de première instance, en procédant à la taxe, pourra le réduire.

2. (*Code de procéd. civ.*, art. 924, 935, 916.) S'il y a lieu à référé, lors de l'apposition des scellés,

Ou dans le cours de leur levée,

Ou pour présenter un testament, ou autre papier cacheté, au président du tribunal de première instance,

Les vacations du juge de paix lui sont allouées comme celles pour l'apposition, la reconnaissance et la levée de ses scellés.

3. En cas de transport du juge de paix devant le président du tribunal de première instance, il lui est accordé par chaque myriamètre   2 f. oo c.

Autant pour le retour.   2   oo

Et par journée de cinq myriamètres.   10   oo

Il ne lui est accordé qu'une seule journée quand la distance ne sera pas de plus de deux myriamètres et demi, y compris sa vacation devant le président du tribunal.

Si la distance est de plus de deux myriamètres et demi, il lui sera payé deux journées pour l'aller, le retour et la vacation devant le président du tribunal.

4. (*Code civ.*, art. 4o6.) Pour l'assistance du juge de paix à tout conseil de famille,

> A Paris,   5 f. oo c.
> Dans les villes où il y a tribunal
>   de première instance,   3   75
> Dans les autres villes et cantons
>   ruraux,   2   5o

Nota. Le juge de paix ne pourra jamais prendre plus de deux vacations.

5. (*Code civ.*, art. 70 et 71.) Pour l'acte de notoriété sur la déclaration de sept témoins, pour constater, autant que possible, l'époque de la naissance d'un individu

de l'un ou de l'autre sexe qui se propose de contracter mariage, et les causes qui empêchent de représenter son acte de naissance,

A Paris, 5 f. 00 c.
Dans les villes où il y a tribunal
    de première instance, 3 75
Dans les autres villes et cantons
    ruraux, 2 50

Et pour la délivrance de tout autre acte de notoriété qui doit être donné par le juge de paix,

A Paris, 1 f. 00 c.
Dans les villes où il y a tribunal
    de première instance, 0 75
Dans les autres villes et cantons
    ruraux, 0 50

6. (*Code de procéd. civ.*, art. 587, 781.) Pour le transport du juge de paix, à l'effet d'être présent à l'ouverture de portes en cas de saisie - exécution, par chaque vacation de trois heures,

A Paris, 5 f. 00 c.
Dans les villes où il y a tribunal de
    première instance, 3 75
Dans les autres villes et cantons
    ruraux, 2 50

Et à l'arrestation d'un débiteur condamné par corps, dans le domicile où ce dernier se trouve,

A Paris, 10 f. 00 c.
Dans les villes où il y a tribunal
    de première instance, 7 50
Dans les autres villes et cantons
    ruraux, 5 00

7. (*Cod. de procéd. civ.*, art. 4, 6, 29.) Il n'est rien alloué au juge de paix, 1.º pour toute cédule qu'il pourra délivrer ;

(Art. 14.) 2.º Pour le paraphe des pièces, en cas de dénégation d'écriture, et de déclaration qu'on entend s'inscrire en faux incident.

8. (*Code de procéd civ.*, art. 38.) Il lui est alloué pour transport, soit à l'effet de visiter des lieux contentieux, soit à l'effet d'entendre des témoins, lorsque le transport aura été expressément requis par l'une des parties et que le juge l'aura trouvé nécessaire, par chaque vacation,

A Paris, 5 f. 00 c.
Dans les villes où il y a tribunal

de première instance,   3 f. 75 c.
Dans les autres villes et cantons
ruraux,   2   50

Nota. Le procès verbal du juge doit faire mention de la réquisition de la partie, et il n'est rien alloué à défaut de cette mention.

CHAPITRE II.

Taxe des Greffiers des Juges de Paix.

9. (*Code de procéd.*, art. 8.) Il sera taxé aux *greffiers* des justices de paix, par chaque rôle d'expédition qu'ils délivreront, et qui contiendra vingt lignes à la page et dix syllabes à la ligne :

A Paris,   0 f. 50 c.
Dans les villes où il y a tribunal
de première instance,   0   40
Dans les autres villes et cantons
ruraux,   0   40

10. (*Code de procéd. civ.*, art. 54.) Pour l'expédition du procès-verbal qui constatera que les parties n'ont pu être conciliées, et qui ne doit contenir qu'une mention sommaire qu'elles n'ont pu s'accorder, il sera alloué :

A Paris,   1 f. 00 c.
Dans les autres villes et can-
tons ruraux.   0   80

11. (*Code de procéd. civile*, art. 7.) La déclaration des parties qui demandent à être jugées par le juge de paix, sera insérée dans le jugement, et il ne sera rien taxé au greffier pour l'avoir reçue, non plus que pour tout autre acte du greffe.

12. (*Code de procéd. civile*, art. 30.) Pour transport sur les lieux contentieux, quand il sera ordonné, il sera alloué au greffier les deux tiers de la taxe du juge de paix.

13. (*Code de procéd. civile*, art. 58.) Il n'est rien alloué pour la mention sur le registre du greffe et sur l'original, ou la copie de la citation en conciliation, quand l'une des parties ne comparaît pas.

14. (*Code de procéd. civile*, art. 45 et 47.) Pour la transmission au procureur impérial de la récusation et de la réponse du juge, tous frais de port compris :

A Paris,   5 f. 00 c.

Dans les villes où il y a tribunal de première instance,   5 f. 00 c.
Dans les autres villes et cantons ruraux,   5 00

15. (*Code de procéd. civ.*, art. 317.) Il sera taxé au greffier du juge de paix qui aura assisté aux opérations des experts, et qui aura écrit la minute de leur rapport, dans le cas où tous, ou l'un d'eux, ne sauraient écrire, les deux tiers des vacations allouées à un expert.

16. Il lui est alloué les deux tiers des vacations du juge de paix pour assistance,

(*Code civ.*, art. 406). Aux conseils de famille ;

(*Code de procéd. civ.*, art. 909.) Aux appositions de scellés ;

(Art. 932.) Aux reconnaissances et levées de scellés ;

(Art. 921 et 935.) Aux référés ;

(*Code civ.*, art. 70 et 71.) Aux actes de notoriété.

Il est encore alloué au greffier les deux tiers des frais de transport dans les mêmes cas où ils sont alloués aux juges de paix.

Les greffiers des juges de paix ne pourront délivrer d'expéditions entières des procès verbaux d'apposition, reconnaissance et levée de scellés, qu'autant qu'ils en seront expressément requis par écrit.

Ils seront tenus de délivrer les extraits qui leur seront demandés, quoique l'expédition entière n'ait été ni demandée ni délivrée.

17. (*Code de procéd. civ.*, art. 925.) Il sera taxé au *greffier* du juge de paix,

Pour sa vacation, à l'effet de faire la déclaration de l'apposition des scellés sur le registre du greffe du tribunal de première instance, dans les villes où elle est prescrite, les deux tiers d'une vacation du juge de paix.

18. (*Code de procéd. civ.*, art. 926.) Il lui sera alloué pour chaque opposition aux scellés qui sera formée par déclaration sur le procès verbal de scellés :

A Paris,   0 f. 50 c.
Dans les villes où il y a tribunal de première instance,   0 40
Dans les autres villes et cantons ruraux,   0 40

19. (*Code de procéd. civ.*, art. 1039.) Il ne lui sera rien alloué pour les oppositions formées par le ministère des huissiers, et visées par lui.

20. (*Code de procéd. civ.*, art. 926.) Il est alloué pour

chaque extrait des oppositions aux scellés, à raison, par
chaque opposition, de,

A Paris,	o f.	5o c.
Dans les villes où il y a tribu- nal de première instance,	o	4o
Dans les autres villes et cantons ruraux,	o	4o

CHAPITRE III.

Taxe des Huissiers des Juges de Paix.

21. Pour l'original,
De chaque citation contenant demande,

A Paris,	1 f.	5o c.
Dans les villes où il y a tribunal de première instance,	1	25
Dans les autres villes et cant. rur.	1	25

(*Code de procéd. civ.*, art. 16 et 19.) De signification
de jugement   *Id.*

(Art. 17.) De sommation de fournir caution ou d'être
présent à la réception et soumission de la caution ordonnée.   *Id.*

(Art. 20.) D'apposition au jugement par défaut, contenant assignation à la prochaine audience.   1 f. 5o c.

(Art. 32.) De demande en garantie.   *Id.*

(Art. 34.) De citation aux témoins.   *Id.*

(Art. 42.) De citation aux gens de l'art
et experts.   *Id.*

(Art. 52.) De citation en conciliation.   *Id.*

(*Code civ.*, art. 4o6.) De citation aux membres qui
doivent composer le conseil de famille.   *Id.*

De notification de l'avis du conseil de famille. *Id.*

(*Code de procéd. civ.*, art. 926.) D'opposition aux scellés.   1 f. 5o c.

De sommation à la levée des scelles.   *Id.*

Et pour chaque copie des actes ci-dessus énoncés, le
quart de l'original.

22. Pour la copie des pièces qui pourra être donnée
avec les actes, par chaque rôle d'expédition de vingt lignes
à la page, et de dix syllabes à la ligne :

A Paris,	o f.	25 c.
Dans les villes où il y a tribunal de première instance.	o	20
Dans les autres villes et can- tons ruraux,	o	20

23. Pour transport qui ne pourra être alloué qu'autant qu'il y aura plus d'un demi-myriamètre (*une lieue ancienne*) de distance entre la demeure de l'huissier et le lieu où l'exploit devra être posé, aller et retour, par myriamètre.   2 f. 00 c.

Il ne sera rien alloué aux huissiers des juges de paix pour *visa* par le greffier de la justice de paix ou par les maires et adjoints des communes du canton, dans les différens cas prévus par le Code de procédure.

CHAPITRE IV.

Taxe des Témoins, Experts et Gardiens des scellés.

24. (*Code de procéd. civ.*, art. 29 et 34.) Il sera taxé au témoin entendu par le juge de paix, une somme équivalente à une journée de travail, même à une double journée si le témoin a été obligé de se faire remplacer dans sa profession, ce qui est laissé à la prudence du juge.

Il sera taxé au témoin qui n'a pas de prof.   2 f. 00 c.

Il ne sera point passé de frais de voyage, si le témoin est domicilié dans le canton où il est entendu.

S'il est domicilié hors du canton et à une distance de plus de deux myriamètres et demi du lieu où il fera sa déposition, il lui sera alloué autant de fois une somme double de journée de travail, une somme de 4 francs, qu'il y aura de fois cinq myriamètres de distance entre son domicile et le lieu où il aura déposé.

25. (*Code de procéd. civ.*, art. 29 et 42.) La taxe des experts en justice de paix sera la même que celle des témoins, et il ne leur sera alloué de frais de voyage que dans les mêmes cas.

26. Les frais de garde seront taxés par chaque jour, pendant les douze premiers jours :

A Paris,	2 f. 50 c.
Dans les villes où il y a tribunal de première instance,	2 00
Dans les autres villes et cantons ruraux,	1 50

Ensuite seulement à raison de :

A Paris,	1 00
Dans les villes où il y a tribunal de première instance,	0 80
Dans les autres villes et cantons ruraux,	0 60

LIVRE II.

DE LA TAXE DES FRAIS DANS LES TRIBUNAUX INFÉRIEURS ET DANS LES COURS.

TITRE PREMIER.

De la Taxe des Huissiers ordinaires.

§. Ier. *Actes de première Classe.*

27. (*Code de procéd. civ.*, art. 16, 59, 61 et 69, n°. 8.) Pour l'original d'un exploit d'appel du jugement de la justice de paix,

D'un exploit d'ajournement, même en cas de domicile inconnu en France, et d'affiche à la porte de l'auditoire :

   A Paris,   2 f. 00 c.

   Partout ailleurs,   1 50

28. (*Code de procéd. civile*, art. 65.) Pour les copies de pièces qui doivent être données avec l'exploit d'ajournement et autres actes, par rôle contenant vingt lignes à la page, et dix syllabes à la ligne, ou évalué sur ce pied :

   A Paris,   0 f. 25 c.

   Partout ailleurs,   0 20

Le droit de copie de toute espèce de pièces et de jugemens appartiendra à l'avoué, quand les copies de pièces seront faites par lui ; l'avoué sera tenu de signer les copies de pièces et de jugemens, et sera garant de leur exactitude.

Les copies seront correctes et lisibles, à peine de rejet de la taxe.

29. (*Code de procéd. civ.*, art. 121.) Pour l'original d'une sommation d'être présent à la prestation d'un serment ordonné.

(Art. 147.) D'une signification de jugement à domicile.

(Art. 153.) De signification d'un jugement de jonction par un huissier commis.

(Art. 156.) De signification d'un jugement par défaut contre partie, par un huissier commis.

(Art. 162.) D'opposition au jugement par défaut rendu contre partie.

(Art. 204.) De sommation aux experts et aux dépositaires des pièces de comparaison, en vérification d'écritures.

(Art. 223.) De signification aux dépositaires de l'ordonnance ou du jugement qui porte que la minute de la pièce sera apportée au greffe.

D'assignation aux témoins dans les enquêtes.

(*Code de procéd. civile*, art. 260 et 261.) D'assignation à la partie contre laquelle se fait l'enquête.

(Art. 307.) De signification de l'ordonnance du juge-commissaire pour faire prêter serment aux experts.

(Art. 329.) De la signification de la requête et des ordonnances, pour faire subir interrogatoires sur faits et articles.

(Art. 350.) De la signification du jugement rendu par défaut contre partie, sur demande en reprise d'instance, ou en constitution de nouvel avoué, par un huissier commis.

(Art. 355.) De signification du désaveu.

(Art. 365.) De signification de jugement portant permission d'assigner en réglement des juges, contenant assignation.

(Art. 415.) Pour l'original d'une demande formée au tribunal de commerce.

(Art. 429.) D'une sommation de comparaître devant les arbitres ou experts nommés par le tribunal de commerce.

(Art. 435.) De signification de jugement par défaut du tribunal de commerce, par un huissier commis.

(Art. 436 et 437.) Pour l'original d'opposition au jugement par défaut rendu par le tribunal de commerce, contenant les moyens d'opposition et assignation.

(*Code de procéd. civile*, art. 439.) De signification des jugemens contradictoires.

(Art. 440 et 441.) De l'acte de présentation de caution avec sommation à jour et heure fixes de se présenter au greffe pour prendre communication des titres de la caution, et assignation à l'audience, en cas de contestation, pour y être statué.

(Art. 456.) Original d'un acte d'appel de jugemens des tribunaux de première instance et de commerce, contenant assignation et constitution d'avoué.

(Art. 447.) De signification de jugement à des héritiers collectivement, au domicile du défunt.

(Art. 5o7.) D'une réquisition aux tribunaux de juger en la personne du greffier.

(Art. 5r4.) De signification de la requête et du jugement qui admet une prise à partie.

(Art. 4r8.) De signification de la présentation de caution, avec copie de l'acte de dépôt au greffe des titres de solvabilité de la caution.

(Art. 534.) De signification de l'ordonnance du juge commis, pour entendre un compte et sommation de se trouver devant lui, aux jour et heure indiqués, pour être présent à la présentation et affirmation.

(Art. 557, 558 et 55g.) D'un exploit de saisie-arrêt ou opposition contenant énonciation de la somme pour laquelle elle est faite, et des titres, ou de l'ordonnance du juge.

(Art. 563.) De la dénonciation au saisi de la saisie-arrêt, ou opposition, avec assignation en validité.

(*Code de procéd. civile*, art. 564.) De la dénonciation au tiers-saisi de la demande en validité formée contre le débiteur saisi.

(Art. 5yo.) De l'assignation au tiers-saisi pour faire sa déclaration.

(Art. 583 et 584.) D'un commandement, pour parvenir à une saisie-exécution.

(Art. 6o2.) De la notification de la saisie-exécution faite hors du domicile du saisi, et en son absence.

(Art. 6o5.) D'une signification en référé à la requête du gardien, qui demande sa décharge.

D'une sommation à la partie saisie, pour être présente au récollement des effets saisis, quand le gardien a obtenu sa décharge.

(Art. 6o8.) D'une opposition à vente, à la requête de celui qui se prétendra propriétaire des objets saisis entre les mains du gardien.

De dénonciation de cette opposition au saisissant et au saisi, avec assignation libellée et l'énonciation des preuves de propriété.

Le gardien ne pourra être assigné.

(Art. 6o9.) D'une opposition sur le prix de la vente, qui en contiendra les causes.

(Art. 6r2.) D'une sommation au premier saisissant de faire vendre.

(Art. 614.) D'une sommation à la partie saisie, pour être présente à la vente, qui ne seroit pas faite au jour indiqué par le procès-verbal de saisie-exécution.

(*Code de procéd. civile*, art. 626.) Pour l'original du commandement qui doit précéder la saisie-brandon.

(Art. 628.) De dénonciation de la saisie-brandon au garde-champêtre, gardien de droit à ladite saisie, et qui ne sera pas présent au procès-verbal.

(Art. 636.) Pour l'original du commandement qui doit précéder la saisie de rentes constituées sur particuliers.

(Art. 641.) De dénonciation à la partie saisie de l'exploit de saisie de rentes constituées sur particuliers.

(Art. 659 et 660.) D'une sommation aux créanciers de produire, dans les contributions, et à la partie saisie de prendre communication des pièces produites, et de contredire, s'il y échet.

(Art. 661.) D'une sommation à la partie saisie, qui n'a point d'avoué constitué, à la requête du propriétaire, de comparoître en référé devant le juge-commissaire, pour faire statuer préliminairement sur son privilége pour raison des loyers à lui dus.

(Art. 663.) De dénonciation à la partie saisie, qui n'a point d'avoué constitué, de la clôture du procès-verbal du juge-commissaire, en contribution, avec sommation d'en prendre communication, et de contredire sur le procès-verbal dans la quinzaine.

(*Code de procédure civile*, art. 673.) Pour l'original d'un commandement tendant à saisie immobilière.

(Art. 687.) De la notification à la partie saisie de l'acte d'apposition de placards en saisie immobilière.

(Art. 693.) De la signification aux créanciers inscrits de l'acte de consignation faite par l'acquéreur, en cas d'aliénation, qui peut avoir lieu après la saisie immobilière, sous la condition de consigner.

(Art. 695.) De la notification d'un exemplaire du placard aux créanciers inscrits.

(Art. 727.) De la demande en distraction d'objets saisis immobilièrement contre la partie qui n'a pas avoué en cause.

(Art. 734 et 736.) De la notification au greffier de l'appel du jugement qui aura statué sur les nullités proposées en saisie immobilière.

(Art. 753.) De sommation aux créanciers inscrits de produire dans les ordres.

(Art. 807) D'assignation en référé, dans les cas d'urgence, ou lorsqu'il s'agit de statuer sur les difficultés relatives à l'exécution d'un titre exécutoire ou d'un jugement.

(Art. 809.) De signification d'une ordonnance sur référé.

(*Code civ.*, art. 1259.) D'une sommation d'être présent à la consignation de la somme offerte.

De dénonciation du procès-verbal de dépôt de la chose ou de la somme consignée, au créancier qui n'était pas présent à la consignation.

(*Code civ.*, art. 1264.) De sommation aux créanciers d'enlever le corps certain, qui doit être livré au lieu où il se trouve.

(*Code de procéd. civ.*, art. 819.) D'un commandement à la requête des propriétaires et principaux locataires, de maisons ou biens ruraux, à leurs locataires, sous-locataires et fermiers, pour paiement de loyers ou fermages échus.

(*Code civ.*, art. 2183.) De la notification aux créanciers inscrits de l'extrait du titre du nouveau propriétaire, de la transcription et du tableau prescrit par l'art. 2183 du Code civil.

(*Code de procéd.*, art. 829.) D'une assignation et sommation à un notaire, et aux parties intéressées, s'il y a lieu, pour avoir expédition d'un acte parfait.

(Art. 841.) D'un acte non enregistré, ou resté imparfait:

(Art. 844.) Ou une seconde grosse.

(Art. 861) D'une sommation à la requête de la femme à son mari de l'autoriser.

(Art. 856.) D'une demande à domicile, à fin de rectification d'un acte de l'état civil.

(Art. 876.) D'une demande en séparation de corps.

(*Code civ.*, art. 241.) D'une demande en divorce pour cause déterminée.

(*Code de procéd.*, art. 883.) D'ajournement pour demander la réformation d'un avis du conseil de famille qui n'a pas été unanime.

(*Code de procéd. civ.*, art. 888.) De l'opposition formée, à la requête des membres d'un conseil de famille, à l'homologation de la délibération.

(Art. 947.) De sommation aux parties qui doivent être appelées à la vente des meubles dépendans d'une succession.

(Art. 976.) De sommation aux copartageans de comparaître devant le juge-commissaire.

(Art. 980.) De sommation aux parties pour assister à la clôture du procès-verbal de partage chez le notaire.

(Art. 992.) De sommation à la requête d'un créancier, à l'héritier bénéficiaire de donner caution.

(Art. 1018.) De sommation aux arbitres de se réunir au tiers-arbitre pour vider le partage.

De tout exploit contenant sommation de faire une chose, ou opposition à ce qu'une chose soit faite, protestation de nullité, et généralement de tous actes simples du ministère des huissiers non compris dans la seconde partie du présent Tarif :

A Paris,	2 f.	00 c.
Partout ailleurs,	1	50

Pour chaque copie, le quart de l'original.

Indépendamment des copies de pièces qui n'auront pas été faites par les avoués, et qui seront taxées comme il a été dit ci-dessus.

§. II. *Actes de seconde classe et Procès verbaux.*

30. (*Code de procéd. civ.*, art. 45.) Pour l'original de la récusation du juge de paix qui en contiendra les motifs, et qui sera signé par la partie ou son fondé de pouvoir spécial, ainsi que la copie :

A Paris,	3 f.	00 c.
Dans les villes où il y a tribunal de première instance,	2	25
Dans les autres villes et cantons ruraux,	2	25

Et pour la copie, le quart.

31. (*Code de procéd. civ.*, art. 585, 586, 587, 588, 589, 590 et 601.) Pour un procès verbal de saisie-exécution, qui durera trois heures, y compris le temps nécessaire pour requérir, soit le juge de paix, soit le commissaire de police ou les maire et adjoints, en cas de refus d'ouverture de porte :

A Paris, y compris 1 franc 50 centimes pour chaque témoin,	8 f.	00 c.
Dans les villes où il y a tribunal de première instance, et dans les autres villes et cantons ruraux, y compris 1 franc pour chaque témoin,	6	00

Si la saisie dure plus de trois heures, par chacune des
vacations subséquentes aussi de trois heures,

    A Paris, y compris 80 centimes
      pour chaque témoin,   5 f. oo c.
    Dans les villes où il y a tri-
      bunal de première instance,
      et dans les autres villes et can-
      tons ruraux, y compris 6o
      centimes pour chaque témoin,   3   75

Dans les taxes ci-dessus se trouvent comprises les copies
pour la partie saisie et pour le gardien.

32. (*Code de procéd. civ.*, art. 587.) Vacation du commissaire de police qui aura été requis pour être présent
à l'ouverture des portes et des meubles fermant à clef, ou
aux maire et adjoints, si ces derniers le requièrent,

    A Paris,   5 f. oo c.
    Dans les villes où il y a tribunal
      de première instance,   3   75
    Dans les autres villes et cantons
      ruraux,   2   5o

33. (*Code de procéd. civ.*, art. 5go.) Vacation de l'huissier pour déposer au lieu établi pour les consignations,
ou entre les mains du dépositaire qui sera convenu, les
deniers comptans qui pourraient avoir été trouvés,

    A Paris,   2 f. oo c.
    Dans les villes où il y a tribunal
      de première instance,   1   5o
    Dans les autres villes et cantons
      ruraux,   1   5o

34. (*Code de procéd. civ.*, art. 5g6.) Les frais de garde
seront taxés par chaque jour, pendant les douze premiers
jours,

    A Paris,   2 f. 5o c.
    Dans les villes où il y a tribunal
      de première instance,   2   oo.
    Dans les autres villes et cantons
      ruraux,   1   5o
Ensuite, seulement à raison de,
    A Paris,   1   oo
    Dans les villes où il y a tribunal
      de première instance,   o   8o
    Dans les autres villes et cantons
      ruraux.   o   6o

35. (*Code de procéd. civ.*, art. 6o6.) Pour un procès

verbal de récolement des effets saisis, quand le gardien a obtenu sa décharge,

A Paris, 3 f. 00 c.

Dans les villes où il y a tribunal
de première instance, .2 25

Dans les autres villes et cantons
ruraux, 2 25

Ce procès verbal ne contiendra aucun détail, si ce n'est pour constater les effets qui pourraient se trouver en déficit, et l'huissier ne sera point assisté de témoins.

Il sera laissé copie du procès verbal de récolement au gardien qui aura obtenu sa décharge : il remettra la copie de la saisie qu'il avait entre les mains au nouveau gardien, qui se chargera du contenu sur le procès verbal de récolement.

Pour chacune des copies à donner du procès verbal de récolement, le quart de l'original.

36. (*Code de procéd. civ.*, art. 611.) Dans le cas de saisie antérieure et d'établissement de gardien pour le poocès-verbal de récolement sur le premier procès verbal, que le gardien sera tenu de représenter, et qui, sans entrer dans aucun détail, et contenant seulement la saisie des effets omis, et sommation au premier saisissant de vendre, témoins compris et deux copies, sera taxé,

A Paris, 6 f. 00 c.

Dans les villes où il y a tribunal
de première instance, 4 5o

Dans les autres villes et cantons
ruraux, 4 5o

Et pour une troisième copie, s'il y a lieu, le quart de l'original.

37. (*Code de procéd. civ.*, art 616.) Pour le procès verbal de récolement qui précédera la vente, et qui ne contiendra aucune énonciation des effets saisis, mais seulement de ceux en déficit, s'il y en a, y compris les témoins,

A Paris, 6 f. 00 c.

Dans les villes où il y a tribunal
de première instance, . 4 5o

Dans les autres villes et cantons
ruraux, . 4 5o

Il n'en sera point donné copie.

38. (*Code de procéd. civ.*, art. 617.) S'il y a lieu au transport des effets saisis, l'huissier sera remboursé de ses frais

sur les quittances qu'il en représentera, ou sur sa simple déclaration, si les voituriers et gens de peine ne savent écrire, ce qu'il constatera par son procès verbal de vente.

Il sera alloué à l'*huissier* ou autre *officier* qui procédera à la vente, pour la rédaction de l'original du placard qui doit être affiché :

A Paris,	1 f. 00 c.
Dans les villes où il y a tribunal de première instance,	1 00
Dans les autres villes et cantons ruraux,	1 00

Pour chacun des placards, s'ils sont manuscrits :

A Paris,	0 50
Dans les villes où il y a tribunal de première instance,	0 50
Dans les autres villes et cantons ruraux,	0 50

Et s'ils sont imprimés, l'officier qui procédera à la vente, en sera remboursé sur les quittances de l'imprimeur et de l'afficheur.

39. Pour l'original de l'exploit qui constatera l'apposition des placards, dont il ne sera point donné de copie :

A Paris,	3 f. 00 c.
Dans les villes où il y a tribunal de première instance,	2 25
Dans les autres villes et cantons ruraux,	2 25

Il sera passé en outre la somme qui aura été payée pour l'insertion de l'annonce de la vente dans un journal, si la vente est faite dans une ville où il s'en imprime.

Pour chaque vacation de trois heures à la vente, le procès verbal compris, il sera taxé à l'*huissier*, dans les lieux où ils sont autorisés à la faire :

A Paris,	8 f. 00 c.
Dans les villes où il y a tribunal de première instance,	5 00
Dans les autres villes et cantons ruraux,	4 00
Et à Paris, où les ventes sont faites par les commissaires-priseurs, il sera alloué à l'*huissier*, pour requérir le commissaire priseur, une vacation de	2 00

40. (*Code de procéd. civ.*, art. 623.) En cas d'absence de la partie saisie, son absence sera constatée, et il ne sera nommé aucun officier pour la représenter.

41. (*Code de procéd. civ.*, art. 620 et 621.) Dans le cas de publication sur les lieux où se trouvent les barques, chaloupes et autres bâtimens, prescrite par l'article 620 du Code, et dans le cas d'exposition de la vaisselle d'argent, bagues et joyaux, ordonnée par l'article 621, il sera alloué à l'*huissier*, pour chacune des deux premières publications ou expositions :

A Paris,	6 f. 00 c.
Dans les villes où il y a tribunal de première instance,	4 00
Dans les autres villes et cantons ruraux,	3 00

La troisième publication ou exposition est comprise dans la vacation de vente.

A Paris, et dans les villes où il s'imprime des journaux, les vacations pour publications et expositions ne pourront être allouées aux *huissiers*, attendu qu'il doit y être suppléé par l'insertion dans un journal.

Si l'expédition du procès verbal de vente est requise par l'une des parties, il sera alloué à l'*huissier* ou autre *officier* qui aura procédé à la vente, par chaque rôle d'expédition contenant vingt-cinq lignes à la page, et dix à douze syllabes à la ligne :

A Paris,	1 f. 00 c.
Dans les villes où il y a tribunal de première instance,	0 50
Dans les autres villes et cantons ruraux,	0 40

42. (*Code de procéd. civ.*, art. 657.) Pour la vacation de l'*huissier* ou autre *officier* qui aura procédé à la vente, pour faire taxer ses frais par le juge, sur la minute de son procès verbal :

A Paris,	3 f. 00 c.
Dans les villes où il y a tribunal de première instance,	2 00
Dans les autres villes et cantons ruraux,	1 50

Et pour consigner les deniers provenant de la vente :

A Paris,	3 00
Dans les villes où il y a tribunal de première instance,	2 00

Dans les autres villes et cantons
ruraux,   1 f. 5o c.

43. (*Code de procéd. civ.*, art. 627.) Pour un procès
verbal de saisie-brandon contenant l'indication de chaque
pièce, sa contenance et sa situation, deux au moins de ses
tenans et aboutissans, et la nature des fruits, quand il n'y
sera pas employé plus de trois heures,

   A Paris,   6 f. oo c.
   Dans les villes où il y a tribunal
    de première instance,   5   oo c.
   Dans les autres villes et cantons
    ruraux,   4   oo

Et quand il y sera employé plus de trois heures, pour
chacune des autres vacations aussi de trois heures,

   A Paris,   5 f. oo c.
   Dans les villes où il y a tribunal
    de première instance,   4   oo
   Dans les autres villes et cantons
    ruraux,   3   oo

L'huissier ne sera point assisté de témoins.

44. (*Code de procéd. civ.*, art. 628.) Pour les copies à
délivrer à la partie saisie, au maire de la commune et au
garde champêtre ou autre gardien, par chacune, le quart
de l'original.

Nota. Le surplus des actes sera taxé comme en saisie-
exécution.

45. Il sera alloué pour frais de garde, soit au garde
champêtre, soit à tout autre gardien qui pourra être établi,
aux termes de l'article 628, par chaque jour ; savoir :

   Au *garde-champêtre*,
    A Paris,   o f. 75 c.
   Dans les villes où il y a tribunal
    de première instance   o   75
   Dans les autres villes et cantons
    ruraux,   o   75

Et à tout autre que le garde champêtre,
    A Paris,   1   25
   Dans les villes où il y a tribunal de
    première instance,   1   25
   Dans les autres villes et cantons
    ruraux,   1   25

46. (*Code de procéd. civ.*, art. 637.) Pour un exploit
de saisie du fonds d'une rente constituée sur particulier,

contenant assignation au tiers saisi en déclaration affirmative devant le tribunal,

        A Paris,   4 f. 00 c.

        Dans les villes où il y a tribunal

            de première instance,   3   00

        Dans les autres villes et cant. rur.   3   00

Pour la copie, le quart.

Nota La dénonciation des placards et tous les autres
actes seront taxés comme en saisie immobilière.

47. (*Code de procéd. civ.*, art. 675.) Pour un procès
verbal de saisie immobilière auquel il n'aura été employé
que trois heures :

        A Paris,   6 f. 00 c.

        Dans les villes où il y a tribunal de

            première instance,   5   00

        Dans les autres villes et cantons

            ruraux,   5   00

Et cette somme sera augmentée par chacune des vacations subséquentes qui auront pu être employées, de,

        A Paris,   5 f. 00 c.

        Dans les villes où il y a tribunal de

            première instance,   4   00

        Dans les autres villes et cantons

            ruraux,   4   00

L'huissier ne se fera point assister de témoins.

48. (*Code de procéd. civ.*, art. 676.) Pour chaque copie
de ladite saisie qui sera laissée au greffier des juges de paix
et aux maires ou adjoints des communes de la situation, le
quart de l'original.

49. (*Code de procéd. civ.*, art. 681.) Pour la dénonciation de la saisie immobilière et des enregistremens à la
partie saisie :

        A Paris,   2 f. 50 c.

        Dans les villes où il y a tribunal

            de première instance ;   2   00

        Dans les autres villes et cantons

            ruraux,   2   00

Pour la copie de ladite dénonciation, le quart.

50. (*Code de procéd. civ.*, art. 685, et 686.) Pour l'original de l'acte d'apposition de placards en saisie immobilière, lequel ne contiendra pas la désignation des lieux où
ils ont été apposés :

        A Paris,   4 f. 00 c.

        Dans les villes où il y a tribunal

de première instance ,   3 f. 00 c.
Dans les autres villes et cantons
ruraux ,   3   00

51. (*Code de procéd. civ.* , art. 780.) Pour l'original de
la signification du jugement qui prononce la contrainte
par corps, avec commandement :

A Paris,   3 f. 00 c.
Dans les villes où il y a tribunal
de première instance,   2   00
Dans les autres villes et cantons
ruraux,   1   25

Et pour la copie, le quart.

52. (*Code de procéd. civ.* , art. 781.) Vacation pour
obtenir l'ordonnance du juge de paix à l'effet, par ce
dernier, de se transporter dans le lieu où se trouve le
débiteur condamné par corps, et requérir son transport,

A Paris,   2 f. 50 c.
Dans les villes où il y a tribunal
de première instance,   2   00
Dans les autres villes et cantons
ruraux,   2   00

53. (*Code de procéd. civ.* , art. 783 et 789.) Pour le
procès verbal d'emprisonnement d'un débiteur, y compris l'assistance de deux recors et l'écrou :

A Paris,   60 f. 25 c.
Dans les villes où il y a tribunal
de première instance,   40   00
Dans les autres villes et cantons
ruraux,   30   00

Il ne pourra être passé aucun procès verbal de perquisition, pour lequel l'huissier n'aura point de recours,
même contre sa partie, la somme ci-dessus lui étant allouée en considération de toutes les démarches qu'il pour-
roit faire.

54 (*Code de procéd. civ.* , art. 786.) Vacation de
l'huissier en référé, si le débiteur arrêté le requiert,

A Paris,   8 f. 00 c.
Dans les villes où il y a tribunal
de première instance,   6   00
Dans les autres villes et cantons
ruraux,   6   00

55. (*Code de procéd. civ.* , art. 789). Pour la copie du
procès verbal d'emprisonnement et de l'écrou, le tout
ensemble,

A Paris , 3 f. oo c.
Dans les villes où il y a tribunal
de première instance, 2 25
Dans les autres villes et cantons
ruraux, 2 25

56. (*Code de procéd. civ.*, art. 790). Il sera taxé au *gardien* ou *geolier* qui transcrira sur son registre le jugement portant la contrainte par corps, par chaque rôle d'expédition : A Paris, o f. 25 c.
Dans les villes où il y a tribunal
de première instance, o 20
Dans les autres villes et cantons
ruraux, o 20

57. (*Code de procéd. civ.*, art. 792 et 793). Pour un acte de recommandation d'un débiteur emprisonné sans assistance de recors :
A Paris, 4 f. oo c.
Dans les villes où il y a tribunal
de première instance, 3 oo
Dans les autres villes et cantons
ruraux, 3 oo

Pour chaque copie à donner au débiteur et au geolier , le quart.

58. (*Code de procéd. civ.*, art. 796). Pour la signification du jugement qui déclare un emprisonnement nul , et la mise en liberté du débiteur :
A Paris , 4 f. oo c.
Dans les villes où il y a tribunal
de première instance , 3 oo
Dans les autres villes et cantons
ruraux, 5 oo

Pour la copie à laisser au gardien ou geolier , le quart.

59. (*Code de procéd. civ.* , art. 813). Pour l'original d'un procès verbal d'offres , contenant le refus ou l'acceptation du créancier :
A Paris, 3 f. oo c.
Dans les villes où il y a tribunal
de première instance , 2 25
Dans les autres villes et cantons
ruraux , 2 f. 25 c.

Pour la copie , le quart.

6o. (*Code civ.* , art. 1259). D'un procès verbal de consignation de la somme ou de la chose offerte :
A Paris , 5 f. oo c.

Dans les villes où il y a tribunal
de première instance ,   4 f. 00 c.
Dans les autres villes et cantons
ruraux ,   4   00

Pour chaque copie à laisser au créancier, s'il est présent, et au dépositaire, le quart.

61. (*Code de procéd. civ.*, art. 819, 822, 825). Les procès verbaux de saisie gagerie sur locataires et fermiers,

Et ceux de saisie des effets du débiteur forain ,

Seront taxés comme ceux de saisie exécution, ainsi que tout le reste de la poursuite.

62. (*Code de procéd. civ.* , art., 829). Pour un procès verbal tendant à saisie-revendication, s'il y a refus de portes, ou opposition à la saisie, contenant assignation en référé devant le juge , y compris les témoins,
A Paris ,   5 f. 00 c.
Dans les villes où il y a tribunal
de première instance ,   4   00
Dans les autres villes et cantons
ruraux ,   4   00

Pour la copie, le quart.

Le procès verbal de saisie - revendication sera taxé comme celui de saisie-exécution.

63. *Code de procéd. civ.*, art. 822. *Code civ.*, art. 2185). Pour l'original de l'acte contenant réquisition d'un créancier inscrit , à fin de mise aux enchères et adjudications publiques de l'immeuble aliéné par son débiteur :
A Paris ,   5 f. 00 c.
Dans les villes où il y a tribunal
de première instance ,   4   00
Dans les autres villes et cantons
ruraux ,   4   00

Et pour la copie, le quart.

L'original et la copie de cette réquisition seront signés par le requérant ou par son fondé de procuration spéciale.

Il contiendra la soumission de porter ou faire porter le prix à un dixième en sus de celui qui aura été stipulé dans le contrat, et l'offre d'une caution avec assignation devant le tribunal pour la réception de la caution.

64. (*Code de procéd. civ.*, art. 901.) Pour un procès verbal de réitération de la cession par le débiteur failli à la maison commune, s'il n'y a pas de tribunal de commerce :   A Paris ,   4 f.   00 c.
Dans les villes où il y a tribunal

de première instance, 3 f. oo c.
Dans les autres villes et cantons ruraux, 3 oo

65. (*Code de procéd. civ.*, art. 902.) Pour un procès verbal d'extraction de la prison du débiteur failli, à l'effet de faire la réitération de sa cession de biens, indépendamment du procès-verbal de ladite réitération :

A Paris, 6 f. oo c.
Dans les villes où il y a tribunal de première instance, 5. oo
Dans les autres villes et cantons.
ruraux, 5. oo

Le procès verbal d'apposition de placards, en vente de biens immeubles de mineurs, ou dépendans d'une succession bénéficiaire ou vacante, ou abandonnés par un débiteur failli, sera taxé comme en saisie immobilière.

Par chaque original de protêt, intervention à protêt, et sommation d'intervenir, assistans et copie compris :

A Paris, 2 f. oo c.
Dans les villes où il y a tribunal
de première instance, 1 5o
Dans les autres villes et cantons,
ruraux, 1 5o

Pour l'original d'un protêt avec perquisition, assistans et copie compris :

A Paris, 5 f. oo c.
Dans les villes où il y a tribunal
de première instance, 4 oo
Dans les autres villes et cantons.
ruraux, 4 oo

§ III. *Dispositions générales relatives aux huissiers.*

66. (*Code de procéd. civ.*, 62.) Il ne sera rien alloué aux huissiers pour transport jusqu'à un demi-myriamètre.

Il leur sera alloué au-delà d'un demi-myriamètre, pour frais de voyage qui ne pourra excéder une journée de cinq myriamètres (dix lieues anciennes), savoir, au-delà d'un demi-myriamètre et jusqu'à un myriamètre pour aller et retour : A Paris, 4 f. oo c.
Dans les villes et cantons ruraux, 4 oo

Au-delà d'un myriamètre, il sera alloué par chaque demi-myriamètre, sans distinction, 2 f. oo c.

Il sera aussi taxé pour *visa* de chacun des actes qui y sont assujettis :

A Paris,   1 f. 00 c.

Dans les villes où il y a tribunal de première instance,   0 . 75

Dans les autres villes et cantons ruraux,   0   75

En cas de refus de la part du fonctionnaire public qui doit donner le *visa*, et dans le cas où l'huissier sera obligé, à raison de ce refus, de requérir le *visa* du procureur impérial, le droit sera double.

Les huissiers qui seront commis pour donner des ajournemens, faire des significations de jugemens, et tous autres actes, ou procéder à des opérations, ne pourront prendre de plus forts droits que ceux énoncés au présent tarif, à peine de restitution et d'interdiction, quels que soient la cour et le tribunal auxquels ils sont attachés.

Les huissiers qui auront omis de mettre, en bas de l'original et de chaque copie des actes de leur ministère, la mention du coût d'icelui, pourront, indépendamment de l'amende portée par l'art. 67 du Code de procédure, être interdits de leurs fonctions sur la réquisition d'office des procureurs généraux et impériaux.

TITRE II.

Des Avoués de première instance.

CHAPITRE PREMIER.

Matières sommaires.

67. Les dépens dans ces matières, seront liquidés, tant en demandant qu'en défendant, savoir :

Pour l'obtention d'un jugement par défaut contre partie ou avoué, y compris les qualités et la signification à avoué, s'il y a lieu, quand la demande n'excédera pas 1000 fr. :   A Paris,   7 f. 50 c.

Dans le ressort, les trois quarts ;

Et quand elle excédera 1000 fr. jusqu'à 5000 fr.,   10   00

Et quand elle excédera 5000 fr.,   15   00

Et pour l'obtention d'un jugement contradictoire ou définitif, quand la demande n'excédera pas 1000 fr.,   15   00

Et quand elle excédera 1000 francs jusqu'à 5000 fr.   20   00

Quand elle excédera 5000 f.   30   00 :

Nota. Si la valeur de l'objet do la constestation est indéterminée, le juge allouera l'une des sommes ci-dessus indiquées.

S'il y a lieu à enquête ou à visite et estimation d'experts, ordonnée contradictoirement, et s'il est intervenu aussi jugement-contradictoire sur l'enquête ou le rapport d'experts, il sera alloué un demi-droit.

Et en outre, pour copie des procès verbaux d'enquête et expertise, par chaque rôle :

> A Paris, o f. 15 c.
> Dans le ressort, les trois quarts.

S'il y a plus de deux parties en cause, et si elles ont des intérêts contraires, il sera alloué un quart en sus des droits ci-dessus à l'*avoué* qui aura suivi contre chacune des autres parties.

S'il y a lieu à un interrogatoire sur faits et articles, il sera passé à l'*avoué* de la partie à la requête de laquelle il aura été subi, un demi-droit ; et en outre, pour copie du procès verbal d'interrogatoire, par chaque rôle d'expédition : A Paris, o f. 15 c.

> Dans le ressort, les trois quarts.

Il sera passé à l'*avoué* qui levera le jugement rendu contradictoirement, pour dressé des qualités et signification de jugement à *avoué*, le quart du droit accordé pour l'obtention du jugement contradictoire.

Il ne sera alloué aucun honoraire aux avocats dans ces sortes de causes.

Si l'*avoué* est révoqué, ou si les pièces lui sont retirées, il lui sera alloué, savoir :

S'il y a eu constitution d'avoué avant l'obtention d'un jugement par défaut, moitié du droit accordé pour faire rendre un jugement par défaut ;

Et s'il a été obtenu un premier jugement par défaut ou un jugement interlocutoire, indépendamment de l'émolument pour ces jugemens, moitié du droit accordé pour obtenir un jugement contradictoire.

Mais ces droits ne seront acquis, et ils ne pourront être exigés que lorsqu'il y aura eu constitution d'avoué dans le premier cas, ou qu'il aura été formé opposition au premier jugement par défaut, et que l'avoué qui aura obtenu le premier jugement, aura suivi l'audience sur le débouté d'opposition.

Au moyen de la fixation ci-dessus, il ne sera passé aucun autre honoraire pour aucun acte et sous aucun prétexte. Il ne sera alloué en outre que les simples déboursés.

CHAPITRE II.

Matières ordinaires.

§ Ier. *Droit de consultation.*

68. (*Code de procéd. civ.*, art. 59, 61 , 75, etc.) Pour la consultation sur toute demande principale, intervention, tierce - opposition et requête civile, tant en demandant qu'en défendant, sans qu'il puisse être passé plus d'un droit par chaque *avoué* et par cause, et sans que l'intervention d'un appelé en garantie puisse y donner lieu ; le droit ne pourra être exigé qu'autant qu'il aura été obtenu un jugement par défaut contre partie, ou qu'il y aura eu constitution d'avoué, et y compris la procuration sous signature privée ou par-devant notaire, indépendamment des déboursés :

A Paris,	10 f. 00 c.
Dans le ressort,	7 50

69. Il ne sera alloué aucun émolument à l'avoué, dans le cas où il comparaîtrait-au bureau de conciliation pour sa partie.

§ II. *Actes de première classe.*

70. (*Code de procéd. civ.*, art. 75.) Pour l'original d'une constitution d'avoué.

(Art. 79 , 82 et *passim*). Pour un acte d'avoué à avoué pour suivre l'audience, sans qu'il puisse en être passé plus d'un seul pour chaque jugement par défaut, interlocutoire ou contradictoire.

(Art. 452.) Les avoués seront tenus de se présenter au jour indiqué par les jugemens préparatoires ou de remise, sans qu'il soit besoin d'aucune sommation.

(Art. 96, 104.) Pour l'original d'un acte de déclaration de production par le demandeur en instruction par écrit, contenant le nombre des rôles dont la requête est composée.

(Art. 97.) *Idem* de la part du défendeur.

(*Code de procéd. civ.*, art. 110.) De la signification de l'ordonnance du président, portant nomination d'un autre rapporteur, en cas de décès, démission ou impossibilité de faire le rapport en délibéré ou instruction par écrit.

(Art. 115.) (*Résultat de l'article.*) D'une sommation d'être présent au retrait des pièces, après le jugement sur délibéré, ou en instruction par écrit.

(Art. 121.) D'une sommation d'avoué à avoué, pour être présent à la prestation d'un serment ordonné.

(Art. 145.) D'une sommation d'avoué à avoué, pour être réglé sur une opposition aux qualités.

(Art. 179.) De la déclaration au demandeur originaire de la part du défendeur, qu'il a formé une demande en garantie.

De la dénonciation au demandeur originaire de la demande en garantie.

(Art. 188.) De la sommation de communiquer les pièces signifiées ou employées dans la cause.

(Art. 191.) De la signification de la requête et de l'ordonnance portant que l'avoué qui retient des pièces sera tenu de les remettre.

De la signification de l'acte de dépôt au greffe de la pièce d'ont l'écriture est déniée.

(Art. 204.) De la sommation de comparaître devant le juge commis en vérification d'écritures, pour être présent au serment des experts et à la représentation des pièces de comparaison.

(Art. 206.) De la sommation pour êtrè présent à la confection d'un corps d'écriture.

(*Code de procéd. civ.*, art. 219.) De la signification de l'acte de dépôt au greffe d'une pièce arguée de faux.

(Art. 221.) De la sommation pour être présent à la réquisition d'apport au greffe de la minute de la pièce arguée de faux.

(Art. 224.) De la signification de l'ordonnance, portant que la minute de la pièce arguée de faux sera apportée au geffe.

(Art. 225.) De la signification de l'acte de dépôt au greffe de la pièce arguée de faux, avec sommation d'être présent au procès verbal qui sera dressé de son état.

(Art. 286.) De la signification des procès verbaux d'enquête.

(Art. 297.) De la signification de l'ordonnance du juge commis pour faire une descente sur les lieux, contenant la désignation des jour, lieu et heure, et sommation d'y être présent.

(Art. 299.) De la signification du procès verbal du juge-commissaire qui a fait une descente sur les lieux.

(Art. 315.) De la sommation contenant indication des jour et heure choisis par les experts, si la partie n'étoit pa présente à la prestation de leur serment.

(Art. 321) De la signification du rapport des experts.

(Art. 335.) De la signification de l'interrogatoire sur faits et articles.

(Art. 344.) De la notification du décès d'une partie.

(*Code de procéd. civ.*, art. 354 et 355.) De la signification d'un désaveu.

(Art. 372.) De la signification de l'acte à fin de renvoi d'un tribunal à un autre, des pièces y annexées et du jugement intervenu.

(Art. 396.) De la signification de l'arrêt intervenu sur l'appel d'un jugement qui aura rejeté une récusation, ou du certificat du greffier de la cour d'appel, contenant que l'appel n'est pas jugé, et indication du jour où il doit l'être.

(Art. 403.) De la sommation de se trouver devant le président, et voir déclarer la taxe des frais exécutoire, en cas de désistement de la demande.

(Art. 534.) De la sommation d'être présent à la présentation et affirmation d'un compte.

(Art. 574.) De la signification de la déclaration affirmative, et du dépôt des pièces contenant constitution d'avoué.

(Art. 575.) D'un acte contenant dénonciation d'opposition formée sur le débiteur entre les mains d'un tiers saisi.

(Art. 578.) De la signification de l'état détaillé des effets mobiliers saisis et arrêtés entre les mains d'un tiers saisi.

(Art. 871.) De la sommation à la requête des créanciers du mari, à l'avoué de la femme poursuivant sa séparation de biens, de leur communiquer la demande et les pièces justificatives.

(Art 972). De l'acte de signification du cahier des charges en licitation, aux avoués des colicitans.

(*Titre des partages*). De l'acte de sommation aux avoués des copartageans de se trouver, soit devant le juge-commissaire, soit devant le notaire, pour procéder aux opérations du partage :

<table>
<tr><td>A Paris,</td><td>1 f. 00 c.</td></tr>
<tr><td>Dans le ressort,</td><td>0   75</td></tr>
</table>

Pour les copies de chacun des actes ci-dessus énoncés, indépendamment des copies de pièces, le quart.

§. III. *Actes de deuxième classe.*

71. (*Code de procéd. civ.*, art. 102). Acte de production nouvelle en instruction par écrit, contenant l'état des pièces.

(Art. 215). Sommation à la partie adverse de déclarer si elle veut ou non se servir d'une pièce produite, avec déclaration que, dans le cas où elle s'en servirait, le demandeur s'inscrira en faux.

(Art. 216). Déclaration de la partie sommée, signée d'elle ou du fondé de sa procuration spéciale et authentique, dont il sera donné copie, qu'elle entend ou non se servir de la pièce arguée de faux.

(Art. 252). Acte contenant articulation succincte des faits, dont une partie demandera à faire preuve.

Acte contenant réponse au précédent, et dénégation ou reconnaissance des faits.

(*Code de procéd. civ.*, art. 282). Acte contenant la justification des reproches par écrit.

Acte en réponse.

(Art. 289). Acte contenant offre de prouver les reproches contre les témoins non justifiés par écrit, et désignation des témoins à entendre sur les reproches.

Acte en réponse.

(Art. 309). Acte contenant les moyens de récusation contre les experts.

(Art. 311). Acte contenant réponse aux moyens de récusation.

(Art. 337). Acte contenant les moyens et conclusion des demandes incidentes.

Acte servant de réponse aux demandes incidentes.

(Art. 347). Acte de reprise d'instance.

(Art. 402). Acte de désistement et d'acceptation de désistement.

(Art. 518). Acte de présentation de caution.

(Art. 519). Acte de déclaration d'acceptation de caution.

(Art. 520). Acte de contestation de la caution offerte.

(Art. 524). Acte d'offres sur la déclaration des dommages et intérêts.

(Art. 856). Acte contenant demande en rectification d'un acte de l'état civil.

Acte servant de réponse.

Tous ces actes seront taxés pour l'original :

A Paris,   5 f. 00 c.

Dans le ressort,   3   75

Et pour chaque copie, indépendamment des copies de pièces, le quart.

§. IV. *Des requêtes et Défenses qui peuvent être grossoyées, et des Copies de pièces.*

72. (*Code de procéd. civ.*, art. 77). Pour l'original ou grosse des requêtes servant de défenses aux demandes, contenant vingt-cinq lignes à la page, et douze syllables à la ligne :

A Paris,	2 f. 00 c.
Dans le ressort,	1 50

Les copies de pièces qui seront données avec les défenses, ou qui pourront être signifiées dans les causes, seront taxées, à raison du rôle de vingt-cinq lignes à la page, et de douze syllables à la ligne, ou évaluées sur ce pied :

A Paris,	0 f. 30 c.
Dans le ressort,	0 25

Les copies de tous actes ou jugemens, qui seront signifiées avec les exploits des huissiers, appartiendront à l'avoué, si elles ont été faites par lui, à la charge de les certifier véritables et de les signer.

73. Pour l'original ou grosses des requêtes contenant réponse aux défenses dans la forme ci-dessus, pour chaque rôle :

A Paris,	2 f. 00 c.
Dans le ressort,	1 50

(*Code de procéd. civ.*, art. 96). Des requêtes en instruction par écrit, terminées par l'état des pièces, 1 f. 50 c.

(*Code de procéd. civ.*, art. 97). *Idem* servant de réponse à celles en instruction par écrit, avec état des pièces au soutien.   *Idem.*

(Art. 103). *Idem* en réponse aux productions de nouvelles pièces qui ne pourront excéder six rôles.

74. (*Code de procéd. civ.*, art. 104). Dans les instructions par écrit, les grosses et les copies de toutes les requêtes porteront la déclaration du nombre des rôles dont elles sont composées, à peine de rejet de la taxe.

75. (*Code de procéd. civ.*, art. 161). Pour la grosse de la requête d'opposition au jugement par défaut contenant les moyens par chaque rôle :

A Paris,	2 f. 00 c.
Dans le ressort,	1 50

Si les moyens ont été fournis avant le jugement par défaut, la requête d'opposition, sans les moyens, ne sera passée que pour un rôle.   *Idem.*

(Art. 166). *Idem* pour la grosse de la requête, qui ne pourra excéder deux rôles, tendant à ce que l'étranger demandeur soit tenu de fournir caution.

Idem de celle en réponse, qui ne pourra non plus excéder deux rôles.

(Art. 168). *Idem* de la requête pour proposer un déclinatoire, qui ne pourra excéder six rôles.

Idem de la réponse.

(Art. 173). *Idem* de la requête en nullité de la demande ou du jugement, qui ne pourra non plus.excéder six rôles.

Idem de la réponse.

(*Code de procéd. civ.*, art. 174). *Idem* de la requête pour demander délai pour délibérer et faire inventaire, qui ne pourra aussi excéder six rôles.

Idem de la réponse.

(Art. 180). *Idem* de la requête pour soutenir qu'il n'y a lieu d'appeler garant, qui ne pourra excéder six rôles.

Idem de la réponse.

(Art. 192). *Idem* de la requête d'opposition à l'ordonnance portant contrainte de remettre des pièces, qui ne pourra excéder deux rôles.

Idem de la réponse.

(Art. 229). *Idem* de la requête contenant les moyens de faux.

(Art. 230). *Idem* de la requête contenant réponse aux moyens de faux.

(Art. 339). *Idem* de la requête d'intervention.

Idem de la requête en réponse d'intervention.

(Art. 248). *Idem* de la requête contenant contestation sur la demande en reprise d'instance, qui ne pourra excéder six rôles.

Idem de la réponse.

(Art. 354). *Idem* de la requête servant de moyens contre un désaveu.

Et réponse.

(Art. 373). *Idem* de la requête contre la demande à fin de renvoi d'un tribunal à un autre, pour cause de parenté ou alliance.

Et pour la réponse.

(*Code de procéd. civ.*, art. 400). *Idem* de la requête en péremption d'instance, qui ne pourra excéder six rôles.

Idem de la réponse.

(Art. 475). *Idem* de la requête de tierce-opposition,

Et réponse.

(Art. 493). *Idem* de la requête civile incidente.

Et réponse.

(Art. 514). *Idem* de la requête contenant défense du juge pris à partie.

Et réponse.

(Art. 531). *Idem* pour la grosse d'un compte dont le préambule ne pourra excéder six rôles.

Il ne sera fait qu'une seule grosse.

(Art. 570). *Idem* pour la grosse de la requête du tiers-saisi qui demandera son renvoi devant son juge, en cas que sa déclaration affirmative soit contestée : cette requête ne pourra excéder deux rôles.

Et réponse.

(Art. 815). *Idem* de la requête pour demander incidemment la validité ou la nullité d'offres réelles.

Et réponse.

(Art. 847). *Idem* de la requête à fin de se faire autoriser à compulser un acte, qui ne pourra excéder six rôles.

Et réponse.

(*Code de procéd. civ.*, art. 871). *Idem* de la requête d'intervention des créanciers du mari dans les demandes en séparation de biens.

Et réponse.

(Art. 972). *Idem* de la requête de conclusions motivées contenant la demande en entérinement du rapport des experts en partages et licitations.

Et réponse.

Il sera taxé, pour chacun des rôles, des requêtes ci-dessus énoncées :

A Paris,	2 f. 00 c.
Dans le ressort,	1 50

Et pour chaque copie, par rôle, le quart.

Le nombre des rôles de requête en réponse ne pourra jamais excéder celui fixé pour la requête en demande.

Nota. Il ne sera passé aucun frais d'impression des requêtes et défenses même autorisées.

§. V. *Requêtes qui ne peuvent être grossoyées, et Copies d'actes.*

76. (*Code de procéd civ.*, art. 110.) Requête pour faire nommer un autre rapporteur en instruction par écrit ou sur délibéré.

(Art. 156.) Pour faire commettre un huissier à l'effet de signifier un jugement par défaut contre partie.

(*Code de procéd. civ.*, art. 191.) Pour faire contraindre un avoué à remettre les pièces qu'il a prises en communication.

(Art. 199.) Pour obtenir l'ordonnance du juge-commissaire en vérification d'écritures, à l'effet de sommer la partie adverse de comparaître à jour et heure certains, pour convenir de pièces de comparaison.

(Art. 204.) A fin d'obtenir l'ordonnance du commissaire en vérification d'écritures, pour sommer les experts de prêter serment, et les dépositaires de représenter les pièces de comparaison.

(Art. 221.) Au juge-commissaire, en inscription de faux incident, pour faire ordonner l'apport de la minute de la pièce arguée par le dépositaire.

(Art. 259.) Au juge-commis pour procéder à une enquête, à l'effet d'obtenir son ordonnance, indiquant le jour et l'heure pour lesquels les témoins seront assignés.

(Art. 297.) Au juge-commis pour faire une descente sur les lieux, à l'effet d'obtenir son ordonnance portant l'indication des jour, lieu et heure.

(Art. 307.) Au juge-commissaire pour demander son ordonnance à l'effet de faire prêter serment aux experts convenus ou nommés d'office.

(Art. 403.) En cas de désistement de la demande pour obtenir l'ordonnance du président à fin de rendre la taxe de frais exécutoire.

(*Code de procéd. civ.*, art. 334.) Au juge-commis pour entendre un compte, à l'effet d'obtenir l'ordonnance fixant le jour et l'heure de la présentation.

(Art. 617.) A fin de permission de vendre les meubles saisis-exécutés, dans un lieu plus avantageux que celui indiqué par la loi.

(Art. 780.) Pour faire commettre un huissier, à l'effet de signifier le jugement portant contrainte par corps.

(Art. 808.) A fin d'assigner extraordinairement en référé, si le cas requiert célérité.

(Art. 819.) A fin de saisir-gager à l'instant les meubles et effets garnissant les maisons et fermes.

(Art. 822.) A fin de permission de saisir les effets de son débiteur forain, trouvés en la commune qu'habite le créncier.

(Art. 832.) A fin de faire commettre un huissier pour

notifier le titre du nouveau propriétaire aux créanciers inscrits.

A fin de faire commettre un huissier à l'effet de notifier la réquisition de surenchère.

(Art. 976.) Au juge-commissaire en partage et licitation, à l'effet d'obtenir son ordonnance pour citer les autres parties à comparaître par-devant lui.

(*Code civ.*, art. 467.) Au procureur impérial, pour faire désigner trois jurisconsultes, sans l'avis desquels le tuteur du mineur ne pourra transiger.

Les requêtes ci-dessus énoncées ne seront point grossoyées, et seront taxées :

A Paris,   2 f. 00 c.
Dans le ressort,   1   50

La vacation pour demander l'ordonnance du président ou du juge-commissaire et se la faire délivrer, est comprise dans la taxe.

77. *Code de procéd. civ.*, art. 72.) Requête contenant demande pour abréger les délais dans les cas qui requièrent célérité.

(Art. 558.) Pour obtenir permission de saisir et arrêter, entre les mains d'un tiers, ce qu'il doit au débiteur quand il n'y a pas de titre.

(Art. 582.) Pour avoir permission de saisir et arrêter la portion que le juge déterminera dans des sommes ou pensions données ou léguées pour aliment, et ce, pour créances postérieures aux dons et legs.

(*Code civ.*, art. 783.) A l'effet d'obtenir, pour le témoin assigné, un sauf-conduit, qui ne pourra être accordé que sur les conclusions du ministère public, et qui réglera sa durée.

(*Code de procéd. civ.*, art. 795.) A l'effet de demander la nullité de l'emprisonnement d'un débiteur détenu pour dettes.

(Art. 800.) Pour demander la liberté d'un débiteur détenu pour dettes, dans tous les cas prévus par l'article 800.

(Art. 802.) Pour assigner le geolier qui refuse de recevoir la consignation de la dette.

(*Code de procéd. civ.*, art. 803.) Pour demander la liberté, faute de consignation d'alimens.

(Art. 826, 827.) Pour demander la permission de saisir-revendiquer, contenant la désignation des effets.

(*Code civ.*, art. 113. *Code de procéd. civ.*, art. 928, 931.) *Idem* pour faire commettre un notaire à l'effet de représenter les absens présumés, dans les inventaires, comptes, partages et liquidations dans lesquels ils sont intéressés.

(*Code de procéd. civ.*, art. 946.) Pour faire autoriser à la vente du mobilier d'une succession.

(Art. 986.) A fin d'être autorisé, sans attribution de qualité, à faire procéder à la vente d'effets mobiliers dépendans d'une succession.

(Art. 996.) Pour faire nommer un curateur au bénéfice d'inventaire.

(Art. 998.) Pour faire nommer un curateur à une succession vacante.

(Art. 1017.) *Id.* à l'effet de faire nommer un tiers arbitre.

Elles seront taxées :

A Paris,	3 f. 00 c.
Dans le ressort,	2 25

Les requêtes ci-dessus ne seront point grossoyées.

Et la vacation pour prendre l'ordonnance est comprise dans la taxe.

78. (*Code de procéd. civ.*, art. 364.) Requête à fin d'obtenir permission d'assigner en réglement de juges.

(*Code de procéd. civ.*, art. 483 et 492.) Requête civile principale.

(Art. 839, 841, 844, 854.) A fin de permission de se faire délivrer expédition ou copie d'un acte parfait, non enregistré, ou même resté imparfait, ou pour se faire délivrer une seconde grosse.

(Art. 855.) A fin de réformation d'un acte de l'état civil.

(Art. 859.) A l'effet de faire pourvoir à l'administration des biens d'une personne présumée absente.

(*Code civ.*, art. 113.) Pour avoir permission de faire enquête pour constater l'absence.

(*Code de procéd. civ.*, art. 860.) Afin d'envoi en possession provisoire des biens d'un absent.

(Art. 861.) De la femme, à l'effet de citer son mari à la chambre du conseil pour déduire les causes de son refus de l'autoriser.

(Art. 863 et 864.) De la femme, en cas d'absence présumée ou déclarée du mari, ou en cas d'interdiction pour se faire autoriser.

(Art. 865.) De la femme qui se pourvoit en séparation de biens.

(*Code de procéd. civ.*, art. 885. *Code civ.*, 467.) A fin d'homologation de l'avis d'un conseil de famille.

(*Code civ.*, art. 1008.) Pour demander l'envoi en possession du legs universel.

(*Code de procéd. civ.*, art. 909.) Du créancier pour obtenir la permission de faire apposer un scellé.

(Art. 955 et 964.) A fin d'homologation d'un avis du conseil de famille pour aliéner les immeubles des mineurs ; ou pour être autorisé à vendre au-dessous de l'estimation.

(Art. 987.) De l'héritier bénéficiaire, à l'effet d'être autorisé à vendre les immeubles dépendans d'une succession bénéficiaire.

(Art. 988.) Pour demander l'entérinement du rapport d'experts qui ont fait l'estimation des immeubles dépendans d'une succession bénéficiaire.

Idem d'un curateur à une succession vacante.

(Art. 70 et 71.) *Idem* pour demander l'homologation d'un acte de notoriété délivré par le juge de paix sur la déposition de sept témoins, pour suppléer à un acte de naissance.

Ces requêtes ne peuvent être grossoyées ; et l'émolument pour prendre les ordonnances et communiquer au ministère public, est compris dans la taxe, qui sera de :

A Paris,	7 f. 50 c.
Dans le ressort,	5 50

79. (*Code de procéd. civ.*, art. 325.) Requête pour avoir permission de faire interroger sur faits et articles contenant les faits.

Cette requête ne sera point signifiée ni la partie appelée avant le jugement qui admettra ou rejettera la demande à fin de faire interroger ; né sera notifiée qu'avec le jugement et l'ordonnance du juge commis pour faire subir l'interrogatoire.

(*Code de procéd. civ.*, art. 875.) De l'époux qui se pourvoit en séparation de corps, contenant sommairement les faits.

(*Code civ.*, art 236.) De l'époux qui se pourvoit en divorce pour cause déterminée, contenant le détail des faits.

(*Code de procéd. civ.* art. 890.) Contenant demande à fin d'interdiction, le détail des faits et l'indication des témoins.

Ces requêtes ne peuvent être grossoyées ; et l'émolument pour prendre les ordonnances et communiquer au ministère public est compris dans la taxe :

A Paris,	15 f. 00 c.
Dans le ressort,	12 00

§ VI. *Plaidoiries et assistances aux Jugemens.*

80. (*Code de procéd. civ.*, art. 76 *et suiv.*) Pour honoraires de l'avocat qui aura plaidé la cause contradictoirement :

    A Paris,   15 f. 00 c.
    Dans le ressort,   10   00

81. Pour assistance de l'avoué à l'audience, à l'effet de
demander acte de sa constitution, en cas d'abréviation des
délais :   A Paris,   1 f. 50 c.
    Dans le ressort,   1   00

82. (*Code de procéd. civ.*, art. 149.) Assistance et plaidoirie aux jugemens par défaut :

    A Paris,   3 f. 00 c.
    Dans le ressort,   2   45

Pour l'honoraire de l'avocat qui aura pris le jugement
par défaut :

    A Paris,   5 f. 00 c.
    Dans le ressort,   4   00

Quand le jugement par défaut aura été pris par un avocat, le droit d'assistance de l'avoué ne sera,

    A Paris, que de   1 f. 00 c.
    Dans le ressort,   0   75

83. (*Code de procéd. civ.*, art. 87.) Pour assistance de
chaque avoué à tout jugement portant remise de cause, ou
indication de jour, sans que les jugemens puissent être
levés, ni qu'il soit signifié de qualités, ou donné d'avenir :

    A Paris,   3 f. 00 c.
    Dans le ressort,   2   25

84. (*Code de procéd. civ.*, art. 93 et 95.) Pour assistance
et observations des avoués aux jugemens qui ordonneront
une instruction par écrit :

    A Paris,   5 f. 00 c.
    Dans le ressort,   4   00

85. (*Code de procéd. civ.*, art. 113.) Pour assistance
aux jugemens sur délibéré ou instruction par écrit, y compris les notes qu'ils pourront fournir :

    A Paris,   5 f. 00 c.
    Dans le ressort,   4   00

86. (*Code de procéd. civ.*, art. 116.) Pour assistance des
avoués à chaque journée de plaidoirie qui précède les jugemens interlocutoires et définitifs, contradictoires quand
les causes sont plaidées par les parties elles-mêmes ou par
des avocats :

A Paris.,	3 f. 00 c.
Dans le ressort,	2 25

Et quand les avoués plaideront eux-mêmes,

A Paris,	10 00 c.
Dans le ressort,	6 00

§ VII. *Qualités et Significations des Jugemens.*

87. (*Code de procéd. civ.*, art. 142.) Pour l'original des qualités contenaut les noms, profession et demeure des parties, leurs conclusions et les points de fait et de droit, sans que les motifs des conclusions puissent y être insérés, ni qu'on puisse rappeler, dans les points de fait et de droit, les moyens des parties, savoir, pour celle d'un jugement par défaut :

A Paris ,	3 f. 75 c.
Dans le ressort ,	2 80

Pour celle d'un jugement contradictoire sur plaidoirie ou délibéré :

A Paris ,	7 f. 50 c.
Dans le ressort ,	5 50

Et celles d'un jugement en instruction par écrit :

A Paris ,	10 00
Dans le ressort ,	7 50

88. (*Code de procéd. civ.*, art. 142.) Pour chaque copie qui ne pourra être signifiée que dans le cas où le jugement serait contradictoire, le quart.

89. (*Code de procéd. civ.* , art. 156 et 157.) Pour signification de tout jugement à avoué ou à domicile, par chaque rôle d'expédition :

A Paris ,	0 f. 30 c.
Dans le ressort,	0 25 c.

§ VIII. *Des Vacations.*

90. Vacation pour mettre la cause au rôle.

(*Code de procéd. civ.*, art. 83.) Pour communiquer les pièces de la cause au ministère public et les retirer, le tout ensemble.

(Art. 94.) Pour produire et retirer les pièces dans les causes où il a été ordonné un délibéré.

(Art. 102.) Pour produire au greffe des pièces nouvelles en instruction par écrit.

(*Code de procéd. civ.*, art. 103.) Pour prendre en communication les pièces nouvelles produites en instruction par écrit.

(Art. 107.) Pour prendre le certificat du greffier, constatant que la partie adverse n'a pas produit en instruction par écrit dans les délais fixés.

(Art. 109.) Pour requérir le greffier, après que toutes les parties ont produit en instruction par écrit ou après l'expiration des délais, de remettre les pièces au rapporteur.

(Art. 144.) Pour former opposition à des qualités, le droit ne sera passé qu'autant que le président aura ordonné une réformation.

(Art. 145.) Pour faire régler les qualités des jugemens en cas d'opposition.

(Art. 163, 164, 549.) Pour faire la mention sur le registre tenu au greffe de l'opposition au jugement par défaut, ou de l'appel de tout jugement, quand il y aura dans les jugemens des dispositions qui doivent être exécutées par des tiers.

(Art. 471 et 494.) Pour consigner l'amende en requête civile, ou sur appel dans toutes les causes, à l'exception des matières sommaires.

(Art. 501.) Pour la retirer.

(Art. 548.) Pour donner certificat contenant la date de la signification, au domicile de la partie condamnée, du jugement qui prononce une main-levée, la radiation d'inscription hypothécaire, en paiement ou autre chose à faire par un tiers ou contre lui.

Pour requérir du greffier le certificat qu'il n'existe contre le jugement énoncé ci-dessus ni opposition ni appel portés sur le registre tenu au greffe.

(Art. 967.) Pour faire viser par le greffier la demande en partage et licitation :

A Paris, 1 f. 50 c.
Dans le ressort. 1 15

91. (*Code de procéd. civ.* art. 77 et 189.) Vacation, pour donner et prendre communication des pièces de la cause à l'amiable, sur récépissé ou par la voix du greffe, et le rétablissement entre les mains de l'avoué, ou le retrait du greffe, le tout ensemble.

(Art. 96.) Pour produire au greffe dans les causes où il a été ordonné une instruction par écrit.

(Art. 97.) Pour prendre communication au greffe de la production du demandeur en instruction par écrit, et le rétablissement de cette production, le tout ensemble.

(Art. 115.) Pour retirer les pièces du greffe dans les instructions par écrit.

(Art. 219, 220.) Pour déposer au greffe les pièces arguées de faux.

(Art. 259.) Pour requérir l'ordonnance du juge commis à l'effet de procéder à une enquête et signer le procès verbal d'ouverture.

(*Code de procéd. civ.*, art. 306.) Pour faire la déclaration au greffe des experts convenus.

(Art. 307, 315.) Pour être présent à la prestation de serment des experts devant le juge-commissaire.

(Art. 361.) Pour faire faire la mention, en marge de l'acte de désaveu, du jugement qui l'aura rejeté.

(Art. 518.) Pour déposer au greffe les titres de solvabilité de la caution présentée.

(Art. 519.) Pour prendre communication au greffe des titres de solvabilité de la caution.

(Art. 519, 522.) Pour faire faire au greffe la soumission d'une caution.

(Art. 523.) Pour déposer au greffe, ou donner en communication sur récépissé à l'amiable, les pièces justificatives de la déclaration des dommages et intérêts, et les retirer, le tout ensemble.

Pour prendre communication à l'amiable surrécépissé, ou au greffe, des pièces justificatives de la déclaration des dommages et intérêts, et les rétablir, le tout ensemble.

(Art. 569.) Pour requérir des fonctionnaires publics, tiers-saisis, le certificat du montant de ce qu'ils doivent à la partie saisie.

(Art. 874). Pour assister au greffe la femme qui fait sa renonciation à la communauté, en cas de séparation de biens.

(*Code civ.*, art. 240). Pour prendre l'ordonnance du tribunal qui permet de citer l'époux défendeur en divorce.

(*Code de procéd.*, art. 997; *Code civ.*, art. 793, 794.). Pour assister au greffe la femme qui renonce à la communauté après décès, ou l'héritier qui renonce à la succession, ou qui ne l'accepte que sous bénéfice d'inventaire.

(*Code de procéd. civ.*, art. 1020). Pour demander l'ordonnance d'*exequatur* d'une décision arbitrale :

<table>
<tr><td>A Paris,</td><td align="right">3 f. 00 c.</td></tr>
<tr><td>Dans le ressort,</td><td align="right">2　25</td></tr>
</table>

92. (*Code de procéd. civ.*, art. 196). Vacation pour déposer au greffe une pièce dont l'écriture est déniée, et assistance au procès-verbal dressé par le greffier de l'état de ladite pièce.

(Art. 198). *Idem* pour prendre communication de ladite pièce, et assistance au procès verbal dressé par lo greffier.

(Art. 199). *Idem* devant le juge-commissaire, pour convenir des pièces de comparaison.

(Art. 284, 207). Pour être présent au serment des experts à la représentation des pièces de comparaison, et faire les réquisitions et observations par chaque vacation.

(Art. 206). A la confection du corps d'écriture fait par le défendeur, s'il est ainsi ordonné.

(Art. 218). Pour former une inscription de faux incident au greffe.

(*Code de procéd. civ.*, art. 221). Pour requérir du juge-commissaire son ordonnance à l'effet de faire apporter au greffe la pièce arguée de faux, dont il y a minute.

(Art. 226). Au procès verbal de l'état des pièces arguées de faux.

(Art. 228). De l'avoué du demandeur, pour prendre, en tout état de cause, communication de la pièce arguée de faux.

(Art. 270). A l'audition des témoins, par trois heures.

(Art. 297). En cas de descente sur les lieux, par trois heures.

(Art. 317). Des avoués au rapport d'experts s'ils en sont expressément requis par leurs parties, pour ne les répéter que contre elles, et sans qu'elles puissent entrer en taxe.

(Art. 353). Pour former un désaveu au greffe, contenant les moyens, conclusions et constitution d'avoués.

(Art. 370). Pour former par acte au greffe la demande à fin de renvoi d'un tribunal à un autre pour parenté et alliance.

(Art. 384). Pour faire au greffe l'acte contenant les moyens de récusation contre un juge.

Pour interjeter appel au greffe du jugement qui aura rejeté la récusation, avec énonciation des moyens et dépôt des pièces au soutien.

(Art. 532, 536). Pour mettre en ordre les pièces d'un compte à rendre, les coter et les parapher.

Il sera passé une vacation pour cinquante pièces, deux pour cent, et ainsi de suite.

(*Code de procéd. civ.*, art. 534). A la représentation et affirmation du compte.

(Art. 535). Pour requérir du juge-commissaire exécutoire de l'excédant de la recette sur la dépense dans les comptes présentés.

(Art. 536). Pour prendre en communication les pièces justificatives du compte et les rétablir, le tout ensemble.

(Art. 538). Pour fournir des débats sur le procès-verbal du juge-commissaire.

Par chaque vacation de trois heures, dont le nombre sera fixé et arbitré par le juge-commissaire.

(Art. 538). *Idem* pour fournir soutenemens et réponses.

Par chaque vacation de trois heures, dont le nombre sera fixé et arbitré par le juge-commissaire.

(Art. 573 et 574). Pour faire au greffe une déclaration affirmative sur saisie-arrêt, contenant les causes et le montant de la dette, les paiemens à compte si aucuns ont été faits, l'acte ou les causes de libération, et les saisies-arrêts formées entre les mains du tiers-saisi, et le dépôt au greffe des pièces justificatives, le tout ensemble.

(Art. 850). Pour assistance au compulsoire, et dire au procès-verbal par chaque vacation.

(Art. 866, 867 et 868). Pour faire et remettre l'extrait de la demande en séparation de biens qui doit être inséré dans les tableaux de l'auditoire du tribunal où se poursuit la séparation et du tribunal de commerce, des chambres des avoués de première instance et des notaires, et le faire insérer dans un journal, le tout ensemble.

(*Code de procéd. civ.*, art. 872). Pour faire insérer l'extrait du jugement qui aura prononcé la séparation de biens dans les mêmes tableaux et dans un journal, le tout ensemble.

(Art. 880). Pour faire insérer l'extrait du jugement qui prononcera la séparation de corps dans les mêmes tableaux et dans un journal, le tout ensemble.

(*Code civ.*, art. 242, 243). Pour assister à huis clos les époux dans le cas de demande en divorce, représenter les pièces, faire les observations et indiquer les témoins.

(*Code de procéd. civ.*, art. 892). Pour assister à la délibération du conseil de famille qui suit la demande en interdiction et avant l'interrogatoire.

(Art. 501). *Idem* pour faire l'extrait du jugement qui prononcera une interdiction ou une nomination de conseil, le faire insérer dans le tableau de l'auditoire et des études des notaires de l'arrondissement et dans un journal, le tout ensemble.

Le jugement d'interdiction ou de nomination de conseil ne sera point signifié aux notaires de l'arrondissement: l'extrait en sera remis au secrétaire de leur chambre, qui en donnera récépissé , et qui le communiquera à ses collègues , qui seront tenus d'en prendre note , et de l'afficher dans leurs études.

(*Code de procéd. civ.* , art. 898). Pour déposer au greffe le bilan , les livres et les titres actifs, s'il y en a , du débiteur qui demande à être admis au bénéfice de cession.

(Art. 903). Pour faire l'extrait du jugement qui admet à la cession de biens , et le faire insérer au tableau du tribunal de commerce , ou du tribunal de première instance qui en fait les fonctions, dans le lieu des séances de la maison commune et dans un journal , le tout ensemble.

(Art. 976 , 977 et 982). Vacation au partage , soit devant le juge-commissaire , soit devant le notaire commis par lui, par trois heures.

(Art. 977). Les vacations devant le notaire n'entreront point en frais de partage ; elles ne pourront être répétées que contre la partie qui aura requis l'assistance de l'avoué :

A Paris,	6 f. 00 c.
Dans le ressort,	4 5o

93 (*Code de procéd. civ.* , art. 806). Vacation en référé contradictoire :

A Paris,	5 f. 00 c.
Dans le ressort ,	3 f. 75 c.

Et par défaut :

A Paris ,	3 00
Dans le ressort ,	2 25

94. (*Code de procéd. civ.* , art. 929). Vacation pour requérir une apposition de scellés.

(*Code de procéd. civ.* , art. 911). *Idem* à l'apposition de scellés , par trois heures.

(Art. 916 , 918 , 920 , 921 , 922). En référé lors de l'apposition , ou dans le cours de la levée.

(Art. 931). Pour en requérir la levée.

(Art. 932, 933 , etc). A chaque vacation de trois heures, à la reconnaissance et levée.

(Art. 940). Pour requérir la levée des scellés sans description.

A la reconnaissance et levée sans description :

A Paris ,	6 f. 00 c.
Dans le resssort,	4 5o

§ IX.   *Poursuite de Contribution.*

95. (*Code de procéd. civ.*, art. 658). Vacation pour requérir , sur le registre tenu au greffe , la nomination d'un juge-commissaire devant lequel il sera procédé à une contribution :

A Paris ,	5 f. oo c.
Dans le ressort ,	3 75

S'il se présente deux ou plusieurs requérans en même temps au greffe, ils se retireront devant le président du tribunal, qui décidera sur-le-champ celui dont la réquisition sera reçue. Il n'y aura ni appel ni opposition contre la décision ; il n'en sera point dressé procès-verbal, et il ne sera alloué aucune vacation aux *avoués* pour s'être transportés devant le président.

96. (*Code de procéd. civ.*, art. 659). Pour la requête au juge-commissaire à l'effet d'obtenir son ordonnance pour sommer les opposans de produire , et la partie saisie de prendre communication des pièces produites et de contredire s'il y échet, et la vacation pour obtenir l'ordonnanee du commissaire, le tout ensemble :

A Paris ,	3 f. oo c.
Dans le ressort ,	2 25

97. (*Code de procéd. civ.*, art. 660 et 661). Pour l'acte de production des titres contenant demande en collocation, et même à fin de privilége et constitution d'avoué, y compris la vacation pour produire :

A Paris,	10 f. oo c.
Dans le ressort.	7 5o

Il ne sera point signifié.

98. (*Code de procéd. civ.*, art. 661.) Pour la sommation , à la requête du propriétaire, à l'avoué de la partie saisie, si elle en a constitué un, et au plus ancien de ceux des opposans pour comparaître en référé par-devant le juge-commissaire, à l'effet de faire statuer préliminairement sur son privilége, pour raison des loyers à lui dus :

A Paris,	1 f. oo c.
Dans le ressort ,	o 75

Et pour chaque copie, le quart.

Vacation en référé devant le juge-commissaire , qui statuera sur le privilége réclamé pour loyers dus, par défaut :

A Paris,	3 f. oo c.
Dans le ressort ,	2 25

Et contradictoirement :

A Paris,   5 f. oo c.

Dans le ressort.   3   75

99. (*Code de procéd. civ.*, art. 663.) Pour l'acte de dénonciation de la clôture du procès verbal de contribu- tions du juge-commissaire aux avoués des créanciers pro- duisans et de la partie saisie, si elle en a un, avec som- mation d'en prendre communication et de contredire sur le procès verbal dans la quinzaine :

A Paris,   1 f. oo c.

Dans le ressort,   o   75

Et pour chaque copie, le quart.

Le procès verbal du juge-commissaire ne sera ni levé ni signifié, et il ne sera enregistré que lors de la déli- vrance des mandemens aux créanciers.

100. (*Code de procéd. civ.*, art. 663.) Vacation pour prendre communication de l'état de contribution, et contredire sur le procès verbal du juge-commissaire, sans qu'il puisse en être passé plus d'une, sous quelque pré- texte que se soit :

A Paris,   5 f. oo c.

Dans le ressort.   3   75

Il ne sera fait aucun dire, s'il n'y a lieu à contredire.

Il sera alloué à l'avoué du poursuivant autant de demi- droits de vacation pour prendre communication de l'état de contribution et contredire, qu'il y aura des créanciers produisans :

A Paris,   2 f. 5o c.

Dans le ressort,   1   88

101. (*Code de procéd. civ.*, art. 665, 671.) Vaca- tion pour requérir la délivrance du mandement au créan- cier utilement colloqué, et être présent à l'affirmation de la créance devant le greffier ; l'avoué signera le procès verbal :

A Paris,   2 f. oo c.

Dans le ressort,   1   5o

Nota. Les mandemens collectivement contiendront la totalité du procès verbal du juge-commissaire. Si on déli- vrait, indépendament des mandemens, une expédition entière, ce serait un double emploi.

En cas de contestation, les dépens de ces contestations seront taxés comme dans les autres matières, suivant leur nature sommaire ou ordinaire.

§ X. *Poursuite de saisie immobilière.*

(*Code de procéd. civ.*, art. 677 et 680) Vacation pour faire transcrire le procès verbal de saisie immobilière au bureau de la conservation des hypothèques et au greffe du tribunal où doit se faire la vente, par chacune :

    A Paris,   6 f. oo c.
    Dans le ressort,   4   5o

103. (*Cod. de procéd. civ.*, art. 681.) Pour faire enregistrer au bureau de la conservation des hypothèques la dénonciation faite à la partie saisie, de la saisie immobilière :

    A Paris,   6 f. oo c.
    Dans le ressort,   4   5o

104. (*Code de procéd. civ.*, art. 682.) Pour l'extrait de la saisie immobilière qui doit être inséré dans un tableau placé à cet effet dans l'auditoire :

    A Paris,   6 f. oo c.
    Dans le ressort,   4   5o

105. (*Code de procéd. civ.*, art. 683.) Pour l'extrait pareil à celui prescrit par l'art. 682, qui doit être inséré dans un journal,

Il sera passé autant de droits à *l'avoué* qu'il y aura eu d'insertions prescrites par le Code :

    A Paris,   2 f. oo c.
    Dans le ressort,   1   5o

Pour faire légaliser la signature de l'imprimeur par le maire, s'il y a lieu :

    A Paris,   2 f. oo c.
    Dans le ressort,   1   5o

106. (*Code de procéd. civ.*, art. 684, 686.) Pour l'extrait de la saisie immobilière qui doit être imprimé et placardé, et qui servira d'original, et ne pourra être grossoyé :

    A Paris,   6 f. oo c.
    Dans le ressort,   4   5o

Il ne sera passé qu'un droit à *l'avoué*, attendu qu'aux termes de l'article 703, il ne doit entrer en taxe qu'une seule impression de placards, et que les additions, lors des appositions subséquentes, doivent être manuscrites,

107. (*Code de procéd. civ.*, art 695.) Vacation pour se faire délivrer l'extrait des inscriptions :

    A Paris,   6 . oo c.
    Dans le ressort,   4   5o

108. (*Code de procéd. civ.*, art. 695.) Vacation pour faire enregistrer, à la conservation des hypothèques, la

notification du placard faite aux créanciers inscrits :

A Paris, 6 f. 00 c.
Dans le ressort, 4 50

109. (*Code de procéd. civ.*, art. 697.) Pour la grosse du cahier des charges contenant vingt-cinq lignes à la page, et douze syllabes à la ligne :

A Paris, 2 f. 00 c.
Dans le ressort, 1 50

Il ne sera signifié de copie, ni à la partie saisie, ni aux créanciers inscrits, attendu que cette grosse doit être déposée au greffe, quinzaine avant la première publication, et que toute partie intéressée a la faculté d'en prendre communication.

110. Il ne sera fait qu'une seule grosse et il n'en sera point remis à l'huissier-audiencier pour les publications : l'huissier publiera sur la note qui lui sera remise par le greffier, et le greffier constatera les publications qui seront d'ailleurs signées par le juge.

Vacation pour déposer au greffe le cahier des charges :

A Paris, 3 f. 00 c.
Dans le ressort, 2 45

111. (*Code de procéd. civ.*, art. 699 et 700.) A chaque publication des charges, avec les dires qui pourront avoir lieu :

A Paris, 3 f. 00 c.
Dans le ressort, 2 45

Il ne sera point signifié d'acte de remise de la publication du cahier des charges, attendu que les parties intéressées peuvent se présenter à la première publication et connaître les jours auxquels les publications subséquentes auront lieu ; que d'ailleurs l'apposition des placards et l'insertion dans un journal, annonçant les adjudications préparatoires et définitives, les instruiront suffisamment.

112. (*Code de procéd. civ.*, art. 702.) Vacation à l'adjudication préparatatoire :

A Paris, 6 f. 00 c.
Dans le ressort, 4 50

113. (*Code de procéd. civ.*, art. 706.) Vacation à l'adjudication définitive :

A Paris, 16 f. 00 c.
Dans le ressort, 12 00

Indépendamment des émolumens ci-dessus fixés, il sera alloué, à l'*avoué* poursuivant, sur le prix des biens dont l'adjudication sera faite au-dessus de 2000 f.; savoir, depuis 2000 f. jusqu'à 10,000 f., un pour cent ; sur la somme excédant 10,000 f. jusqu'à 50,000 f., demi pour cent; sur la somme excédant 50,000 f. jusqu'à 100,000 f., un quart pour cent; et sur l'excédant de 100,000 f. indéfiniment, un huitième d'un pour cent. En cas d'adjudication par lots de biens compris dans la même poursuite, en l'état où elle se trouvera lors des adjudications, la totalité des prix des lots sera réunie pour fixer le montant de la remise.

Il ne sera passé que trois quarts de la remise aux *avoués* des tribunaux de département.

194. (*Code de procéd. civ.*, art. 707.) Vacation pour enchérir :

A Paris,	7 f.	50 c.
Dans le ressort,	5	63

Pour enchérir et se rendre adjudicataire :

A Paris,	15	00
Dans le ressort,	11	25

Pour faire la déclaration de command :

A Paris,	6	00
Dans le ressort,	4	50

Nota. Les vacations pour enchérir ou pour la déclaration de command sont à la charge de l'enchérisseur ou de l'adjudicataire.

115. (*Code de procéd. civ.*, art. 710.) Vacation pour faire au greffe la surenchère du quart au moins du prix principal de l'adjudication en saisie immobilière :

A Paris,	15 f.	00 c.
Dans le ressort,	11	25

116. (*Code de procéd. civ.*, art. 711.) Pour l'acte de dénonciation de la surenchère aux avoués, de l'adjudicataire, du poursuivant et de la partie saisie, si elle en a constitué, contenant avenir à la prochaine audience :

A Paris,	1 f.	00 c.
Dans le ressort,	0	75

Pour chaque copie, le quart.

117. (*Code de procéd. civ.*, art. 719.) Pour la requête d'avoué à avoué, contenant demande à fin de réunion de poursuites de saisies immobilières de biens différens portés devant le même tribunal, par chaque rôle :

A Paris,	2 f.	00 c.
Dans le ressort,	1	50

Pour la copie, le quart.

Pour la requête en défense à cette même demande :

A Paris,	2 f.	00 c.
Dans le ressort,	1	50

Pour la copie, le quart.

118. (*Code de procéd. civ.*, art. 720.) Pour l'acte de dénonciation de la plus ample saisie au premier saisissant, à la requête du plus ample saisissant, avec sommation de se mettre en état :

A Paris,	3 f. oo c.
Dans le ressort,	2 25

Pour la copie, le quart.

119. (*Code de procéd. civ.*, art. 721, 722.) Pour l'acte contenant demande en subrogation à la poursuite, soit faute par le premier saisissant de s'être mis en état sur la plus ample saisie, soit en cas de collusion, faute ou négligence de la part du poursuivant :

A Paris,	5 f. oo c.
Dans le ressort,	3 75

Pour la copie, le quart.

Pour l'acte en réponse :

A Paris,	5 oo
Dans le ressort,	3 75

Pour la copie, le quart.

120. (*Code de procéd. civ.*, art· 726.) Vacation pour faire viser par le greffier l'exploit d'intimation sur l'appel du jugement en vertu duquel il a été procédé à la saisie immobilière :

A Paris,	2 f. oo c.
Dans le ressort,	1 5o

121. (*Code de procéd. civ.*, art. 728.) *Idem* pour déposer au greffe les titres justificatifs d'une demande en distraction d'objets immobiliers saisis :

A Paris,	3 f. oo c.
Dans le ressort,	2 45

122. (*Code de procéd. civ.*, art. 727.) Pour la requête d'avoué à avoué, contenant demande en distraction, par chaque rôle :

A Paris,	2 f. oo c.
Dans le ressort,	1 5o

Pour la copie, le quart.

Requête en réponse, par chaque rôle,

A Paris,	2 f. oo c.
Dans le ressort,	1 6o

Pour la copie, le quart.

123. (*Code de procéd. civ.*, art. 729.) Pour la requête d'avoué à avoué, contenant demande en décharge de l'adjudication préparatoire de la part de l'adjudicataire, en cas de demande en distraction de tout ou partie de

l'objet saisi immobilièrement, par chaque rôle, sans cependant qu'elle puisse excéder le nombre de trois rôles :

    A Paris,   2 f. 00 c.
    Dans le ressort,   1   50
    Pour la copie, le quart.
Pour la réponse :
    A Paris,   2   00
    Dans le ressort,   1   50
    Pour la copie, le quart.

124. (*Code de procéd. civ.*, art. 733.) Requête d'a-
voué à avoué de la part de la partie saisie, contenant
moyens de nullité contre la procédure antérieure à l'adjudication préparatoire, par chaque rôle :

    A Paris,   2 f. 00 c.
    Dans le ressort,   1   50
    Pour la copie, le quart.
Pour la réponse :
    A Paris,   2   00
    Dans le ressort,   1   50
    Pour la copie, le quart.

125. (*Code de procéd. civ.*, art. 735.) Requête d'a-
voué à avoué de la part de la partie saisie, contenant ses
moyens contre les procédures postérieures à l'adjudication
préparatoire :

    A Paris,   2 f. 00 c.
    Dans le ressort,   1   50
    Pour la copie, le quart.
Pour la requête en réponse :
    A Paris,   2   00
    Dans la ressort,   1   50
    Pour la copie, le quart.

126. (*Code de procéd. civ.*, art. 738.) Vacation pour
requérir le certificat du greffier, constatant que l'adjudicataire n'a point justifié de l'acquit des conditions exigibles de l'adjudication :

    A Paris,   3 f. 00 c.
    Dans le ressort,   2   25

127. (*Code de procéd. civ.*, art. 747.) Requête non
grossoyée et non signifiée, sur le consentement de toutes
les parties intéressées, pour demander, après saisie immobilière, que l'immeuble saisi soit vendu aux enchères
par-devant notaires ou en justice :

    A Paris,   6 f. 00 c.
    Dans le ressort,   4   50

128. Les émolumens des avoués pour dresser le cahier des charges, en faire le dépôt au greffe, et pour les publications, les extraits à placarder et insérer dans les journaux, les adjudications préparatoires et définitives, seront réglés et taxés comme en saisie immobilière, lorsqu'il s'agira,

(*Code de procéd. civ.*, art. 636.) 1.º De saisie de rentes constituées sur particuliers;

(Art. 832.) 2.º De surenchère sur alliénation volontaire;

(Art. 954.) 3.º De ventes d'immeubles de mineurs, et des biens dotaux dans le régime dotal ;

(Art. 972.) 4.º De vente sur licitation ;

(Art. 988 et 1001.) 5.º Et de vente d'immeubles dépendans d'une succession bénéficiaire, ou vacante, ou provenant d'un débiteur failli, ou qui a fait cession.

129. La remise proportionnelle sur le prix de l'adjudication sera divisée en licitation, ainsi qu'il suit :

Moitié appartiendra à l'*avoué* poursuivant;

La seconde moitié sera partagée par égales portions entre tous les *avoués* qui ont occupé dans la licitation, y compris l'*avoué* poursuivant, qui aura sa part comme les autres dans cette seconde moitié.

L'article 972 prescrivant en licitation la signification du cahier des charges par un simple acte aux avoués des colicitans, cet acte sera taxé comme un acte simple ; et la copie du cahier des charges, comme celle de requête d'avoué à avoué.

Dans tous les cahiers des charges, il est expressément défendu d'y stipuler d'autres et plus grands droits au profit des avoués, que ceux énoncés au présent tarif; et s'il y est inséré quelque clause pour les exhausser, elle sera réputée non écrite.

§ XI. *Poursuite d'ordre.*

130. (*Code de procéd. civ.*, art. 750.) Vacation pour requérir, sur le registre tenu au greffe, la nomination, par le président du tribunal, d'un juge-commissaire devant lequel il sera procédé à l'ordre :

A Paris,	6 f.	oo c.
Dans le ressort,	4	5o

Si deux ou plusieurs avoués se présentent en même temps au greffe pour faire la même réquisition, ils se retireront sur-le-champ, sans sommation, devant le président du tribunal, qui décidera quelle est la réquisition qui doit être admise, sans dresser aucun procès verbal; il ne sera reçu ni appel ni opposition contre la décision du président, et il ne sera alloué aucune vacation aux *avoués*.

131. (*Code de procéd. civ.*, art. 752.) Requête au juge-commissaire à l'effet d'obtenir son ordonnance portant que les créanciers inscrits seront tenus de produire, et vacation pour se faire délivrer l'ordonnance, le tout ensemble :

A Paris,	3 f. 00 c.
Dans le ressort,	2 25

Vacation pour se faire délivrer, par le conservateur des hypothèques, l'extrait des inscriptions :

A Paris,	6 f. 00 c.
Dans le ressort,	4 50

132. (*Code de procéd. civ.*, art. 753.) Sommation d'avoué à avoué aux créanciers inscrits qui en ont constitué, de produire dans le mois :

A Paris,	1 f. 00 c.
Dans le ressort,	0 75

Et pour chaque copie, le quart.

133. (*Code de procéd. civ.*, art. 754.) Acte de production des titres contenant demande en collocation et constitution d'avoué, y compris la vacation pour produire :

A Paris,	20 f. 00 c.
Dans le ressort,	15 00

Il ne sera point signifié.

134. (*Code de procéd. civ.*, art. 755.) Dénonciation, par acte d'avoué à avoué, aux créanciers produisans et à la partie saisie, de la confection de l'état de collocation, avec sommation d'en prendre communication, et de contredire, s'il y échet, sur le procès verbal du commissaire, dans le délai d'un mois : le procès verbal ne sera ni levé ni signifié, et il ne sera enregistré que lors de la délivrance des mandemens :

A Paris,	3 f. 00 c.
Dans le ressort,	2 25

Et pour chaque copie, le quart.

135. Vacation pour prendre communication des productions, et contredire sur le procès verbal du commissaire, sans qu'il puisse être passé plus d'une vacation, dans le même ordre, sous quelque prétexte que ce soit :

A Paris,	10 f. 00 c.
Dans le ressort,	7 50

Il sera passé à l'*avoué* poursuivant une demi-vacation

par chaque production, pour en prendre communication, et contredire, s'il y a lieu :

A Paris, 5 f. oo c.
Dans le ressort, 3 75

136. (*Code de procédure civile.*, art. 757.) Pour la dénonciation aux créanciers inscrits et à la partie saisie ; des productions faites après les délais dans les ordres , et sommation d'en prendre communication, et de contredire, s'il y a lieu :

A Paris, 3 f. oo c.
Dans le ressort, 2 25
Pour chaque copie, le quart.

137. (*Code de procéd. civile*, art. 759.) Vacation pour faire rayer une ou plusieurs inscriptions en vertu du même jugement :

A Paris, 6 f. oo c.
Dans le ressort, 4 50

Vacation pour requérir et se faire délivrer le mandement ou bordereau de collocation :

A Paris, 5 f. oo c.
Dans le ressort, 3 75

Nota. Les bordereaux de collocation et l'ordonnance de main-levée des inscriptions non utilement colloquées , contenant nécessairement la totalité du procès verbal du juge-commissaire, l'expédition entière serait un double emploi ; elle ne sera ni levée ni signifiée.

138. (*Code de procéd. civile,* art. 779.) Requête pour demander la subrogation à la poursuite d'ordre ; elle ne sera point grossoyée :

A Paris, 3 f. oo c.
Dans le ressort, 2 25

139. Vacation pour la faire insérer au procès verbal du juge-commissaire :

A Paris, 1 f. 50 c.
Dans le ressort, 1 15

Signification de la requête au poursuivant par acte d'avoué à avoué :

A Paris, 1 f. oo c.
Dans le ressort, o 75
Pour la copie, le quart.

Acte servant de réponse :

A Paris, 1 oo
Dans le ressort, o 75
Pour la copie, le quart.

§ XII. *Actes particuliers.*

14o. (*Code de procéd. civile* , art. 4g5.) Pour la consultation de trois avocats exerçant depuis dix ans, qui doit précéder la requête civile principale ou incidente :

    A Paris,   72 f. oo c.
    Dans le ressort,   72   oo

141. (*Code de procéd. civ.*, art. 523.) Pour la déclaration de dommages et intérêts, par article :

    A Paris,   o f. 6o c.
    Dans le ressort ;   o   45

Pour la copie signifiée, par chaque article :

    A Paris,   o 15
    Dans le ressort,   o 12

142. (*Code de procéd. civile*, argum. de l'art. 524.) Pour chaque apostille de l'avoué défendeur sur la déclaration de dommages et intérêts :

    A Paris,   o f. 6o c.
    Dans le ressort,   ó   45

143. (*Code civ.*, art. 2183.) Composition de l'extrait de l'acte de vente, ou donation, qui doit être dénoncé aux créanciers inscrits par l'acquéreur ou donataire :

    A Paris,   15 f. oo c.
    Dans le ressort,   i1   75

Et en outre par chaque inscription extraite :

    A Paris,   i oo
    Dans le ressort,   o 75

Les copies de cet extrait et des inscriptions seront taxées comme les copies de pièces.

144. Il sera taxé aux *avoués* par chaque journée de campagne, à raison de cinq myriamètres pour un jour, lorsque leur présence sera autorisée par la loi, ou requise par leurs parties, y compris leurs frais de transport et de nourriture :   A Paris,   3o f. oo c.
    Dans le ressort,   22 5o

145. Quand les parties seront domiciliées hors de l'arrondissement du tribunal, il sera passé à leurs *avoués*, pour frais de port de pièces et de correspondance, pour chaque jugement définitif :

    A Paris,   1o f. oo c.
    Dans le ressort,   7 5o

Et par chaque interlocutoire,

    A Paris,   5 oo
    Dans le ressort,   3 75

146. Lorsque les parties feront un voyage et qu'elles se seront présentées au greffe, assistées de leur avoué, pour y affirmer que le voyage a été fait dans la seule vue du procès, il leur sera alloué quels que soient leur état et leur profession, pour frais de voyage, séjour et retour, trois francs par chaque myriamètre de distance entre leur domicile et le tribunal où le procès sera pendant, et à l'avoué pour vacation au greffe:

A Paris,   1 f. 50 c.
Dans le ressort,   1   15

Il ne sera passé en taxe qu'un seul voyage en première instance, et un seul en cause d'appel. La taxe pour la partie sera la même en l'un et l'autre cas.

Cependant, si la comparution d'une partie avait été ordonnée par jugement, et qu'en définitif les dépens lui fussent adjugés, il lui sera alloué pour cet objet une taxe égale à celle d'un témoin.

CHAPITRE III.

Avoués de la Cour d'appel de Paris.

147. Les émolumens des avoués de la cour d'appel seront taxés au même prix et dans la même forme que ceux des avoués du tribunal de première instance de Paris, avec une augmentation sur chaque espèce de droits; savoir, dans les matières sommaires, du double, et dans les matières ordinaires, du double pour le droit de consultation, ainsi que pour le port de pièces, lorsque les parties seront domiciliées hors de l'arrondissement du tribunal de première instance de Paris; et pour les autres droits, d'une moitié seulement de ceux attribués aux avoués de première instance.

Néanmoins, dans les demandes de condamnation de frais d'un avoué contre sa partie, il ne sera alloué que moitié du droit ci-dessus fixé pour les matières sommaires.

148. (*Code de procéd. civ.*, art. 457, 458, 459.) Les frais des demandes à fin de défenses contre les jugemens mal-à-propos qualifiés en dernier ressort, ou dont l'exécution provisoire a été mal à-propos ordonnée, hors les cas prévus par la loi, ainsi que ceux des demandes à fin d'exécution provisoire des jugemens non qualifiés ou mal-à-propos qualifiés en premier ressort, et de ceux qui n'auraient pas prononcé l'exécution provisoire dans les cas où elle devait l'être, seront liquidés comme en matière sommaire.

149. (*Code de procéd. civ.* , art. 809.) Il en sera de même des frais faits sur les appels d'ordonnances de référés.

150. (*Code de procéd. civ.* , art. 858,) Les requêtes en prise à partie, et celles de pourvoi contre un jugement qui a statué sur une demande en rectification d'un acte de l'état civil, quand il n'y a d'autre partie que le demandeur en rectification, seront taxées, 15 f. 00 c.

CHAPITRE IV.

Dispositions communes aux Avoués des Cours et des Tribunaux.

151. Tous les avoués seront tenus d'avoir un registre qui sera coté et paraphé par le président du tribunal auquel ils seront attachés, ou par un des juges du siège, qui sera par lui commis, sur lequel registre ils inscriront eux-mêmes, par ordre de date et sans aucun blanc, toutes les sommes qu'ils recevront de leurs parties.

Ils représenteront ce registre toutes les fois qu'ils en seront requis, et qu'ils formeront des demandes en condamnation de frais; et faute de représentation ou de tenue régulière, ils seront déclarés non-recevables dans leurs demandes.

Le tarif ne comprend que l'émolument net des avoués et autres officiers, les déboursés seront payés en outre.

Les officiers ne pourront exiger de plus forts droits que ceux énoncés au présent Tarif, à peine de restitution, dommages et intérêts, et d'interdiction, s'il y a lieu.

Il ne sera passé aux juges de paix, aux experts, aux avoués, aux notaires, et à tous officiers ministériels, que trois vacations par jour quand ils opéreront dans le lieu de leur résidence, deux par matinée, et une seule l'après-dîner.

CHAPITRE V.

Des Huissiers Audienciers.

§ I. *Des Tribunaux de première instance.*

152. Pour chaque appel de cause sur le rôle, et lors des jugemens par défaut, interlocutoires et définitifs, sans qu'il soit alloué aucun droit pour les jugemens préparatoires et de simples remises :

A Paris, 0 f. 30 c.
Dans les tribunaux du ressort, 0 25

153. Pour chaque publication du cahier des charges dans toutes espèces de ventes :

A Paris, 1 f. oo c.

Dans les tribunaux du ressort, o 75

154. Pour la même publication lors de l'adjudication préparatoire : A Paris, 3 f. oo c.

Dans les tribunaux du ressort, 2 25

155. Pour la publication, lors de l'adjudication définitive, y compris les frais de bougies, que les huissiers disposeront et allumeront eux-mêmes :

A Paris, 5 f. oo c.

Dans les tribunaux du ressort, 3 75

156. Pour significations de toute espèce, d'avoué à avoué, sans aucune distinction, à d'ordinaire :

A Paris, o f. 3o c.

Dans les tribunaux du ressort, o 25

Pour significations extraordinaires, c'est-à-dire, à une autre heure que celle où se font les significations ordinaires, suivant l'usage du tribunal :

A Paris, 1 f. oo c.

Nota. Ces significations doivent être faites à heure datée ; et à défaut de date, elles ne seront taxées que comme significations ordinaires : elle ne sont passées en taxe, comme extraordinaires, qu'à Paris seulement.

Les huissiers audienciers, quoiqu'ils soient commis pour faire des significations ou autres opérations, ne pourront exiger autres, ni plus forts droits que les huissiers ordinaires ; et ils seront obligés de se conformer à toutes les dispositions du Code, comme tous les autres huissiers ; mais les frais de transport des huissiers de la cour d'appel, commis par elle, seront, dans ce cas, alloués suivant la taxe, quelle que soit la distance.

§ II. *Des Huissiers audienciers de la Cour d'appel de Paris.*

157. Pour l'appel des causes sur le rôle, ou lors des arrêts par défaut, interlocutoires et définitifs, à la charge d'envoyer des bulletins aux avoués pour toutes les remises de causes qui seront ordonnées, 1 f. 25 c.

Il ne sera passé aucun droit d'appel pour les simples mises de causes et les jugemens préparatoires.

158. Pour significations de toute espèce, d'avoué à avoué, sans aucune distinction, à l'ordinaire : o f. 75 c.

A l'extraordinaire ou à heure datée, 1 5o

CHAPITRE VI.

Des Experts, des Dépositaires de Pièces, et des Témoins.

159. (*Code de procéd. civ.*, art. 320.) Il sera taxé aux *experts*, par chaque vacation de trois heures, quand ils opéreront dans les lieux où ils sont domiciliés, ou dans la distance de deux myriamètres; savoir, dans le département de la Seine :

> Pour les artisans ou laboureurs,   4 f. 00 c.
> Pour les architectes et autres artistes, 8   00

Dans les autres départemens :

> Aux artisans et laboureurs,   3   00
> Aux architectes et autres artistes, 6   00

160. Au-delà de deux myriamètres, il sera alloué par chaque myriamètre, pour frais de voyage et nourriture, aux *architectes* et aux *artistes*, soit pour aller, soit pour revenir :   A ceux de Paris,   6 f. 00 c.

> A ceux des départemens,   4   50

161. Il leur sera alloué pendant leur séjour, à la charge de faire quatre vacations par jour; savoir :

> A ceux de Paris,   32 f. 00 c.
> A ceux des départemens,   24   00

Nota. La taxe sera réduite, dans le cas où le nombre de quatre vacations n'aurait pas été employé.

S'il y a lieu à transport d'un laboureur au-delà de deux myriamètres, il sera alloué 3 f. par myriamètre pour aller, et autant pour le retour, sans néanmoins qu'il puisse rien être alloué au-delà de cinq myriamètres.

162. Il sera encore alloué aux *experts* deux vacations; l'une pour leur prestation de serment, l'autre pour le dépôt de leur rapport, indépendamment de leurs frais de transport, s'ils sont domiciliés à plus de deux myriamètres de distance du lieu où siège le tribunal; il leur sera accordé par myriamètre, en ce cas, le cinquième de leur journée de campagne.

Au moyen de cette taxe, les experts ne pourront rien réclamer ni pour frais de voyage et de nourriture, ni pour s'être fait aider par des écrivains ou par des toiseurs et porte-chaînes, ni sous quelque autre prétexte que ce soit; ces frais, s'ils ont eu lieu, restant à leur charge.

Le président, en procédant à la taxe de leurs vacations, en réduira le nombre, s'il lui paraît excessif.

163. Il sera taxé aux *experts*, en vérification d'écritures, et en cas d'inscription de faux incident, par chaque vacation de trois heures, indépendamment de leurs frais de voyage, s'il y a lieu :

A Paris, 8 f. oo c.
Dans les tribunaux du ressort, 6 oo

164. (*Code de procéd. civ.*, art. 208 et 232.) Il ne leur sera rien alloué pour prestation de serment ni pour dépôt de leur procès-verbal, attendu qu'ils doivent opérer en présence du juge ou du greffier, et que le tout est compris dans leurs vacations.

165. Il leur sera alloué pour frais de voyage, s'ils sont domiciliés à plus de deux myriamètres du lieu où se fait la vérification :

A Paris, 32 f. oo c.
Dans les tribunaux du ressort, 24 oo

A raison de cinq myriamètres par journée, et au moyen de cette taxe, ils ne pourront rien réclamer pour frais de transport et de nourriture.

166. (*Code de procéd. civ.*, art. 201, 204, 205, 221, 225.) Il sera taxé aux dépositaires qui devront représenter les pièces de comparaison en vérification d'écritures ou arguées de faux, en inscription de faux incident, indépendamment de leurs frais de voyage, par chaque vacation de trois heures devant le juge-commissaire ou le greffier ; savoir :

1.º Aux *greffiers*.	1.º Des cours d'appel....	12 f. oo c.
	2.º De justice criminelle..	12 oo
	3.º Des tribunaux de première instance......	10 oo
2.º Aux *notaires*.	1.º De Paris..........	9 oo
	2.º Des départemens.....	6 75
3.º Aux *avoués*..	1.º Des cours d'appel....	8 oo
	2.º Des tribunaux de première instance.......	6 oo
4.º Aux *huissiers*.	1.º De Paris	5 oo
	2.º Des départemens.....	4 oo

5.º Aux autres *fonctionnaires publics* ou autres particuliers, s'ils le requièrent.......... 6 oo

167. Il sera taxé au témoin, à raison de son état et de sa profession, une journée pour sa déposition ; et s'il n'a pas été entendu le premier jour pour lequel il aura été cité, dans le cas prévu par l'article 267, il lui sera passé

deux journées , indépendamment des frais de voyage, si le témoin est domicilié à plus de deux myriamètres du lieu où se fait l'enquête.

Le *maximum* de la taxe du témoin sera de 10 fr. , et le *minimum* 2 fr.

Les frais de voyage sont fixés à 3 fr. par myriamètre pour l'aller et le retour.

CHAPITRE VII.

Des Notaires.

I.

168. Il sera taxé aux notaires, pour tous les actes indiqués par le Code civil et par le Code judiciaire,

Pour chaque vacation de trois heures ,

(*Code de procéd.* , art. 849.) 1.º Aux compulsoires faits en leur étude ;

(*Code de procéd.*, art. 852.) 2.º Devant le juge , en cas que leur transport devant lui ait été requis ;

(*Code civ.* , art. 151 , 152 , 153 et 154.) 3.º A tout acte respectueux et formel pour demander le conseil du père et de la mère , ou celui des aïeuls ou aïeules, à l'effet de contracter mariage ;

(*Code civ.*, art. 279.) 4.º Aux inventaires contenant estimation des biens meubles et immeubles des époux qui veulent demander le divorce par consentement mutuel ;

(*Code civ.* , art. 281 , 284 et 285.) 5.º Aux procès verbaux qu'ils doivent dresser de tout ce qui aura été dit et fait devant le juge, en cas de demande en divorce par consentement mutuel ;

(*Code de procéd. civ.* , art. 941 et *suivans.*) 6.º Aux inventaires après décès ;

(*Code de procéd. civ.*, art. 944.) 7.º En référé devant le président du tribunal, s'il s'élève des difficultés, ou s'il est formé des réquisitions pour l'administration de la communauté, ou de la succession, ou pour tous autres objets ;

(*Code de procéd. civ.* , art. 977 , 978 , etc.) 8.º A tous les procès-verbaux qu'ils dresseront en tous autres cas et dans lesquels ils seront tenus de constater le temps qu'ils y auront employé ;

(*Code de procéd. civ.*, art. 977.) 9.º Aux greffes pour y déposer la minute du procès verbal des difficultés élevées dans les partages, contenant les dires des parties :

A Paris,   9 f. oo c.
Dans les villes où il y a tribunal
   de première instance,   6 oo
   Partout ailleurs,   4 .oo

169. Dans tous les cas où il est alloué des vacations aux notaires, il ne leur sera rien passé pour les minutes de leurs procès verbaux.

Î I.

170. Quand les notaires seront obligés de se transporter à plus d'un myriamètre de leur résidence, indépendamment de leur journée, il leur sera alloué pour tous frais de voyage et nourriture, par chaque myriamètre, un cinquième de leurs vacations, et autant pour le retour;

Et par journée, qui sera comptée à raison de cinq myriamètres, aussi pour l'aller et le retour, quatre vacations.

I I I.

171. Il sera passé aux notaires, pour la formation des comptes que les copartageans peuvent se devoir de la masse générale de la succession, des lots et des fournissemens à faire à chacun des copartageans, une somme correspondante au nombre des vacations que le juge arbitrera avoir été employées à la confection de l'opération.

I V.

172. Les remises accordées aux avoués sur les prix des ventes d'immeubles seront allouées aux *notaires*, dans les cas où les tribunaux renverront des ventes d'immeubles par-devant eux, mais sans distinction de celles dont le prix n'excédera pas 2,000 francs; et au moyen de cette remise, ils ne pourront rien exiger pour les minutes de leurs procès verbaux de publication et d'adjudication.

V.

173. Tous les autres actes du ministère des notaires, notamment les partages et ventes volontaires qui auront lieu par-devant eux, seront taxés par le président du tribunal de première instance de leur arrondissement, suivant leur nature et les difficultés que leur rédaction aura présentées, et sur les renseignemens qui lui seront fournis par les notaires et les parties.

V I.

174. Les expéditions de tous les actes reçus par les notaires, y compris celles des inventaires et de tous procès-

verbaux, contiendront vingt-cinq lignes à la page et quinze syllabes à la ligne, et leur seront payées, par chaque rôle:

A Paris,	3 f.	00 c.
Dans les villes où il y a tribunal de première instance,	2	00
Partout ailleurs,	1	5o

V I I.

175. (*Code civ.*, art. 5o1.) Les notaires seront tenus de prendre à leur chambre de discipline , et de faire afficher dans leurs études, l'extrait des jugemens qui auront prononcé des interdictions contre des particuliers , ou qui leur auront nommé des conseils, sans qu'il soit besoin de leur signifier les jugemens.

Notre grand-juge ministre de la justice est chargé de l'exécution du présent décret.

Signé N A P O L É O N.

Par l'Empereur :

Le Secrétaire d'état, signé Hugues B. Maret.

DÉCRET IMPÉRIAL

Relatif à la Liquidation des Dépens en matière sommaire.

De notre camp impérial de Preussich-Eylan, le 16 Février 1807.

NAPOLÉON, Empereur des Français, Roi d'Italie,

Sur le rapport de notre grand-juge ministre de la justice, notre Conseil d'état entendu,

Nous avons décrété et décrétons ce qui suit :

Art 1.er La liquidation des dépens en matière sommaire sera faite par les arrêts et jugemens qui les auront adjugés : à cet effet, l'avoué qui aura obtenu la condamnation, remettra, dans le jour, au greffier tenant la plume à l'audience, l'état des dépens adjugés ; et la liquidation en sera insérée dans le dispositif de l'arrêt ou jugement.

2. Les dépens dans les matières ordinaires seront liquidés par un des juges qui aura assisté au jugement : mais le jugement pourra être expédié et délivré avant que la liquidation soit faite.

3. L'avoué qui requerra la taxe, remettra au greffier l'état des dépens adjugés, avec les pièces justificatives.

4. Le juge chargé de liquider taxera chaque article en marge de l'état, sommera le total au bas, le signera, mettra le *taxé* sur chaque pièce justificative, et paraphera : l'état demeurera annexé aux qualités.

5. Le montant de la taxe sera porté au bas de l'état des dépens adjugés ; il sera signé du juge

qui y aura procédé et du greffier. Lorsque ce montant n'aura pas été compris dans l'expédition de l'arrêt ou jugement, il en sera délivré exécutoire par le greffier.

6. L'exécutoire ou le jugement au chef de la liquidation seront susceptibles d'opposition. L'opposition sera formée dans les trois jours de la signification à avoué avec citation; il y sera statué sommairement; et il ne pourra être interjeté appel de ce jugement, que lorsqu'il y aura appel de quelques dispositions sur le fond.

7. Si la partie qui a obtenu l'arrêt ou le jugement néglige de le lever, l'autre partie fera une sommation de le lever dans les trois jours.

8. Faute de satisfaire à cette sommation, la partie qui aura succombé pourra lever une expédition du jugement, sans que les frais soient taxés, sauf à l'autre partie à les faire taxer dans la forme ci-dessus prescrite.

9. Les demandes des avoués et autres officiers ministériels, en paiement de frais contre les parties pour lesquelles ils auront occupé ou instrumenté, seront portées à l'audience, sans qu'il soit besoin de citer en conciliation; il sera donné, en tête des assignations, copie du mémoire des frais réclamés.

10. Notre grand-juge ministre de la justice est chargé de l'exécution du présent décret.

Signé **NAPOLÉON.**

Par l'Empereur :

Le Secrétaire d'état, signé Hugues B. Maret.

TARIF DES FRAIS DE TAXE.

Il ne sera rien alloué aux avoués pour l'état des dépens adjugés en matière sommaire qu'ils doivent remettre aux greffiers, à l'effet d'en faire insérer la liquidation dans l'arrêt ou le jugement.

Pour chaque article entrant en taxe des dépens adjugés en matière ordinaire, il sera alloué,   o f. 10 c.

Au moyen de cette taxe, il ne sera alloué à l'avoué aucune vacation à l'effet de remettre et retirer les pièces justificatives.

N^a. Il ne pourra être fait qu'un article pour chaque pièce de la procédure, tant pour l'avoir dressé que pour l'original, copie et signification, et tous les droits qui en résultent.

Chaque article sera divisé en deux parties ; la première comprendra les déboursés, y compris le salaire des huissiers, et la seconde l'émolument net de l'avoué : en conséquence, les états seront formés sur deux colonnes, l'une des déboursés, l'autre de l'émolument à l'avoué.

Pour la sommation à l'avoué de la partie qui a obtenu la condamnation de dépens, de lever le jugement :

> A Paris,   1 f. 00 c.
> Dans le ressort,   o   75
> Et pour la copie, le quart.

Pour l'original de l'acte contenant opposition, soit à un exécutoire de dépens, soit au chef du jugement qui les a liquidés, avec sommation de comparaître à la chambre du conseil pour être statué sur ladite opposition :

> A Paris,   1 f. 00 c.
> Dans le ressort,   o   75
> Et pour chaque copie, le quart.

Pour assistance et plaidoierie à la chambre du conseil :

> A Paris,   7 f. 5o c.
> Dans le ressort, les trois quarts.

Pour les qualités et signification à avoué du jugement qui interviendra, s'il n'y a qu'une partie, le tout ensemble :

> A Paris,   5 f. 00 c.
> Dans le ressort,   4   oo

S'il y a plusieurs avoués, pour chacune des autres copies tant des qualités que du jugement :

> A Paris,   1 f. oo c.
> Dans le ressort,   o   75

Il ne sera passé aucun autre droit pour la taxe des frais.

Certifié conforme :

Le Secrétaire d'état, signé HUGUES B. MARET.

DÉCRET IMPÉRIAL

Qui rend commun à plusieurs Cours d'appel le Tarif des Frais et Dépens de celle de Paris, et en fixe la réduction pour les autres.

De notre camp impérial de Preussich-Eylan, le 16 Février 1807.

NAPOLÉON, Empereur des Français, Roi d'Italie,

Sur le rapport de notre grand-juge ministre de la justice,

Notre Conseil d'état entendu,

Nous avons décrété et décrétons ce qui suit:

ART. 1.er Le tarif des frais et dépens en la cour d'appel de Paris, décrété cejourd'hui, est rendu commun aux cours d'appel de Lyon, Bordeaux, Rouen et Bruxelles.

Toutes les sommes portées en ce Tarif seront réduites d'un dixième pour la taxe des frais et dépens dans les autres cours d'appel.

2. Le Tarif des frais et dépens décrété pour le tribunal de première instance et pour les justices de paix établis à Paris, est rendu commun aux tribunaux de première instance et aux justices de paix établis à Lyon, Bordeaux, Rouen et Bruxelles.

Toutes les sommes portées en ce Tarif seront réduites d'un dixième dans la taxe des frais et dépens pour les tribunaux de première instance et pour les justices de paix établis dans les villes où siége une cour d'appel, ou dans les villes dont la population excède trente mille ames.

3. Dans tous les autres tribunaux de première instance et justices de paix de l'Empire, le Tarif des frais et dépens sera le même que celui décrété pour les tribunaux de première instance et les justices de paix du ressort de la cour d'appel de Paris, autres que ceux établis dans cette capitale.

4. Le Tarif des frais de taxe, décrété également cejourd'hui pour le ressort de la cour d'appel de Paris, est aussi déclaré commun à tout l'Empire: en conséquence, dans tous les chef-lieux de cour d'appel, les droits de taxe seront perçus comme à Paris; et par-tout ailleurs, ils seront perçus comme dans le ressort de la cour d'appel de Paris.

5. Notre grand-juge ministre de la justice est chargé de l'exécution du présent décret.

Signé NAPOLÉON.

Par l'Empereur :

Le Secrétaire d'état, signé HUGUES B. MARET.

E X T R A I T

DES MINUTES DE LA SECRÉTAIRERIE D'ÉTAT.

Au camp impérial de Preussich-Eylan, le 16 Février 1807.

AVIS du Conseil d'état sur l'Instruction des Procès intentés avant et depuis le 1.er janvier 1807. (Séance du 6 Janvier 1807).

LE CONSEIL D'ÉTAT, qui, d'après le renvoi ordonné par sa Majesté, a entendu le rapport de la section de législation sur celui du grand-juge ministre de la justice, concernant l'exécution de l'article 1041 du Code de Procédure Civile;

Vu ledit article ainsi conçu :

« Le présent Code sera exécuté à dater du

15

» 1.er janvier 1807; en conséquence, tous procès
» qui seront intentés depuis cette époque, seront
» instruits conformément à ces dispositions ;
» toutes lois, coutumes, usages et réglemens re-
» latifs à la procédure civile, seront abrogés, »

Est d'avis que les seuls procès intentés depuis le 1.er janvier 1807, doivent être instruits conformément aux dispositions du Code; mais que l'on ne doit comprendre dans la classe des affaires antérieurement intentées, ni les appels interjetés depuis l'époque du 1.er janvier 1807, ni les saisies faites depuis, ni les ordres et contributions lorsque la réquisition d'ouverture du procès-verbal est postérieure, ni les expropriations forcées, lorsque la procédure réglée par la loi du 11 brumaire an 7 a été entamée par l'apposition des affiches avant le 1.er janvier 1807. Ces appels, saisies., contributions et affiches sont dans le fait le principe d'une nouvelle procédure qui s'introduit à la suite d'une précédente. Dans tous les cas, l'instruction des affaires entamées avant le 1.er janvier 1807 doit être continuée conformément aux réglemens antérieurs au Code de Procédure.

Pour extrait conforme :

Le Secrétaire Général du Conseil d'état,

Signé J.-G. Locré.

Approuvé, de notre camp impérial de Preussich-Eylan, le 16 Février 1807.

Signé NAPOLÉON.

Par l'Empereur :

Le Secrétaire d'état, signé Hugues B. Maret.

Certifié conforme :

Le Grand-Juge Ministre de la Justice,

Regnier.

TABLE.

Fin de la Table des Articles contenus dans ce Volume.

DES FRAIS ET DÉPENS EN COURS D'APPEL.

| A Paris, Lyon, Bordeaux, Rouen et Bruxelles, la Taxe est double de celle des Avoués de Première Instance de Paris. | Dans toutes les autres Cours, la Taxe se réduit d'un dixième sur celle des Avoués de Paris. |

DÉCRET particulier de même date que le Tarif, en matière sommaire.

Taxe, Première Instance, pour Paris.	Taxe double des Avoués de Première Instance, à Paris.	Taxe réduite d'un dixième sur celles ci-contre.
En matière sommaire.		
Jugement par défaut, y compris les qualités et signification, quand la demande n'excédera pas 1,000 f. . : . . . . 7 f. 50 c.	. . . . 15 f. 0 c.	. . . . 13 f. 50 c.
De 1,000 f. jusqu'à 5,000. . . . . 10 0	. . . . 20 0	. . . . 18 0
Quand elle excédera 5,000. . . . 15 0	. . . . 30 0	. . . . 27 0
Jugement contradictoire ou définitif, quand la demande n'excédera pas 1,000 f. 15 0	. . . . 30 0	. . . . 27 0
De 1,000 f. jusqu'à 5,000. . . . 20 0	. . . . 40 0	. . . . 36 0
Quand elle excédera 5,000. . . . 30 0	. . . . 60 0	. . . . 54 0
Pour Consultation sur toute *demande principale, intervention, tierce opposition et requête civile*, tant en demandant qu'en défendant. 10 0	. . . . 20 0	. . . . 18 0
Frais de port des Pièces et de Correspondance pour chaque Jugement définitif. 10 0	. . . . 20 0	. . . . 18 0
Et pour chaque Interlocutoire. . . 5 0	. . . . 10 0	. . . . 9 0

Les droits ci-dessus sont les seuls qui se doublent pour les Avoués de la Cour d'Appel de Paris, etc., sur ceux des Avoués de Première Instance.

Tous leurs autres droits ne s'augmentent que de moitié de ceux des Avoués de Première Instance.

Il n'y aura donc d'autre calcul à faire pour trouver la Taxe de tous les Actes des Avoués d'Appel de Paris, Lyon, Bordeaux, Rouen et Bruxelles, que d'augmenter de moitié toutes les Taxes de Première Instance.

Tous les autres droits des Cours d'Appel, autres que celles de Paris, etc., se réduisent d'un dixième sur ceux des Avoués de ces Cours.

La réduction du dixième se fera sur la Taxe des Avoués de la Cour d'Appel de Paris.

TABLEAU

DES DIFFÉRENS TARIFS DE COMPARAISON,

Avec celui de Première Instance et celui des Cours d'Appel, d'après Décret particulier.

TARIF	TARIF	TARIF	TARIF
DES FRAIS ET DÉPENS	DES FRAIS ET DÉPENS	DES FRAIS ET DÉPENS	DES FRAIS ET DÉPENS
Pour les Tribunaux de Première Instance de *Lyon, Bordeaux, Rouen* et *Bruxelles;* Et des Justices de Paix établies dans ces Villes.	Pour les Tribunaux de Première Instance et pour les Justices de Paix, établis dans les Villes où Siége une Cour d'Appel, autres que *Paris, Lyon, Bordeaux, Rouen* et *Bruxelles,* ou dont la Population excède trente mille ames.	Pour tous les Tribunaux de Prem. Instance et Justices de Paix des Villes où il ne Siége pas une Cour d'appel, ou dont la Population n'excède pas trente mille ames.	Des Cours d'Appel de tout l'Empire, (Paris, Lyon, Bordeaux, Rouen et Bruxelles exceptés), dans tous les Chef-Lieux de Cours d'Appel.
Il est le même que celui du Tribunal de Première Instance, et des Justices de Paix de Paris.	La Taxe sera réduite d'un dixième sur les Taxes décrétées pour ces Villes.	Il est le même que celui décrété pour les Tribunaux de Première Instance et les Justices de Paix du Ressort de la Cour d'Appel de Paris, autres que ceux établis dans cette Capitale.	La Taxe sera la même qu'à Paris. Partout ailleurs, ils seront perçus comme dans le Ressort de la Cour d'Appel de Paris.

Ces Quatre Tarifs ont été décrétés par Décret particulier de même date que le Tarif détaillé.

www.ingramcontent.com/pod-product-compliance
Ingram Content Group UK Ltd.
Pitfield, Milton Keynes, MK11 3LW, UK
UKHW021020140726
13695UKWH00001B/385